의미意味와 설화성設話性

텍스트 의미론 강의 Ⅱ

의미와 설화성

-텍스트 의미론 강의 Ⅱ-

최용호 지음

인간사랑

목차

Sense Et Narrativité

Sense
Et
Narrativité

Sense Et Narrativité

프롤로그

이 책에서 우리가 다루고자 하는 문제는 의미와 설화성이다. 이 책의 부제에 잘 나타나 있듯이 이를 위해 우리가 취하고자 하는 관점은 **텍스트 의미론**의 관점이다. 텍스트 의미론은 의미를 단어나 문장의 차원이 아닌 텍스트 차원에서 분석, 기술, 해석하는 의미론의 한 형태라고 할 수 있다. 텍스트 차원에서 제기되는 의미론적 문제는 매우 구체적인 이런 혹은 저런 의미에 관한 문제이다. 예컨대 윤대성의 『신화 1900』에서 '신화'의 의미는 무엇인가? 이 물음에 답하기 위해서는 다름 아닌 윤대성의 『신화 1900』에서 '신화'의 의미를 물어야 한다. 텍스트 의미론에서 기술대상으로 삼고 있는 의미란 이처럼 구체적인 이런 혹은 저런 텍스트 속에서 현동화된 특수한 의미를 가리킨다. 단어나 문장 차원의 의미가 **잠재적** 차원에 속한다면 텍스트 차원의 이러한 의미는 **현시적** 차원에 속한다고 할 수 있다. 우리는 이 책에서 특별히 **이야기** 텍스트 속에서 제기되는 의미의 문제를 다루고자 한다. 의미와 설화성이란 주제를 선택한 이유가 바로 여기에 있다. 우리가 제기하고자 하는 문제는 다음과 같다. 이야기 텍스트는 무엇을 이야기하는가?

텍스트 의미론은 이 문제를 다루는 데 필요한, 잘 정의된 방법론적인 도구를 제공한다. 예컨대 의소분석은 텍스트 차원의 의미분석에 유용한 방법론이다. 이 차원에서 제기되는 의미론적 문제는 요컨대 텍스트의 주제와 관련된 문제이다. 이 문제를 다루는 의미구성부가 바로 주제부이다. 이야기 텍스트는 크게 두 가지 관점, 즉 설화적 관점과 서술적 관점에서 분석될 수 있다. 우리가 제안한 설화성(narrativité)이란 이 두 관점, 즉 설화(récit)와 서술(narration)을 포괄한 개념이다. 텍스트 의미론에서는, 한편으로 행위자와 행위를 다루는 변증부와, 다른 한편으로 행위자의 우주와 세계를 다루는 변론부가 이 개념과 깊은 관련을 맺고 있다. 이 두 의미구성부는 서사학이나 서사기호학에 많은 빚을 지고 있다.

우리는 의미와 설화성이란 주제를 중심으로 텍스트 의미론의 인식론과 방법론을 한편으로는 멀리서, 다른 한편으로는 가까이에서 조명하고자 한다. 우리는 먼저 멀리서 텍스트 의미론의 인식론을 비판적 맥락 속에서 고찰하고자 한다. 우리가 취하고자 하는 먼 관점은 비판적 관점이다. 우리는 여러 형태의 의미론을 비판적으로 고찰함으로써 텍스트 의미론의 인식론을 우회적으로 변호하고자 한다. 우리가 취하고자 하는 가까운 관점은 적용의 관점이다. 우리는 텍스트 의미론의 분석 방법론이 특히 문학 텍스트 분석에 어떻게 적용될 수 있는지를 구체적인 사례를 통해 제시할 것이다.

– 비판

하나의 이론은 언제나 여러 이론 속에 논쟁적 관계를 맺고 있다. 우리는 텍스트 의미론의 방법론적인 효율성을 시험해 보기에 앞서 바로 이러한 논쟁적 맥락을 명확하게 밝혀내고자 한다. 우리가 문제 삼고자 하는 이 맥락은 한 마디로 보편주의이다. 우리는 의미의 보편주의적 기획이 과연 과학적인가, 아니면 한낮 형이상학적 꿈에 불과한 것인가를 묻고자 한다.

우리는 먼저 텍스트 의미론의 전통을 '신소쉬르주의'(néo-saussurisme)의 관점에 재정의하고자 한다. 우리는 소쉬르 언어기호학 사상에 대한 재평가를 통해 그의 가치 개념이 랑그의 차원뿐만 아니라 파롤—담화, 텍스트 등—의 차원에 어떻게 확대 적용될 수 있는지를 살펴볼 것이다. 우리는 소쉬르의 사후 저작인 『일반언어학 강의』뿐만 아니라 일반언어학에 대한 그의 수고들을 재편집한 『일반언어학 노트』를 참조할 것이다. 우리는 이렇게 새롭게 정의된 신소쉬르주의의 맥락 속에서 텍스트 의미론의 인식론과 대결적 관계에 놓인 현대 의미론 사상들을 비판적으로 논평하고자 한다. 우리가 고찰하고자 하는 의미론 사상은 크게 세 가지이다. 우리는 촘스키의 문법체계 속에서 보편의미론이 제기하는 의미의 문제를 시간의 관점에서 논구하고자 한다. 보편의미론이 해석부로서 통사론에 의존적인데 반해 자켄도프가 제안한 개념의미론은 자율적인 구성부를 형성한다. 그럼에도 불구하고 우리는 왜 이 의미론이 여전히 인지심리학에 의존적일 수밖에 없는가를 고찰할 것이다. 세 번째로 살펴볼 비어츠비카의 원시자질 이론은 매우 경험적인 모델로서 앞의 두 모델과는 전혀 다른 인식론적인 배경을 지니고 있다. 그럼에도 불구하고 이 이론 역시 의미론의 문제를 앞의 두 모델과 마찬가지로 오직 보편주의와 선천주의의 시각에서만 접근한다. 우리는 텍스트 차원의 의미가 형식적이든 경험적이든 왜 이러한 보편주의에 저항하는지를, 혹은 저항할 수밖에 없는지를 논의할 것이다.

– 쟁점

폴 리쾨르의 서사론과 그레마스의 서사기호학은 **의미**의 문제를 **설화성**의 관점에서 조명한 대표적인 이론들이다. 의미의 문제를 단어나 문장 차원이 아닌 텍스트 차원, 나아가 행동의 차원에서 제기했다는 점에서 이 이론들은 전통적인 의미론과는 분명히 다른 접근을 보여주고 있다. 그럼에도 불구하고 이들은 상위(supra) 텍스트로 초월하거나 하위(sub) 텍스트로 침잠해 버림으로써 정작 텍스트의 의미를 묻는 데에는 실패한다. 우리는 텍스트 의미론이 이러한 문제점을 어떻게 극복하고 또한 극복할 수 있는지를 비판적으로 고찰하고자 한다.

– 적용

'비판'(Ⅰ)과 '쟁점'(Ⅱ)에 이어 우리는 텍스트 의미론의 분석 방법론이 구체적으로 어떻게 '적용'(Ⅲ)될 수 있는가를 **문학 텍스트 분석**을 통해 구체적으로 예시하고자 한다. 우리가 분석하고자 하는 텍스트는 이태준의 「돌다리」, 윤대성의 『신화 1900』, 파울로 코엘료의 『연금술사』 등이다. 우리는 「돌다리」를 '의료'와 '농사'라고 하는 두 주제의 관점에서 분석하고자 한다. 이 두 주제는 앞으로 구체적으로 살펴보겠지만 근대와 전통이라는 가치의 대립으로 전개된다. 우리는 텍스트 의미론의 주제부 분석이 텍스트의 의미를 어떻게 체계적으로 표상해 줄 수 있는가를 살펴볼 것이다. 『신화 1900』은 변론부의 관점에서 분석하고자 한다. 우리는 특히 이 희곡 텍스트 속에서 법정공방의 대상인 '김기창은 유죄이다'란 명제의 진리치가 각각의 행위자들에게 어떻게 유표화되는지를 분석하고자 한다. 앞의 두 텍스트가 비교적 짧은 텍스트라고 한다면 우리가 세 번째로 분석할 『연금술사』는 장편에 해당한다. 긴 텍스트를 분석할 때 곧바로 제기되는 문제는 텍스트의 단위를 어떻게 분절할 것인가라는 문제이다. 우리는 행위자와 행위의 관계를 다루는 변증부의 분석 방법론으로 이 텍스트의 단위를 에피소드 중심으로 나누어 분석하고자 한다. 우리는 이 소설 텍스트 속에 등장하는 여러 인물들이 서로 간에 맺고 있는 친화적 관계에 초점을 맞추어 분석할 것이다.

***

텍스트 의미론은 언어학과 문학과의 교량적 역할을 수행해 줄 수 있는 이론이다. 이 이론은 문학 텍스트뿐만 아니라 문화 텍스트 분석에도 적용될 수 있는 잠재력을 지니고 있다. 이 잠재력을 시험해 보기에 앞서 긴 호흡이 필요한 시점인 것 같다. 바로 이 시점에 이 책을 낼 수 있게 되어 개인적으로 매우 다행스럽게 생각한다. 하나의 이론을 충분히 소화해서 소개하는 일은 결코 쉬운 일이 아니다. 이 책에 소개된 글들은 대부분 이미 발표한 논문들을 주제별로 엮은 것들이다.

『텍스트 의미론 강의』를 펴내고 나서 우리는 텍스트 의미론의 인식론적인 맥락을 보다 명확히 밝힘과 동시에 보다 구체적인 분석 사례들을 추가적으로 제시할 필요성을 절감하였다. 이러한 필요성에 필자와 함께 공감을 표현해 주신 인간사랑의 여국동 사장님께 감사의 말을 전하고 싶다.

I 부

의미의 보편주의 :

과학 혹은 꿈?

Sense Et Narrativité

제 1 장

『일반언어학 노트』: 기호에서 가치로

– 텍스트 없는 텍스트성과 텍스트성 없는 텍스트 간의 긴장

1. 『일반언어학 노트』

■ "제네바에서 다시 찾은 수고"

2001년 6월 23일자 제네바 한 일간 신문에 실린 기사의 제목이다. 『소쉬르 사후 1세기』란 주제로 같은 해 같은 달 23일에서 27일까지 닷새 동안 스위스 제네바와 프랑스 아르샹 두 곳에서 동시에 개최된 소쉬르 국제학술대회를 기념하기 위해 특별 기획된 페르디낭 드 소쉬르의 특집에 「소쉬르의 보고」, 「천재 언어학자는 철학자이자 시인이었다」, 「선구적인 영혼」 등의 제목을 단 기사들이 게재되어 있다. "제네바에서 다시 찾은 수고"란 그동안 학계에서 존재하지 않은 것으로 간주되었던 소쉬르의 한 자필 원고를 가리킨다.

주지하다시피 소쉬르는 제네바 대학에서 1906년에서 11년까지

세 차례에 걸쳐 일반언어학에 관한 강의를 진행한다. 소쉬르 사후 그의 제자이자 동료였던 발리(Charles Bally)와 세쉐(Albert Sechehaye)는 이 강의의 강의록과 학생들의 노트를 바탕으로 1916년에 20세기 언어학뿐만 아니라 인문학 사상의 흐름을 주도하게 될 『일반언어학 강의』를 출간한다. 소쉬르는 이 유명한 세 차례—1906-1907, 1908-1909, 1910-1911—의 강의를 하기 훨씬 전부터 이미 일반언어학에 관한 한 권의 책을 구상하고 있었다. 1894년 1월 4일 그의 제자이자 절친한 친구였던 프랑스 언어학자 앙투안 메이에(Antoine Meillet)에게 쓴 한 편지에서 우리는 일반언어학에 대한 그의 생각이 이미 상당히 구체적인 형태를 띠고 있었음을 엿볼 수 있다. 그는 그의 동료에게 "어떤 의미를 부여할 수 있는 단 하나의 용어도 언어학에 존재하지 않는다는 점"을 "아무런 열의나 열정"도 없이 설명하게 될 "한 권의 책"을 구상하고 있음을 밝힌다.[1] 이 책에 대한 그의 이러한 구상은 그동안 생각에만 머문 것으로 알려져 왔다. 제네바 신문에 게재된 "제네바에서 다시 찾은 수고"란 제목의 특집기사는 바로 이러한 통설이 오류일 수 있음을 일깨운다. 우리는 소쉬르가 최소한 1890년대부터 구상하기 시작한, 일반언어학에 관한 한 권의 책을 준비하기 위해 작성한 노트의 일부를 제네바 소재, 오랑주리라고 불리는 그의 저택의 한 별채에서 발견한 것이다. 이 노트는 2002년 갈리마르 출판사에서 루돌프 엥글러(Roudolf Engler)와 시몬 부께(Simon Bouquet)에 의해 그동안 소개된 소쉬르의 자필 원고들과 함께 『일반언어학 노트』(*Ecrits de linguistique générale*)란 제목으로 출간된다. 소쉬르

1 CFS 21(1964), p. 95.

란 이름으로 출간되었지만 소쉬르가 쓴 것이 아닌 『강의』와 달리 이 『노트』는 소쉬르가 직접 쓴 글들을 모아 엮은 것이다. 책이 출간되자마자 곧바로 7편의 서평이 나왔다.[2] 도미니크 앙투완 그리소니(Dominique-Antoine Grisoni 2002)는 서평에서 이 책에서 스승의 사고에 대한 "왜곡이란 존재하지 않는다"고 단언한다. 소쉬르 탄생 150주년이자 일반언어학 제1차 강의가 시작된 지 100년이 되는, 또한 소쉬르 문헌학의 역사를 연 로베르 고델(Robert Godel)의 『페르디낭 드 소쉬르 일반언어학 강의 수고 원자료』가 출간된 지 50주년을 맞이하는 2007년에는 『소쉬르의 혁명 일반언어학 100년』[3]이란 주제로 소쉬르 국제학술대회가 제네바에서 개최될 예정이다. 소쉬르의 표현을 빌리자면 "아무런 열의나 열정도 없이" 써내려 간 이 『노트』에 대한 학계의 반응은 아이러니하게도 가히 열광적이라고 할 수 있다.

이러한 반응의 밑바탕에는 진실에 대한 욕망이 자리잡고 있다. 우리는 "다시 찾은 수고"라는 다소 몽상적인 제목이 부추기는, 소쉬르의 "참된"(Jäger 1976) 사고라고 하는 거부할 수 없는 유혹에 빠져 있다. 이러한 유혹이 거부할 수 없는 것처럼 보이는 이유는 무엇보다도 사람들이 이제 단순히 『강의』의 원자료가 아니라 소쉬르의 자필 원고를 보유할 수 있게 되었기 때문이다. 사실 고델의 『수고 원자료』와 엥글러의 『비판본』(1967-1974)은 대개 학생들의 노트를 주요 참고자료로 삼아 비판적으로 재구성한 것에 다름 아니다. 오랑주리에서 발견된 100여 쪽의 「언어의 이중적 본성」(La double nature du

2 Chevalier(2002), Droit(2002), Jannoud(2002), Grisoni(2002), Leclair(2001), Maggiorie(2002), Martinoir(2002).

3 www.saussure.ch 참조.

langage)이란 제목의 원고는 이와는 전혀 다른 성질의 자료이다. 프랑수와 라스티에(François Rastier)는 "요컨대 소쉬르에 의해 매우 드물게 출간된 작품들을 제외한다면 수고만이 작업이 가능한, 유일하게 참된 문서이며, 학생들의 노트나 『강의』는 부차적이고 보충적인 자료에 불과하다"고 단언한다(Rastier 2006). 비록 소쉬르의 참된 사고를 밝혀낼 수 있다고 아직 단언할 수는 없어도 적어도 이제 소쉬르의 참된 문헌을 보유하게 되었다고 단정할 수는 있다. 그럼에도 불구하고 유혹이 유혹인 이유는 소쉬르가 자신의 자필 원고 속에서 여전히 저자로서의 역할을 유보하고 있는 듯한 인상을 주기 때문이다. 격언 풍의 문체로 수놓은 그의 텍스트는 수수께끼로 가득 차 있으며, 미완성된 문장이나 생략된—가장 기대되는 부분에 등장하는—표현은 텍스트의 잃어버린 고리로 머물러 있다. 우리는 소쉬르를 읽으면서 이 잃어버린 고리를 나름대로 채워넣고자 하는, 바꿔 말해 소쉬르를 다시 쓰고자 하는 유혹을 쉽게 저버릴 수 없다. 한 마디로 해석을 거치지 않고 소쉬르에게 직접 다가가는 것은 처음부터 불가능해 보인다. 『강의』의 편집자들을 난감하게 만든, "원래의 모습대로 출판하는" 것을 "불가능하게" 한, 즉 "자유로운 강의 속에서 불가피하게 발생하는 말의 반복과 중복, 가변적인 표현"(『강의』, xiii) 등이 놀랍게도 이번에는 그의 구두 강의가 아닌 그의 글쓰기 속에서 그대로 재현되어 있는 것이다. 물론 텍스트의 단순한 작성자로서 소쉬르는 분명히 존재한다. 하지만 저자가 텍스트에 텍스트성을 부여하는 존재라면 이러한 존재는 존재하지 않는다. 조금은 과장되게 표현하자면 소쉬르는 이러한 존재의 역할을 오히려 독자에게 양도하고 있는 것처럼 보인다. 우리에게 제기되는 근본적인 문제는 다음과 같다. 그렇다면 소쉬르를 어떻게 읽고 해석할 것인가?

소쉬르 텍스트에는 이처럼 다른 언어학자들에게는 좀처럼 찾아보기 어려운 해석학적 문제가 놓여 있다. 우리는 여기서 이러한 문제를 텍스트와 텍스트성의 변증법이란 주제로 풀어가고자 한다. 텍스트성을 알기 위해서는 텍스트로 돌아가야 한다. 그런데 텍스트를 이해하기 위해서는 텍스트성이 전제되어야 한다. 바로 이러한 해석학적 순환의 문제가 소쉬르 읽기에 근본적으로 내재해 있다. 이러한 변증법을 다루기 위해 요구되는 것은 무엇보다도 소쉬르 텍스트로의 회귀이다. 그런데 방금 지적했듯이 텍스트가 텍스트답기 위해서는 텍스트성이 전제되어야 한다. 움베르토 에코(Umberto Eco 1996)의 표현을 빌리자면, 우리는 실재 저자로서의 소쉬르가 아니라 최소한 텍스트성을 담보하는 저자 모델로서의 소쉬르를 전제해야 한다.

이 텍스트성에 대한 우리의 가설은 다음과 같다. 소쉬르 텍스트의 텍스트성을 규정하는 것은 소쉬르 사고의 현대성, 즉 극단적 현대성이라는 것이다. 2007년 소쉬르 국제학술대회의 주제이기도 한 "소쉬르 혁명"은 바로 이러한 극단적 현대성을 재정의하기 위한 노력의 일환이라고 볼 수 있다. 라스티에가 역설적인 방식으로 표현한 바대로 "진정한 회귀는 앞으로 나아가는 것이다"(Rastier 2006). 다시 말해 소쉬르 텍스트로 돌아가 텍스트성을 부여하기 위해서는 "앞으로 나아가야" 한다. 바로 이런 점에서 소쉬르 문헌학자 분데를리(Peter Wunderli)는 "소쉬르가 여전히 논쟁의 핵심에 머물러 있다"고 주장한다(Wunderli 1982 : 121). 소쉬르의 사고는 논쟁 속에, 대화적 맥락 속에 그 윤곽을 드러낸다. 소쉬르의 텍스트는 저자에 의해 닫혀진 텍스트가 아니라 무엇보다도 독자에게 열린 텍스트이다. 우리는 이 글에서 소쉬르 텍스트를 현대성이 제기하는 대화적 맥락 속에 갖다놓고자 한다. 우리가 여기서 제안하는 대화의 주제는 소쉬르의 기호학 개념이다. 우리는 특별히 이 개념을 '기호에서 가치'로라는 관점에서 다루어 보고자 한다. 가치 개념은 분명 기호학사적 관점에서 인식론적 단절을 요구하는 혁명적 차원을 담지하고 있다. 퓨에슈(Christian Puech)는 이러한 중심의 이동—기호에서 가치로의—이 『노트』의 출간 이후 소쉬르 사상의 새로운 전망으로 이목을 집중시킨 "담화의 이론"으로 향하는 길임을 시사한 바 있다(Puech 2005 : 105).[4] 『강의』에 대한 긴 서평에서 세쉐는 이미 소쉬르 언어기호학의 핵심 사상이 다름 아닌 바로 이 가치 개념에 있음을 강조한 바 있다(Sechehaye 1917(1978) : 186-96). 사실 이 개념은 당시 『강의』의 서평을 쓴 대부분의 저자들로부터 외면당한 것이기도 하다.[5] 그러나 주지하다시피 이 가치 개념은 구조음운론의 음운자질 분석과 구조의미론의 의소분석의 방법론적 토대가 된다. 퓨에슈는 한 걸음 더 나아가 이 개념을 "담화의미론의 가능성"을 여는 열쇠로 재평가한다(Puech 2005 : 109). 구조주의적 패러다임 속에서 가치란 체계 속에서의 가치를 가리킨다. 퓨에슈가 전망한 "담화의미론"에서 가치란 담화 속에서의 가치이다. 우리는 『노트』에서, 체계에서 담화로의 이러한 이행을 가능하게 하는 소쉬르의 기호학 사상을 재검토하고자 한다. 우리가 구체적으로 다루고자 하는 문제는 이처럼 구조주의와 맥락주의를 동시에 사고할

4 소쉬르의 담화이론은 『랑가주』(*Langages*) 159호(2005년 9월)에서 「소쉬르에서 출발한 언어학과 담화의 시학」이란 제목 하에 집중적으로 다루어진 바 있다.

5 퓨에슈에 따르면 "의미심장하게 아마도 세쉐(『강의』 편집자인)가 소쉬르의 새로움을 가장 잘 평가했다. 그는 최초로 당시 서평들에서 외면당한 개념의 총체, 즉 가치-차이-대립-상대적 자의성의 중요성을 부각시켰다"(Puech 2005 : 96).

수 있게 하는 근거가 과연 소쉬르의 기호학 사상 속에 어떠한 방식으로 노정되어 있는가 하는 문제이다. 우리는 나아가 텍스트 의미론이 기대고 있는 해석학적 관점에서 소쉬르의 전통을 재평가하고자 한다. 구조의미론의 의소분석 방법론을 랑그뿐만 아니라 텍스트에 확대 적용할 수 있는 인식론적 · 방법론적 기틀을 마련해 주었다는 점에서 텍스트 의미론은 소쉬르의 가치 개념을 재평가하는 데 유익한 지침을 제공해 줄 수 있을 것이다. 우리의 이러한 작업은 소쉬르주의와 텍스트 의미론 간의 영향사적인 관계 구축이 아니라 소쉬르 텍스트에 텍스트성을 부여함으로써 새로운 의미를 찾고자 하는 해석학적 노력에 다름 아니다. 우리는 다음과 같은 방식으로 논의를 전개하고자 한다.

- 텍스트 없는 텍스트성과 텍스트성 없는 텍스트 간의 긴장
- 소쉬르의 기호학 개념 : 기호에서 가치로
- 텍스트 의미론과 소쉬르의 새로운 전통 : 물질적 해석학

2. 텍스트 없는 텍스트성과 텍스트성 없는 텍스트와의 긴장

구조주의자 소쉬르를 중심으로 칼 헬트(Karl Held)와 수잔 뭄(Su-Sann Mumm) 사이에 오고 간 비판과 재비판에 대해 예거(Ludwig Jäger)는 "텍스트 비평 없는 소쉬르 비평"이라고 혹평한다(Jäger 1977). 그

가 여기서 말하고자 한 텍스트란 『강의』가 아니라 『강의』의 원자료를 가리킨다. 소쉬르의 비판은 원자료에 대한 문헌학적 고찰을 토대로 삼아야 한다는 것이 문헌학자 예거의 주장이다. 이러한 주장의 밑바탕에는 『강의』가 엄밀한 의미에서 소쉬르의 텍스트가 아니라는 비판적 견해가 자리잡고 있다. "스승이 만들지 않았고 또한 결코 만들지 않았을 책"에 대한 모종의 의심은 『강의』의 출간과 더불어 지속적으로 제기되어 왔다(Meillet 1916(1978) : 163). 이러한 의심은 이 책이 오히려 "도식적이고"(Meillet 1916 : 164), "엄밀하며"(Meillet 1916 : 165), "단일하고"(Vendryès 1921(1978) : 167), "체계적"(Bloomfield 1924(1978) : 198)이라는 데에서 비롯된 것이다. 요하네스 페르(Johannes Fehr)는 『강의』의 편집과정이 제기하는 문제를 다음과 같이 요약한다.

> 편집자들이 '특별히 독창적인 부분을 그대로 제공해 달라'는 제안을 거절한 이유는 '총체적인 구조물의 단편들만을 제공함으로써 스승의 사고를 왜곡할 수 있을 것'이라는 논거 때문이다. 그들에게 중요한 문제는 '구두 강의'라는 독특한 형태에 기인하는 '중복', '췌언', '변동', '동요' 등을 텍스트로부터 분리해내는 것이었다(페르 2002 : 27-8).

"구두 강의"가 갖는 가변적인 요소를 모두 제거함으로써 『강의』는 "총체성"을 지닌 한 권의 책으로 출간된다. 바로 이러한 "총체성"이 한 권의 책으로서 『강의』의 텍스트성을 담보한다. 그리고 바로 이러한 텍스트성이 20세기 사상사를 이끈 구조주의를 선도한다. 가변적인 요소로 가득 찬 강의에 이러한 총체성을 부여하려는 의도가 없었다면 구조주의의 고전으로서 『강의』는 존재하지 않았을 것이다.

퍼시벌(W. Keith Percival)은 「소쉬르 패러다임 : 사실 혹은 환상?」이란 매우 흥미로운 논문에서 『강의』의 서평을 쓴 저자들이 『강의』에 대해 결코 "동정적"이지 않았음을 환기시키고,[6] 한 걸음 더 나아가 예스퍼슨(Jespersen), 옐름슬레우(Hjelmslev), 투르베츠코이(Trubetzkoy), 야콥슨(Jakobson) 등 대부분의 구조언어학자들이 『강의』를 읽기 전부터 이미 자신의 구조주의적 사상을 어느 정도 구체적으로 구상하고 있었음을 피력한다(Percival 1981 : 34 ; 36-43). 『강의』와 구조주의와의 영향관계는 따라서 직접적인 것이 아니라 사후적이며 간접적이다. 바꿔 말해 **『강의』가 구조주의의 영향사적 원인이 아니라 구조주의가 『강의』의 해석학적 원리라는 것이다.** 오늘날 소쉬르 읽기의 가장 흥미로운 부분은 이러한 원리를 근본적으로 재평가하는 것이다. 퍼시벌은 "소쉬르 패러다임"—즉 구조주의적인—이 "사실"이 아닌 "허구"일 수 있음을 강하게 암시한다. 왜곡에 대한 모종의 의심은 이제 왜곡에 대한 강한 비판이 된다. 예거는 구조주의자 소쉬르가 단지 "환상"에 불과하다고 역설한다(Jäger 1977). 그의 비판의 논거는 요컨대 『강의』가 소쉬르의 텍스트가 아니라는 데 있다. 구조주의라고 하는 텍스트성만 있고 텍스트가 없는 『강의』는 결과적으로 소쉬르의 참된 사고를 "왜곡"시키는 계기로 작용한 것이다.

이러한 "왜곡"으로부터 벗어나기 위해서는 『강의』의 소쉬르와 다른 또 다른 소쉬르를 찾아나서야 한다. 퓨에슈에 따르면 이 "또 다

---

6 이러한 부정적 평가의 예를 몇 가지만 들어보자. 예컨대 슈하르트(Hugo Shuchardt)는 "소쉬르는 참다운 시작에서 시작하지 않았다"(Schuchardt 1917(1978) : 175)라고 비판했으며, 블룸필드는 『강의』가 이미 "오랫동안 세간에 떠돌던" 개념들을 "체계화"한 것에 지나지 않는다고 주장한다(Bloomfield 1924(1978) : 198).

른 소쉬르"란 "수고의 소쉬르"에 다름 아니다(Puech 2005 : 93). 우리는 『노트』 속에서 바로 이러한 "또 다른 소쉬르"를 만나게 된다. 슈발리에(Jean-Claude Chevalier)는 이 『노트』를 "제어된 『강의』와 매우 동떨어진 이상한 텍스트"라고 규정한다(Chevalier 2002). "상상력과 단지 암시만이 있는 야심찬 구성, 나아가 유혹과 시도에 자리를 내주고 있는, 끝을 맺지 못한 구멍 뚫린 텍스트"는 "『강의』와는 매우 다른 소쉬르, 덜 교육적이며 더 강렬하고, 덜 이상주의적이고 더 암시적이며" "더 철학적인" 소쉬르가 등장한다(Chevalier 2002). 드로와(Roger-Pol Droit)는 이 『노트』를 "매우 짤막한, 때때로 잘려나간 문구들, 미완성된 문장들, 결정적인 장소에서 보류된 단어들"로 이루어진 텍스트로 소개한다(Droit 2002). 『노트』는 이처럼 "도식적이고" "엄밀하며" "단일하고" "체계적인" 『강의』와는 전혀 다른 텍스트이다. 바로 이러한 전혀 다른 텍스트 속에서 우리는 "또 다른 소쉬르"와 조우한다. 그런데 글쓰기의 생생한 과정을 그대로 노출한 소쉬르의 『노트』에는 한 권의 책에 부여할 만한 총체성, 다시 말해 텍스트성이 부재하는 것처럼 보인다. 이제 문제는 텍스트성이 없는 텍스트만이 존재한다는 것이다. 그런데 텍스트성 없는 텍스트 이해란 처음부터 불가능하다. 바로 여기에 "총체성"의 유혹이 존재한다. 소쉬르 문헌학자 예거는 해석학적 현상학의 관점에서 소쉬르를 "관념론자"로 규정한다(Jäger 1976). 반면 아마께르(René Amacker)는 『소쉬르 언어학』(*Linguistique saussurienne*)에서 소쉬르를 "정신주의적 유물론자"로 규정한다(Amacker 1975 : 45). 『노트』의 편집자인 시몬 부께는 『소쉬르 읽기 입문』(*Introduction à la lecture de Saussure*)에서 소쉬르의 인식론을 갈릴레이 인식론으로 규정하고, 소쉬르의 이러한 인식론적 기획을 "인식론과 형이상학의 종합"으로 요약한다(Bouquet 1997 : 174). 그에 따르면 『강의』의 편집자들이 범한 오류는 "소쉬르의 사고를 단순히 언어학적 인식론으로 환원"하고 형이상학적인 차원을 철저하게 검열하고 배제한 것이다(Bouquet 1997 : 188). 심지어 라스티에는 소쉬르의 가치 개념이 불교의 "아포하"(*apoha, exclusion*) 사상과 "유추적" 관계에 있다고 논증한다(Rasiter 2002 : 132). 소쉬르를 관념론자나 유물론자로 단정하든 아니면 형이상학자로 새롭게 규정하든 이러한 시도의 밑바탕에는 텍스트성이 부재한 텍스트에 텍스트성을 부여하려는 의도가 놓여 있다. 이러한 의도의 옳고 그름을 따지는 것은 부차적인 문제이다. 보다 근본적인 문제는 이러한 의도 없이 소쉬르의 이해가 불가능하다는 점이다. 이러한 불가능성은 우리가 앞서 지적했듯이 근본적으로 소쉬르의 글쓰기에 내재해 있는 텍스트와 텍스트성의 변증법에 기인한다.

오늘날 소쉬르의 문헌학적 연구의 과제는 리쾨르의 표현을 빌려 표현하자면 이러한 다양한 '해석의 갈등'을 중재하는 것이다. 우리가 찾고자 하는, 텍스트와 텍스트성의 변증법을 움직이는 매개는 **현대성**이란 개념이다. 소쉬르를 읽는다는 것은 오늘의 관점에서 다시 읽는다는 것이다. 다시 말해 우리는 회고적인 역사적 관점이 아니라 전망적인 논쟁적 관점에서 소쉬르의 텍스트를 다시 읽고자 한다. 라스티에는 최근에 최소한 유럽에서 다시 일어나고 있는 소쉬르에 대한 관심의 재개가 갖는 역사 인식론적 비판의 배경을 다음과 같이 요약한다.

우리는 사실상 소쉬르 작품에 대한 재독뿐만 아니라 필경 촘스키주의의 이론적이고 실천적 파산, 인지주의의 기술적인 빈약함, 그리고 일상적 프래그머티즘의 신변잡기에 의해 조장된 소쉬르주의에 대한 관심의 재개에 참여하고 있다(Rastier 2006).

소쉬르에 대한 이러한 재평가 혹은 재독이 가능한 것은 사색적인 그의 글쓰기 방식에 내재되어 있는 철학적[7] 차원 때문이라고 할 수 있다. 가데(Françoise Gadet)는 철학 총서로 기획된 『소쉬르 랑그의 과학』(*Saussure Une science de la langue*)에서 이러한 철학적 성찰의 차원을 세 가지로, 즉 언어와 사고의 관계, 언어와 실체의 관계 그리고 의미의 문제 등으로 요약한다. 그에 따르면 "이 문제 중 첫 번째는 단지 가볍게 다루어졌을 뿐이고, 두 번째는 단번에 배제되었으며, 세 번째만이 소쉬르에게 근본적인 것으로 남아 있다"(Gadet 1987 : 4). 주지하다시피 소쉬르는 이 "근본적인" 의미의 문제를 기호학적 관점에서 접근한다. 소쉬르의 사상 속에서 현대성이란 개념에 가장 부합하는 것도 바로 이러한 그의 기호학적 접근이 갖는 독창성이라고 할 수 있다. 아마께르에 따르면 그의 기호학적 "가르침에 전환점"이 발견되는 장소는 가치의 문제가 제기되는 장소이다. 우리는 바로 소쉬르의 가치 개념 속에서 그의 사고의 "근본적으로 새로운" 차원, 즉 극단적인 현대성을 발견할 수 있다.

우리는 여기서 기호의 본성에 관한 소쉬르 가르침의 전환점에 와 있

7 소쉬르는 한 학생과의 대담에서 자신의 강의를 "철학적 언어학 강의"라고 규정한 바 있다(Godel 1957 : 30).

다. 제시된 등가성은 물론 막연한데, 왜냐하면 인용된 문장 속에서 우리는 단번에 전통적 개념에서 근본적으로 새로운 개념으로 이행하기 때문이다. 이 개념은 한 달 뒤에 기호의 이론과 가치의 이론 사이에 연결을 허락하게 될 것이다(Amacker 1975 : 73).

우리는 전통적 개념을 근본적으로 혁신한 이 가치의 개념을 바탕으로 소쉬르의 언어기호학 사상을 보다 **총체적**으로 이해하고자 한다. 우리가 피력하고자 하는 총체성의 의도, 다시 말해 소쉬르 텍스트의 텍스트성을 복원시키려는 우리의 의도는 한 마디로 구조주의와 맥락주의를 동시에 사고하는 것이다. 우리는 소쉬르 언어학 사상의 이러한 확대 버전을 제시함으로써 오늘날 새롭게 일어나고 있는 "신소쉬르주의"(Rastier 2006) 논쟁에 적극 참여하고자 한다.

3. 소쉬르의 기호학 개념 : 기호에서 가치로

『노트』의 출간은 분명히 소쉬르에 대한 새로운 쟁점을 불러일으키고 있다. 앙리 메소닉(Henri Meschonnic)은 『랑가주』(*Langages*)에 기고한 그의 논문 「소쉬르 혹은 중단된 시학」에서 "발리와 세쉐의 『강의』(1916), 고델의 『원자료』(1957), 엥글러의 『비판본』(1967-1974)과 다른" "또 다른 소쉬르"를, 다시 말해 "벤베니스트 이전의 담화 우월적 사상가"를 다름 아닌 『일반언어학 노트』에서 발견할 수 있다고 주장한다(Meschonnic 2005 : 10). 『강의』의 텍스트성이 랑그의 언어학이라면 『노트』의 텍스트성은 "담화의 시학"이란 것이다. 또 다른 맥락에서, 그러나 동일한 관점에서 프랑수와 라스티에는 "소쉬르를 그 자체로서 그 자체를 위한 랑그의 언어학자로 만든", 결과적으로 "파롤의 언어학에 대한 그의 기여를 최소화한" 『일반언어학 강의』의 인식론을 단호하게 비판한다(Rastier 2006). 『강의』에서 『노트』로 이동하면서 우리는 동시에 랑그에서 담화로, 랑그의 언어학에서 파롤의 언어학으로 이행한다.

사실 소쉬르의 수고가 발견될 때마다 "또 다른 소쉬르"에 대한 이러한 논쟁은 끊이지 않았다.[8] 그럼에도 불구하고 『노트』의 출간은 한 가지 의견의 일치를 보이고 있는 듯하다. 그것은 소쉬르 언어학이 랑그의 언어학뿐만 아니라 파롤의 언어학에도 동일한 지위와 중요성을 부여하고 있다는 점이다(Bouquet 1997 : 344 ; Rastier 2006). 아리베(Michel Arrivé)는 다음과 같이 언급한다.

> 랑그의 언어학 곁에 또한 또 다른 언어학, 파롤의 언어학이 존재한다. 그것은 불가능하지 않다. 그것은 반대로 정확하게 랑그의 언어학과 마찬가지로 정당하며 필수불가결하다. 왜냐하면 두 대상이 분리불가능하기 때문이다(Arrivé 2006 : 170-1).

---

8 여러 명의 소쉬르와 관련하여 몇 가지 대표적인 사례만을 언급하자. 고델의 『수고 원자료』와 엥글러의 『비판본』의 출간은 급기야 '참된 소쉬르'와 '거짓 소쉬르'란 대립을 초래하였다(Jäger 1976). 반면 『아나그램 연구』의 출간은 낮의 소쉬르와 밤의 소쉬르란 또 다른 대립의 원인을 제공하였다. 소쉬르의 『전설에 대한 연구』는 아발(Avalle)에게 해체주의적 관점에서 소쉬르의 기호학을 재평가하는 기회가 되었다.

앞서 인용한 『랑가주』 2005년 9월호의 제목은 『소쉬르에서 출발한 언어학과 담화의 시학』이다. 사실 소쉬르의 언어학 사상 속에서 발견되는 이러한 화용론적 전망은 소쉬르 문헌학자들에 의해 오래 전부터 주목을 받아왔다. 『단어 속의 단어』(*Les mots sous les mots*)에서 스타로빈스키(Jean Starobinski 1971)는 소쉬르의 한 노트에서 발견한 담화의 개념에 매우 일찍부터 주목한 바 있다.[9] 파레트(Hermann Parret)는 「담화의 표현과 분절」(Expressivité et articulation du discours)에서 "소쉬르주의"가 정태적 구조주의가 아니라 "기호의 산출이나 생성을 위한, 통합적-담론적 활동을 위한, 그리고 랑그의 분절적 창조를 위한" 착상을 지니고 있음을 갈파한다(Parret 1987 : 7). 소쉬르 문헌학자 분데를리(Peter Wunderli 1988)는 소쉬르의 수고 원자료 속에서 발견되는 '행위'(acte), '활동'(activité), '행동'(action) 등의 개념에 대한 상세한 문헌학적인 분석을 토대로 소쉬르의 언어학 사상 속에 오스틴(Austin)에 의해 정식화된 '발화행위', '발화수반행위', '발화효과행위' 등의 개념에 버금가는, 혹은 최소한 이러한 개념들과 모순을 빚지 않은 화용론적 성찰이 분명히 존재함을 역설한다. 여러 곳에 흩어져 있던 소쉬르의 단편적인 글을 엮어 펴낸 『노트』의 출간은 이러한 해석에 힘을 실어준다.

이러한 의견의 일치는 필연적으로 소쉬르의 언어기호학 사상에 대한 전면적인 재검토를 요구한다. 랑그에 못지 않게 파롤이 중요하

---

9 관련된 문구를 인용해 보자. "담화는 초보적이기는 하지만 우리가 알지 못하는 방식에 의해 언어적 형태를 덧입고 존재하는 두 개념 사이의 관계를 단언하는 것에 있다. 반면 랑그는 고립된 개념들만을 먼저 실현시킬 뿐인데, 이 개념들은 사고의 의미를 존재하게 하기 위해 서로 간에 관계 맺음을 기다리고 있다"(스타로빈스키 1971 : 14). 소쉬르는 위의 노트에서 담화를 '두 개념 사이의 관계를 단언하는' 행위로 정의한다.

다면 예컨대 소쉬르의 기호 개념은 어떠한 방식으로 재정립되어야 하는가? 우리는 소쉬르의 개념적인 기제 속에서 이러한 화용론적인 전망이 가져올 이론적인 파장의 범위와 규모를 재검토해야 한다. 우리는 여기서 소쉬르의 기호 개념과 가치 개념에 논의를 한정하고자 한다. 우리는 『노트』에 산발적으로, 그러나 역설적으로 매우 일관된 방식으로 전개된 소쉬르의 고유한 성찰을 토대로 논의를 전개하고자 한다.

(1) 「노트 아이템」: 셈므(sème), 아포셈므(aposème), 파라셈므(parasème)

비록 이렇게 논의를 한정했다 하더라도 소쉬르의 기호학 사상이 문제되자마자 우리는 곧바로 그의 문제의식의 한복판에 들어서게 된다. 소쉬르의 고유한 기호학적 성찰의 백미라고 할 수 있는 「노트 아이템」은 다음과 같은 문제의식에서 출발한다.

> Item. 언어학은 근본적으로 잘못된 상황 속에 놓여 있다(『노트』, p. 96).

"잘못된 상황"이란 "어느 한 순간이라도 기호와 의미를 대립시키는 것이 헛된 일"(『노트』, p. 96)임을 깨닫지 못하는 당시 신문법학자들의 상황을 가리킨다. 소쉬르에 따르면 "종이의 앞뒤 면에 손상을 입히지 않은 채 가위로 종이를 자를 수 없듯이" 기호와 의미는 처음부터 분리 불가능하다(『노트』, p. 93). 이러한 "잘못된 상황"으로부터 벗어나기 위해 소쉬르가 먼저 제안한 것은 용어법상의 혁신이다. 소쉬르는 『강의』에서 사용한 "기호"라는 용어 대신에 "셈므"(sème)라는 새로운 용어의 사용을 제안한다. 이 용어는 "기호의 음성적 측면과 이데올로기적 측면 사이의 모든 우월성과 최초의 모든 분리를 제거하며 또한 제거하고자 한다"(『노트』, p. 105). "그것은 기호의 총체, 즉 일종의 하나의 인격체 속에 결합된 기호와 의미를 표상한다"(『노트』, p. 105). 존재론적으로 하나의 "인격체"로서 존재하는 셈므는 이중적 본성을 지니고 있다. 셈므는 표현면에 해당하는 기호와 내용면에 해당하는 의미의 불가분의 관계로 정의되는 총체로 이루어져 있다. 기호와 의미가 이처럼 하나의 전체를 이룰 수 있는 것은 다름 아니라 이들이 사실 "정신의 동일한 개념의 두 형태"에 지나지 않기 때문이다(『노트』, p. 96). 『강의』에서 소쉬르는 시니피앙과 시니피에를 모두 "심적" 질서에 속한 것으로 규정한다(『강의』, pp. 83–5). 이렇게 함으로써 소쉬르는 무엇보다도 일반기호와 언어기호를 구분할 수 있는 토대를 마련할 수 있게 된다. 이러한 기호학적 총체성—셈므의 이중적 본성—을 훼손시키는 모든 작업은 기껏해야 추상화 작업에 불과한 것이 되고 만다. 셈므라는 새로운 용어를 도입함으로써 소쉬르는 관습성—즉, 자의성—과 체계성이란 새로운 이론적인 전망을 개시한다.

Item. 기호라는 용어에 비해 셈므라는 새로운 용어가 갖는 차이 혹은 이점.

1. 기호는 비음성적일 수 있다. 셈므도 마찬가지이다.

> 그러나 기호는 직접적인 행위, 즉 체계와 관습으로부터 벗어난 것일 수 있다.
>
> 셈므 = 1° 관습적 기호
>
> 2° 체계(역시 관습적인)에 속한 기호
>
> 3° [ ]

빈 괄호로 남겨진 부분을 제거할 것인가, 그대로 둘 것인가, 아니면 과감히 채워넣을 것인가라는 문제는 소쉬르의 『노트』를 읽으면서 끊임없이 제기되는 문제이다. 옐름슬레우의 삼분법적—도식, 규범, 사용—[10]구분에 비추어 괄호 안을 '사용'으로 채워넣고자 하는 유혹을 잠시 뿌리쳐 보자. 소쉬르는 기호와 셈므를 구분함으로써 일반기호와 언어기호를 구분할 수 있게 된다. 셈므가 "관습적인" 이유는 셈므를 구성하는, 동일한 심적 질서에 속한 기호와 의미가 주어진 한 언어공동체 속에서 **자의적인** 방식으로 결합되어 있기 때문이고, "체계적인" 이유는 이러한 자의적인 결합방식이 오직 체계의 제약만을 받기 때문이다. 우리는 소쉬르 사상의 극단적인 현대성을 바로 이러한 그의 기호학 사상에서 찾아볼 수 있다. 그의 사상이 극단적인 이유는 바로 기호학적 단위의 총체성이란 그의 이러한 개념이 기호학적 전통과의 철저한 단절을 요구하고 있기 때문이다. 세미오시스의 과정, 다시 말해 시니피앙과 시니피에를 연결하는 과정은 철

---

10 옐름슬레우는 「랑그와 파롤」이란 논문에서 이분법 대신에 삼분법을 제안한다. 그는 순수한 형태의 랑그를 도식으로, 물리적 형태의 랑그를 규범으로, 관행의 총체를 사용으로 각각 정의한다(L. Hjelmslev 1971 : 81). 엄밀한 의미에서 랑그와 파롤은 도식과 사용으로 재정의되고 규범이란 새로운 요소가 이 두 항 사이를 매개한다.

저하게 셈므의 내적 과정으로 환원된다. 셈므는 이중적 본성을 지닌 하나이다. 바로 이러한 세미오시스 과정의 내재화로 인해 오히려 셈므는 역설적으로 자신의 정체성을 철저하게 외부에, 다시 말해 커뮤니케이션의 실제 상황과 과정에 의존하게 된다. 좀더 자세하게 논의해 보자.

셈므와 더불어 시작된 용어법상의 혁신은 매우 복잡한 양상을 띠고 전개된다. 소쉬르는 아포셈므(aposème), 파라셈므(parasème), 솜므(sôme), 앙티솜므(anti-sôme) 등을 구분한다. 먼저 솜므와 앙티솜므에 대한 소쉬르의 정의부터 살펴보자. 예거는 이 두 개념을 "선(先)기호학적" 단위로 해석한다(Jäger 1978). 다시 말해 이들은 기호학적 단위로서의 셈므에 앞서 존재하는 선(先)기호학적 층위에 해당한다. 소쉬르는 『강의』에서 언어학적 분절이 이루어지기 전 단계에 해당하는 "막연한 개념의 한계 없는 평면"과 "불확정한 소리의 평면"으로 이루어진 단계를 상정한다(『강의』, p. 135). 언어학적 단위 이전의 관념과 소리는 무정형의 형태로 존재할 뿐이다. 『노트』에서 소쉬르는 보다 생생한 비유적인 이미지를 통해 이러한 선(先)기호학적 층위를 예시한다.

> 기구(氣球)가 바로 셈므이고 겉가죽은 솜므이다. 이는 기호가 그 자체로 아무 것도 아니더라도 겉가죽이 기호이고 수소가 의미라고 말하는 사고방식과는 매우 동떨어진 것이다. 기구 조종사에게 그것이 전부이듯이 언어학자에게는 셈므가 전부이다(『노트』, p. 115).

기구는 "겉가죽" 속에도, "사람들이 불어넣은 수소" 속에도 존재하지 않은 "이중적 본성"을 지닌 하나의 기구로서 존재할 뿐이다(『노트』, p. 115). 솜므는 기구의 겉가죽에 해당한다. 비록 물리적인 형태를 지니고 있지만 그 자체만으로는 아무 것도 아니다. 앙티솜므에 해당하는 수소도 마찬가지다. 오직 고무가죽에 수소를 불어넣어 만든 기구만이 기구로서 존재할 뿐이다. 셈므를 떠난 순수 소리로서 솜므나 순수 관념으로서 앙티솜므는 이처럼 추상적인 단위에 지나지 않으며, 그 자체로는 아무 것도 아닌 것이다. 『강의』에서 랑그가 "무정형의 두 평면 사이에서 구성됨으로써 단위를 형성하는" 과정은 "어느 정도 신비로운" 것으로 묘사되어 있다(『강의』, p. 135). 파레트는 이러한 "무정형의 두 연쇄의 형태 구성"을 생성적 관점에서 조명한다(Parret 1973 : 6). 예거는 해석학적 관점에서 이러한 기호학적 구성과정을 이해의 주체에 의해 행해진 "기호학적 종합"으로 해석한다(Jäger 1978). 생성적이든 해석학적이든 이러한 해석은 소쉬르에 대한 구조주의적 독서가 간과한 한 역동적 계기를 부각시키기에 충분하다.

선(先)기호학적 계기를 구성하는, 다시 말해 기호학적 관점에서 다소 부착적인 솜므와 앙티솜므와는 달리 소쉬르는 "아포셈므와 파라셈므가 핵심적인 개념"이라고 주장한다(『노트』, p. 105).

> Item. 아포셈므는 셈므의 음성적 외피이다.
> 의미의 외피가 아니다.
> 셈므는 단지 음성과 의미로 존재하는 것이 아니라 다른 셈므들과의 상관관계 속에 존재한다.

"아포셈므"가 "의미의 외피"가 아니라 "셈므의 외피"인 것은 그것이 **구체적인** 단위로 존재하기 때문이다. 다시 말해 그것은 오직 "담화" 속에서 존재하는 단위라고 할 수 있다(『노트』, p. 105). 먼저 아포셈므가 랑그의 단위가 아니라 파롤의 단위라는 점에 주목하자. 예거는 이런 의미에서 이를 "발화과정 속에서 나타나는 실재적인 소리형태"로 정의한다(Jäger 1978). 그것은 그 자체로 의미를 지니고 있지 않지만 "셈므의 외피로 존재했던" 것이다(『노트』, p. 107). 시니피앙이 심적 질서에 속한 단위인 데 반해 아포셈므는 이처럼 물리적—발화적—질서에 속한 단위이다. 하지만 단순한 소리 연속체가 아니라 의사소통 단위로서 존재하는 소리형태인 것이다. **한 마디로 아포셈므의 텔로스**(telos)**는 소통이다.** 동일한 심적 질서에 속한 기호와 의미의 결합단위로서 존재하는 통일체로서의 셈므가 실현되는 구체적인 방식은 오직 아포셈므의 형태로서이다. 전통적 의미에서의 기호에서 셈므로 이처럼 용어법상의 변화가 이루어지자마자 곧이어 이론적인 변화가 뒤따른다. 시니피앙과 시니피에라는 여전히 이분법적인 구분은 더 이상 필요하지 않다. 이원적 본성을 지닌 통일체로서 셈므는 발화행위를 통해 아포셈므로 실현된다. 그런데 이 아포셈므는 그 자체로는 의미를 지니고 있지 않은 셈므의 "음성적 외피"에 해당한다. 다음과 같은 질문이 곧바로 제기된다. 그렇다면 의미는 어디에 존재하는가?

『강의』에서 의미는 시니피앙과의 대립적 관계를 형성하는 시니피에로서 존재한다. 반면 「노트 아이템」에서 의미는 오직 셈므들 간의 관계, 다시 말해 파라셈므적 관계로 정의된다.

> Item. 파라셈므. 랑그에 속한 임의의 한 단어에게 이 첫 번째 단어와 아무런 친족관계조차도 없는 두 번째 단어는 파라셈므가 된다. 파라셈므의 유일하고 단순한 특성은 기호의 동일한 심리적 체계에 속한다는 것이다. 그 결과 주어진 한 기호가 체계의 경쟁적 기호들에서 벗어나서 완전한 존재를 지닌 것으로 발견된다면, 주어진 기호를 위해 경쟁적 기호들의 총체를 관찰할 아무런 중요성도 존재하지 않는다면 파라셈므란 단어는 사라지게 될 것이다. 마찬가지로 한 단어가 그것이 속한 체계 속에서 완전히 자율적이지 않다면 그것은 존재하게 될 것이다(『노트』, p. 107-8).

"파라셈므란 단어"가 존재하는 것은 랑그에 속한 단어들이 자율적인 단위가 아니라 경쟁적인 단어들과의 관계 속에 존재하기 때문이다. 소쉬르는 이러한 파라셈므적인 관계에 어떤 논리적—동의, 반의, 상위, 하위 등—질서도 상정하고 있는 것 같지 않다. 소쉬르는 위에서 "임의의 한 단어"와 이와 "아무런 친족관계"도 없는 또 다른 임의의 한 단어와의 관계에 대해 언급한다. 메소닉은 바로 이러한 파라셈므적인 관계 속에서 의미의 논리학이 아닌 "담화의 시학"을 발견한다. 셈므들 간에 구축된 이러한 연상적 망은 따라서 개인적인 차원을 포괄한다. 개인적 차원에서 이루어지는 창조적·연상적 관계는 유추적 변화의 원인이 되기도 한다. 한 마디로 유추변화는 "파라셈므적 창조"이다(『노트』, p. 108). 언어는 기호들의 체계라는 소쉬르의 공식은 따라서 언어는 파라셈므들의 체계라는 공식으로 환언될 수 있다. 파라셈므적인 관계는 이러한 랑그의 체계를 보전하기도 하지만 변화시키기도 하는 이중적 기능을 수행한다. 우리는 더 이상 셈므의 내적 구성요소로서 의미를 언급할 수 없다. 의미는 이제 파라셈므적인 관계의 효과로서 파악될 수 있을 뿐이다. **의미는 기호의 '안'이나 '밖'이 아니라 기호들 '사이에' 존재한다.** 우리는 소쉬르 사고의 극단적 현대성을 바로 이러한 그의 의미론 사상에서 찾아볼 수 있다.

전통적 의미의 기호를 셈므라는 용어로 대체함으로써 소쉬르는 기호의 내적 구성요소인 시니피앙과 시니피에 대신에 한편으로 발화행위의 외적 실현체로서의 음성형태에 해당하는 아포셈므와, 다른 한편으로 셈므들 간의 연상적 관계를 나타내는 파라셈므라는 새로운 개념을 제안한다. 우리는 이러한 새로운 개념이 개인적인 발화행위 속에 이루어지는 과정을 포괄하고 있음을 예의 주시해야 한다. 그럼에도 불구하고 파라셈므적인 관계는 오직 체계에 속한, 다시 말해 파롤이 아니라 랑그에 속한 관계로 고려되고 있는 것같아 보인다. 이제 우리의 관점과 관심을 기호에서 가치로 옮겨보자.

(2) 가치 : '상사(相似) : 상이(相異)' vs '상사－상사'

오루(Sylvain Auroux)에 따르면 소쉬르의 가치 개념의 기원은 18세기 동의어주의자에게로 거슬러 올라간다(1996 : 109－113). 『노트』에서 이러한 영향관계는 다음과 같은 소쉬르의 논평 속에 암시되어 있다.

사실 이런 기호의 내용과 저런 기호의 내용 사이에 부정적인 장벽만이 일차적인 자료로 존재할 뿐이다. 그 결과 앞으로 존재하게 될 모든 새로운 관념들은 예컨대 첫째 기호나 혹은 둘째 기호 속에 곧 자리를 마련하게 될 것이다. (만약 그것이 그 둘 모두에 속하게 된다면 이는 셋째 혹은 넷째 기호와의 대립이 존재하기 때문이다.)

따라서 한 단어 속에 담겨 있는 관념들을 철저하게 파헤치려고 하는 것은 예컨대 **알루미늄**(*aluminium*)이나 **유칼리나무**(*eucalyptus*) 등과 같이 물리적 대상이나 매우 희귀한 대상의 이름에 한정하는 경우가 아니라면 완전히 공상적 기획이라고 할 수 있다. **철**(*fer*)이나 **떡갈나무**(*chêne*)만 하더라도 우리는 우리가 이 단어에 부여하는 의미(혹은 용법, 이는 동일한 것이다)의 총량을 헤아리지 못할 것이다. 철을 **강철**(*acier*), **납**(*plomb*)이나 혹은 **금속**(*métal*) 등과 같은 두서너 단어들과 비교하는 것만이, 그리고 떡갈나무를 **버드나무**(*saule*), **포도나무**(*vigne*), **숲**(*bois*) 혹은 **나무**(*arbre*) 등과 같은 두서너 단어들과 비교하는 것만이 무한한 작업을 대신해 준다. **정신**(*esprit*) 속에 담겨 있는 내용을 **영혼**(*âme*)이나 **사고**(*pensée*)와의 대립을 통해 철저하게 파헤치거나, **가다**(*aller*) 속에 담겨 있는 내용을 **걷다**(*marcher*), **지나가다**(*passer*), **길을 가다**(*cheminer*), **향하다**(*se porter*), **오다**(*venir*), **나아가다**(*se rendre*) 등과의 대립을 통해 철저하게 파헤치는 것은 과장하지 않고 평생이 걸릴 수 있다. 그런데 15세에서 16세가 지나면 우리는 비단 이 단어들뿐만 아니라 수천 개의 다른 단어들 속에 담겨 있는 내용에 대해서도 잘 다듬어진 의미를 알게 되는데, 기호의 긍정적인 가치를 알기 위해 필요한 물리적인 시간이 우리들에게 백 배나 천 배 모자란다고 하는 점에 비추어 볼 때, 이 의미가 가치의 대립이라는 순수하게 부정적인 사실에 토대를 두고 있다는 사실은 분명하다.

정신(*esprit*)과 같은 단어 속에 담겨 있는 모든 것에 경탄했던 동의어 주의자(synonimiste)는 이 보고(寶庫)가, 이를 사용한 세대들에 의해 언어의 기저에 축적된 성찰과 경험, 그리고 심오한 철학의 열매가 아니라면 결코 그 언어 속에 담겨질 수 없을 것이라고 생각한다. 어떤 의미에서 그가 어느 정도까지 옳을 수 있는가에 대해서는 검토하지 않을 터인데, 왜냐하면 사실 그것은 어쨌든 부차적이기 때문이다. 중요하고 근본적인 사실은 우리가 순환시킬 어떤 기호체계 속이든 즉각적으로 동의어 관계가 성립한다는 것이다. 왜냐하면 그 반대는 불가능하며 대립적인 기호들에 대립적 가치들을 부여하지 않는다고 말하는 꼴이 될 것이기 때문이다. 하나의 가치가 부여되자마자 놀랍게 발생한 관념들 사이의 대립이 다른 한 기호와의 대립 속에 존재하는 하나의 기호 속에, 혹은 한두 기호들과의 대립 속에 존재하는 두서너 등의 기호들 속에 거주하게 되는 것은 피할 수 없는 사실이다(『노트』, p. 77-8).

통사론자 촘스키(1957)는 언어학적 창조성이 3-4세에 완성된다고 본다. 의미론자 자켄도프(1991)는 이보다 조금 늦은 10세경으로 보고 있다. 반면 기호학자 소쉬르는 위에서 15세에서 16세를 언급한다. 유아나 아동의 놀라운 언어능력에 주목한 촘스키나 자켄도프가 선천성의 테제에 집착했던 것과는 달리 소쉬르는 그렇지 않았는데, 그것은 아마도 그가 아동이 아닌 성인의 언어능력에 더 비중을 두고 있었기 때문이라고 볼 수 있다. 이 능력은 라스티에(1991)가 "의미론적 지각"이라고 부른, 의미의 차이를 보는 눈에 다름 아니다. "알루미늄"이나 "유칼리나무" 등과 같은 매우 전문적인 용어를 제외한다면 단어들이 서로 간에 맺고 있는 연상적 망을 모두 "파헤친다는 것은 과장하지 않고 평생이 걸릴 수 있다." "동의어주의자들"에 따르면 엄밀한 의미에서 "완벽한 동의어란 존재하지 않는다"(Auroux 1996 : 111). 다시 말해 언어에는 차이만이 존재할 뿐이다. 차이를 지각한다는 것은 한 단어만이 아니라 이 단어와 다른 단어와의 관계를 파악한다고 하는 것이다. 동의어주의자들이 언급한 의미의 다양성은 한 단어의 내용이 갖는 다양성이 아니라 단어들 간의 차이에서 비롯된 다양성이다. 예컨대 과거 프랑스 상류사회에서 '술 취한'이란 저속한 표현보다 '알코올 중독'이란 다소 고상한 표현이 더 선호되었다고 한다. 비록 유사한 의미를 지닌 두 용어라 하더라도 이처럼 뉘앙스의 차이—예컨대 /저속한/과 /고상한/의 차이—가 존재한다. 18세기 지라르 신부는 『동의어 사전』에서 바로 이러한 "뉘앙스"의 차이를 기술하고 있다(Auroux 1996 : 111). 의미의 과학이란 의미에서 의미론이란 명칭을 처음으로 제안한 역사비교언어학자 미셸 브레알(Michel Bréal 1897)은 바로 이 동의성의 문제가 의미론의 핵심 문제라고 지적한다.

> 동의어 속에서 우리는 한 민족의 사상이 어떤 사물에 대해 천착하는지를 깨닫게 된다. 다른 사람들보다 더 예리한 지성을 갖춘 몇몇 사람들에 의해 구분이 먼저 내려진다. 그 뒤 이 구분은 모든 사람들에게 공통의 재산이 된다. 정신의 능력은 사람들이 말하듯이 유사한 사물들 간의 차이를 보는 것이다(1897 : 37-8).

『의미론 시론』(*Essai sémantique*)에서 이 동의성 문제는 "특수성의 법칙”과 더불어 언어의 역사를 지배하는 의미론적 법칙, 즉 “재분배의 법칙”과 관련하여 제기된다. 브레알과 마찬가지로 소쉬르가 위에서 제기한 문제는 동의어주의자들이 제기한 문제이다. 전자가 근본적으로 역사주의적 관점, 즉 통시적 관점에서 이 문제를 바라본 반면에 후자는 이와는 다른 좀더 체계적인 관점, 즉 공시적인 관점에서 조명하고 있다고 하는 점이 다를 뿐이다. “정신(esprit) 속에 담겨 있는 내용”을 모두 다 파헤치기가 어려운 이유는 “정신”이 뜻하는 바를 모두 다 열거하는 것이 불가능하기 때문이라기보다 이 단어를 이와 유사한 다른 단어들, 예컨대 “영혼”(âme)이나 “사고”(pensée) 등과 서로 비교하는 것에서 출발하여 다른 유사한 단어들을 모두 다 조사하는 것이 “물리적”으로 불가능하기 때문이다. 소쉬르는 여기서 한 단어의 의미를 정의하기 위해 이 단어가 지시하는 사물이나 개념으로 **수직**이동하는 대신에 이 단어의 주변에 맴돌고 있는 다른 단어들로 **수평**이동하는 방식을 취하고 있다. 소쉬르가 언급한 시니피에는 따라서 단순한 관념이 아니다. 시니피에를 정의하는 과정은 한 단어의 의미에서 시작해서 다른 단어의 의미로 이행하는, “떡갈나무”에서 시작해서 “포도나무”를 거쳐 “숲”이나 “나무”로 확장하는, 한 마디로 언어의 바다를 항해하는 긴 여정이라고 할 수 있다. 이러한 항해의 여정 속에서 소쉬르가 발견한 개념이 바로 가치의 개념이다.

소쉬르는 1910년에서 11년에 걸쳐 진행된 일반언어학 제3차 강의의 마지막 부분을 언어학적 가치에 할애한다.[11] 『노트』의 마지막

11 특히 1911년 6월 27일, 1911년 6월 30일, 1911년 7월 4일에 진행된 세 번의 마지막 강

장은 바로 이 마지막 강의에 대한 소쉬르의 노트로 마무리되어 있다. 다소 긴 전문을 인용해 보자.

> **가치**. 이는 모든 가치와 분리 불가능하다. 혹은 가치를 구성하는 것은
> a) 체계를 형성하는 일련의 대립적 단위와 분리 불가능하다는 것도 아니며
> b) [ ]도 아니다.
> 이 둘은 동시에 그리고 서로 간에 불리 불가능하게 연결되어 있다.
>
> 가치는 두드러지게 매순간 상사 항들의 체계 속에 위치하는 항과 동의어이며, 마찬가지로 두드러지게 매순간 교환 가능한 사물과 동의어이다. [ ] 한편으로 교환 가능한 것을, 다른 한편으로 공-체계적인 항들을 취한다는 것은 아무런 관련도 없는 것이다. 이 두 사물을 연결짓는 것이 가치의 고유한 특성이다. 가치의 이 두 측면이 다른지 혹은 무엇 때문에 다른지에 대해 조사하는 것이 불가능함으로 인해 정신으로 하여금 절망에 빠지게 할 정도로 가치는 이 둘을 연결짓는다. 이론의 여지가 없는 유일한 것은 가치가 두 축으로 진행한다는 것이며 경쟁적으로 이 두 축에 따라 결정된다는 것이다.

dissimilia

↔ similia similia similia similia

상사들이 각자가 자신의 상이를 지니고 있다는 것을 아는 것은 절

의는 가치의 문제에 할애되어 있다(Eisuke Komatsu & Roy Harris 1993 : 127-143).

대적으로 중요한 것이 아니다. 바른 도표는 따라서 다음과 같다.

similia 〉 similia 〉 similia
similia 〉 similia 〉 similia

반면 이 마지막 평범한 도표는 가치를 자신의 고유한 규칙을 지닌 사물과 유사하게 만드는 데 어떤 절대적 실체를 잘못 상정하게 한다.

dissimile
similia ← similia ← simile → similia → similia

상사 : 상이의 관계는 상사-상사의 관계와 완전하게 다른 것이다. 이 관계는 그러나 포착 불가능할 정도로 가치 개념의 핵심이기도 하다(『노트』, pp. 335-6).

아마께르는 가치의 이중적 본성, 즉 상사와 상이의 이중적 관계를 기호의 이중적 본성으로 설명한다. 다시 말해 “상사-상사”관계를 시니피앙들 간의 관계로, “상사 : 상이”의 관계를 시니피앙과 시니피에의 관계로 재해석한다(Amacker 1975 : 159-60). 아마께르는 기호의 이중적 본성이 가치 개념에 그대로 적용된다는 점에서 기호에서 가치로의 이행을 매우 중요한 계기로 파악한다. 그런데 이러한 해석이 간과하고 있는 것은 가치의 관계가 기호의 내적 관계가 아니라 기호의 외적 관계라고 하는 것이다. 소쉬르는 상사들 간의 관계가 “가치 개념의 핵심”이라고 주장하고 “상사들 각자가 자신의 상이를 지니고 있다는 것을 아는 것이 절대적으로 중요한 것은 아니"라고 부연한다. 소쉬르가 제시한 "마지막 평범한 도표"에 따르면 "상이"는 단 하나의 예만이 등장할 뿐이다. 우리는 이 "상이"가 상사들 간의 관계, 다시 말해 파라셈므적인 관계에 의해 산출된 의미효과에 지나지 않는다고 주장하고자 한다. 만약 이러한 우리의 주장이 타당하다면 상사들 간의 관계가 비단 체계적일 뿐만 아니라 맥락적이라고 확대 해석할 수 있을 것이다. 물론 소쉬르는 위에서 오직 "공-체계적인" 관계만을 언급한다.

(3) 가치 결정의 범위 : 랑그에서 파롤로

앞서 인용한 문구 속에서 가치가 주어진 것이 아니라 "결정"되는 것임에 주목하자. 이러한 결정이 이루어지는 장소는 다름 아니라 "매순간"이다. 우리는 가치의 문제와 더불어 바로 이 시간의 문제를 고려해야 한다. 「언어의 이중적 본성」이란 제목의, 소쉬르의 오랑주리에서 "다시 찾은" 원고의 마지막 문구를 인용해 보자.

> 존재하는 각각의 기호 속에서 결정된 가치가 통합되고 사후 형성된다. [ ] 이 가치는 동일한 순간에 현존 혹은 부재하는 기호들의 총체에 의해서만 결정될 뿐이다. 이 기호들의 상호적이고 상대적인 수와 양상은 매순간마다 끊임없이 변화하기 때문에 각각의 기호에 대한, 그리고 기호 전체에 대한 이러한 행위의 결과 또한 매순간마다 측정할 수 없을 정도로 변화한다(『노트』, p. 88).

먼저 가치가 결정되는 방식이 "사후"적임에 주목하자. "현존 혹은 부재하는" 언어학적 기호들이 맺고 있는 관계는 "매순간마다 측정할 수 없을 정도로 변화한다." 우리는 위에서 가치의 결정이 매순간마다 이루어진다고 하는 소쉬르의 극단적인, 그러나 매우 일관된 주장을 엿볼 수 있다. 순간은 역사적 시간, 즉 통시성을 가리키지 않는다. 여기서 문제되는 시간은 초미시적인 통시성이라고 할 수 있다. "매순간마다 끊임없이 변하"는 가치를 어떻게 포착하고 파악할 수 있을 것인가? 한 가지 분명한 사실은 이 "순간"이라는 시간의 요소가 개입하자마자 가치의 결정장소가 더 이상 랑그일 수 없다고 하는 점이다. "순간"의 시간은 랑그의 시간이라기보다 발화의 순간이요, 벤베니스트(E. Benveniste)가 언급한 "담화의 순간"이기 때문이다(1974 : 72–73). 가치가 "매순간마다" 변하는 이유는 가치가 "매순간마다" 새롭게 "결정"되기 때문이다. 소쉬르가 "상이"라고 명명한 것은 단지 의미효과에 지나지 않는다. 라스티에는 이런 점에서 파라셈므적인 관계를 형성하는 "연상적 셈므"를 "맥락적으로 정의되는 언어 기호로 이해하자"고 제안한다(Rastier 2006). 다시 말해 파라셈므적인 관계는 체계적임과 동시에 맥락적이다. 앞에서 빈칸으로 남겨진 부분은 따라서 다음과 같이 채워질 수 있다.

셈므 = 1° 관습적 기호
2° 체계(역시 관습적인)에 속한 기호
3° [맥락적 기호]

이렇게 함으로써 우리는 옐름슬레우가 랑그와 파롤의 이분법을 보완하기 위해 제안한 삼분법, 즉 '도식'(schéma), '규범'(norme), '사용'(usage) 등의 구분에 상응하는 소쉬르의 삼분법을 완성할 수 있다(Hjelmslev 1971 : 81). **소쉬르주의자 옐름슬레우를 통해 우리는 결과적으로 옐름슬레우주의자 소쉬르를 재발견한다.** 가치의 결정장소가 이처럼 랑그에서 담화로 이동하게 됨에 따라 우리는 계열적 관계에서 통합적 관계로, 다시 말해 기호에서 텍스트로, 나아가 랑그의 언어학에서 파롤의 언어학으로 이행해야 한다.

구조주의 패러다임 하에서 소쉬르 언어학과 화용론은 양립 불가능한 배타적인 학설들로 간주되어 왔다. 결과적으로 소쉬르의 사상은 끊임없이 반(反)화용론적인 것으로 공식화되었고 또한 비판받아 왔다. 『소쉬르 읽기 입문』에서 부께는 이러한 비판에 대한 비판을 단행한다.

> 가치의 통합적 이론과 관련하여 《파롤》(혹은 《담화》)의 개념을 구성하지 않음으로 인해 우리는 소쉬르가 자신의 프로그램 속에서 통사론적 능력, 언어 화용론적과 담화분석의 이론들을 가능하게 하는 고유한 인식론적 개념을 제기하는 데 실패했다고 말할 수 있는가? 그 정 반대이다. 《현존적 가치》(valeur in presentia)의 개념은 이러한 언어학적 프로그램들을 묘사한다(Bouquet 1997 : 344-5).

"현존적 가치"는 "매순간마다" 결정되는 가치를 가리킨다. 언어에 대한 소쉬르의 집요한 성찰 속에서 놀랍게도 시간의 문제는 항구적인 주제를 형성하고 있다(Choi 2002). 소쉬르의 언어학 사상은 비역사적인 것도 반화용론적인 것도 아니다. 우리는 다름 아닌 이 시간의 문제, 보다 더 정확히 말하자면 "담화의 순간"이란 개념을 매개로 소쉬르의 언어학 사상이 구조주의 패러다임 하에서 화용론과 겪었던 갈등을 극복할 수 있다고 주장하고자 한다. 구조주의 패러다임 속에서 소쉬르의 가치 개념이 오직 체계에 의해 결정되는 것으로 해석되었지만 『일반언어학 노트』에 노정된 소쉬르의 성찰 속에서 우리는 사실상 가치 결정의 범위가, 시간의 요소가 개입함에 따라 랑그에서 담화로 확장되는 것을 확인할 수 있다. 이런 점에서 소쉬르의 가치 개념은 화용론, 담화분석, 나아가 라스티에가 정식화한 텍스트 의미론과도 모순을 빚지 않는다고 말할 수 있다.

4. 텍스트 의미론과 소쉬르의 새로운 전통–물질적 해석학

우리는 라스티에의 텍스트 의미론을 새로운 소쉬르의 전통으로, 다시 말해 구조주의와 맥락주의를 동시에 사고하는 구조주의의 확대 버전으로서 재평가하고자 한다. 라스티에는 코세리우(Coseriu), 포티에(Pottier), 그레마스(Greimas)로 이어지는 구조의미론을 화용론적 시각에서 재해석함으로써 텍스트 의미론의 해석학적 인식론을 구축한다(1987, 1997, 2001). 그런데 그에 따르면 텍스트 의미론의 인식론은 소쉬르에 많은 빚을 지고 있다(1997 : 134). 좀더 구체적으로 요약하자면 이 빚은 크게 세 가지이다. 소쉬르는 시니피에를 지시나 개념에 의존하는 비언어학적 관계가 아니라 순수하게 언어적인 것으로 파악하였다. 또한 시니피에뿐만 아니라 시니피앙을 기호의 구성 요소로 강조하였다. 마지막으로 시니피앙과 시니피에를 정신적 표상이나 물리적 대상이 아니라 고유한 대상으로 파악하였다. 한 마디로 소쉬르는 의미관계를 순수하게 언어학적인 시각에서 재정의할 것을 제안하였다는 것이 라스티에의 평가이다.

소쉬르의 공헌이 이처럼 의미의 언어학적 차원을 정의한 것이라면 라스티에의 공헌은 여기에 텍스트적 전망을 복원시킨 것이라고 할 수 있다. 여기서 텍스트적 전망이란 계열적 관계에서 통합적 관계로, 기호에서 텍스트로, 언어능력에서 기호학적 수행으로의 이행을 가리킨다. 라스티에는 예컨대 소쉬르의 가치 개념에 바탕을 둔 구조의미론의 핵심 개념인 의소(sème)—의미자질—를 바로 이러한 화용론적인 시각에서 재정의한다. 여기서 언급한 화용론(pragmatique)이란 좁은 의미에서 언어행위 이론에 국한된 것이 아니라 사회문화적 실천행위와 관련된 넓은 의미에서 행위론(praxéologie)—상황이나 맥락뿐만 아니라 규범에 따른 행위를 포괄하는—이라고 할 수 있다. 그가 제시한 외래성(afférence) 개념은 랑그의 체계 속에서 결정된 가치가 아니라 넓은 의미에서 "기호학적 수행"(performance sémiotique)에 의해 결정된 가치이다(2001 : 72). 우리가 앞서 살펴본 소쉬르의 파라셈므는 라스티에가 세분한 내재의소와 외래의소를 모두 포괄하는 개념이라고 할 수 있다. 라스티에는 바로 이 외래성 개념을 바탕으로 의미론의 새로운 패러다임, 즉 해석학적 패러다임을 제시한다. 이 패러다임 속에서 표상 개념에 기초한 지시관계는 텍스트가 재구성한 **지시적 인상**의 문제로 재평가되며, 추론의 문제는 해석적 과정으로 재정의된다. 의미의 문제는 텍스트 밖에 존재하는 지시나 개념으로 환원되지 않으며 "텍스트 속에서 시니피에들의 관계망"으로 재정립된다(Rastier 1997 : 127). "지시적 인상"이란 파라셈므적 상사관계에 의해 발생하는 의미효과로서 상이에 다름 아니다. 이러한 '관계망', 즉 텍스트적 세미오시스는 형식적이든 경험적이든 실재론에 근거한 존재론으로 환원되지 않으며, 텍스트가 산출되고 해석되는 커뮤니케이션의 상황에 따라 적합하게 재구축되어야 한다. 즉, '존재론'(ontologie)이 아니라 '의무론'(déontologie)에 종속된다. 소쉬르가 언급한 담화의 '매순간'은 기호학적 수행의 한 기원일 뿐만 아니라 가치 결정의 장소로서, 해석학적인 맥락으로서 고려되어야 하며, 존재론이 아닌 의무론적 시각에서 재평가되어야 한다. 소쉬르의 인식론은 이처럼 의미의 언어학적 시각을 제공해 줄 뿐만 아니라 라스티에가 주장한 언어학적 의미의 텍스트적 전망을 포괄한다고 할 수 있다.

라스티에는 소쉬르의 전통을 혁신적으로 계승한 텍스트 의미론을 해석학적 과학으로 규정한다. 한 마디로 텍스트 의미론의 인식론은 해석학이다. 살란스키(Jean-Michel Salanskis 1997)는 랭게커의 인지도식, 빅토리(Victorri)와 스몰렌스키(Smolenky)-레장드르(Legendre)-미야타(Miyata)의 연결망 이론 등과 더불어 라스티에의 텍스트 의미론을 언어학 분야에서 해석학적 입장을 대변하는 주요 경향으로 소개한다. 라스티에는 블룸필드 이후 지속적으로 진행되고 있는 "의미의 자연화"(1997 : 121)에 대항하는 비판적 인식론으로 해석학적 입장을 옹호한다.

라스티에가 주장하는 해석학은 요컨대 "물질적 해석학"(Herméneutique matérielle)이다(2001). 이 용어는 존디(Peter Szodi)가 슐라이허마허로부터 차용한 것으로 "비판적 해석학의 충만하고 야심찬 형태"

로서의 해석학을 의미한다(Rastier 1997 : 122). 라스티에는 이 용어를 기호학적 인식론으로 재해석한다. 기호학적 측면에서 "물질적"이란 용어는 **육체**를, "해석학"이란 용어는 **정신**을 가리킨다. 이 둘은 기호의 양면인 **표현**과 **내용**에 각각 상응한다. 다시 말해 물질적 해석학은 시니피앙과 시니피에의 결합으로 이루어진 기호 모델로부터 인식론적 모델을 차용한다. 이 모델에 근거하여 라스티에는 현대 해석학의 정신주의적 경향과 문헌학의 형식주의적 경향을 각각 비판한다. 그가 통합적인 기호 모델을 강조하는 이유는 이 두 경향이 "물질적 해석학"으로 재통합되어야 하기 때문이다.

물질적 해석학은 언어의 형태분석에 집착한 문헌학과 딜타이(Dilthey) 이후 전개된 철학적 해석학과의 재통합을 목표로 하는 통합적 해석학이다. 한편으로 그가 진단하기에 현재 언어과학은 역사와 텍스트의 문제를 핵심 문제로 삼고 있는 해석학적 전통과 단절되어 있다(1997 : 125). 그 결과 언어과학이 기술대상으로 삼고 있는 언어는 역사적 전망이 결여된 추상적인 체계에 불과한 것이 되고 말았다. 대부분 언어학자들이 자신의 이론을 정당화하기 위해 고안해낸, 예문으로 제시된 문장은 오직 문법성(grammaticalité)이나 수용 가능성(acceptabilité)의 시각에서 다루어질 뿐, 해석 가능성(interprétabilité)의 시각은 여기서 철저히 배제되어 있다. 맥락과 동떨어져 있는 문장은 **생성**의 대상일 수는 있으나 **해석**의 대상이 될 수는 없다. 이처럼 텍스트의 산출조건으로부터 벗어난 문장들은 형식적인 규칙의 지배를 받지만 해석학적인 이해의 대상일 수는 없다. 상술한 현대 언어학의 입장과 텍스트 의미론의 입장을 간략하게 정리하면 다음과 같다.

현대 언어학	텍스트 의미론
문법성(grammaticalité), (수용 가능성)	해석 가능성(interprétabilité)
언어능력 = 생성능력(génération)	언어능력 = 해석능력(interprétation)
공리화(axiomatisation)	토대(fondement)
규칙(règle)	규칙성(régularité)
원인(cause)	조건(condition)

다른 한편으로 현대 해석학은 구체적인 언어현상으로부터 벗어나서 형이상학에만 몰두해 있다고 라스티에는 비판한다. 문헌학적인 우회를 포기하고 직관적인 판단에만 의존한 철학적 해석학은 반(反)과학으로 전락한다. 언어학 혹은 문헌학이 객관주의와 형식주의에 집착함으로써 실증주의로 퇴화한 반면에, 이처럼 하이데거식 해석학은 사변에만 의존함으로써 퇴화했다고 하는 것이다(Rastier 1997 : 123). 소쉬르적 용어를 빌려 표현하자면 언어과학을 비롯해서 그동안 문헌학이 기호의 육체적 측면, 즉 '시니피앙'의 분석에 초점을 두었다면 철학적 해석학은 정신의 측면, 즉 '시니피에'만을 다루었다고 할 수 있다. 라스티에가 주장한 "물질적 해석학"은 따라서 시니피앙과 시니피에의 새로운 결합을 위한 해석학이라고 할 수 있다. 소쉬르는 기호를 행동주의자들처럼 시니피앙이나 혹은 인지주의자들처럼 시니피에만으로 환원하지 않는다. 셈므라는 새로운 용어의 도입에서 알 수 있듯이 소쉬르의 기호는 이들의 결합으로 이루어진 통일된 전체이다. 라스티에가 주장한 "물질적 해석학"이 형태 중심의 문헌학과 철학적 해석학과의 재통합을 지향한다는 점에서 텍스트 의미론의 인식론을 기호와 의미의 통일된 전체로서의 셈므를 상정한 소쉬르 언어기호학의 확대 버전이라고 할 수 있다.

전례 없는 미디어 문화의 발전은 오늘날 우리를 텍스트의 바다로 이끌어 가고 있다. 우리는 봇물처럼 쏟아져 나오는 엄청난 양의 다양한 텍스트를 날마다 효과적으로 처리해야 한다. 언어학과 텍스트의 만남은 이제 필요가 아니라 필연이며, 과제가 아니라 의무라고 할 수 있다. 가치들의 놀이의 장을 랑그에서 텍스트로 확장한 **신소쉬르주의**는 이들의 생산적인 만남에 필요한 인식론적 프로그램을 제공해 줄 수 있을 것이다. 바로 여기에 소쉬르 언어사상의 **현재적** 의의가 놓여 있다.

제 2 장

촘스키 언어사상 : 시간의 문제를 중심으로

1. 들어가며

제목에서도 알 수 있듯이 이 글은 촘스키 언어학에 대한 기술적(技術的)인 접근이 아니다. 또한 촘스키 언어사상에 대한 전반적인 비판도 아니다. 생성이론에서 최소주의 이론에 이르기까지 약 40여 년 동안 촘스키 언어학이 밟아온 긴 여정을 여기서 상세하게 갑론을박한다는 것은 솔직히 필자의 능력을 벗어나는 작업이다. 우리는 그동안 기호체계로서의 언어가 본질적으로 역동적이라는 점을 시간의 관점에서 논구(論究)해 왔다.[1] 우리는 바로 이러한 관심의 연장선상에서 촘스키의 언어사상을 비판적으로 고찰하고자 한다.

촘스키 언어학에 대한 철학적 논의를 위해 우리는 주로 1960년

---

1 『언어와 시간』(최용호, 2000) 참조.

대와 1970년대 출간된 다음의 저서들을 참조하고자 한다.[2] 1966(1969)년에 출간된 『데카르트 언어학』(*La linguistique cartésienne*)은 촘스키 언어학의 철학적인 전통을 명시적으로 밝혀준 역작이다. 이 저서에서 촘스키는 자신의 언어학을 데카르트의 합리주의 전통 속에 귀속시킨다. 러너버그(H. M. Lenneberg)의 『언어의 생물학적 토대』(*Biological foundation of language*, 1967)의 서문에 실린 「언어의 형식적 본질」(La nature formelle du langage, 1967(1969))은 촘스키 문법의 초기에 해당하는 모델을 간략하게 설명한 글이다. 이 글에서 촘스키는 언어학과 생물학과의 관계를 명시적으로 밝힌다. 결과적으로 데카르트의 합리주의는 촘스키의 손을 빌려 **생물학적 자연주의**[3]로 새롭게 거듭난다. 1968년에 출간된 『언어와 사고』(*Language and thought*)는 언어학이 인간 정신의 연구에 어떤 방식으로 (과거에) 기여했으며, 또한 (현재) 기여하고 있고, 나아가 (미래에) 기여할 수 있을 것인가를 고찰한 작품이다. 우리는 이 책에서 언어학과 일반 심리학이 맺고 있는 관계의 본성에 관한 깊이 있는 성찰을 찾아볼 수 있다. 1975년에 출간된 『언어에 대한 성찰』(*Reflections on language*)은 촘스키 문법 개념을 철학사적 관점에서 해명한 책이다. 2년 뒤 일련의 강연을 책으로 엮어 펴낸 『행태와 의미에 관한 소고』(*Essai sur la forme et le sens*, 1977(1980))는 확대표준 이론의 틀 속에서 촘스키의 언어사상을 재조명하고 있다. 우리는 이 책에서

2 제목을 불어로 표기한 책은 불어 번역본을 참조했고 영어로 표기한 책은 영어 원본을 참조했다. 출판 연도는 원본의 출판 연도를 먼저 표기하고 괄호 안에 번역본의 출판 연도를 삽입하였다.

3 생물학적 자연주의는 대부분의 영미 철학자들이 표방하고 있는 과학적 세계관이라고 할 수 있다. 예를 들어 언어철학자 존 설(J. Searle)의 『지향성』(*L'intentionalité*, 1983 : 274) 참조.

문법의 주된 기능이 "음의 세계"와 "개념의 세계"를 중재하는 것에 있다고 하는 촘스키의 핵심적인 사상을 다시 한 번 확인할 수 있다 (p. 35). 소쉬르와는 달리 촘스키의 경우에 이 두 세계의 결합은 기호가 아니라 문장을 산출한다.

이상에서 소개한 저서의 대부분이 촘스키 언어학의 초기와 중기에 해당하는 작품들이다. 물론 촘스키 언어학은 기술적인 측면에서 여러 차례 수정을 거듭해 왔고 초기에 설정했던 대부분의 가설들도 최소주의 이론에 이르게 되면 유명무실해지거나 아니면 완전히 폐기된다. 하지만 기술적인 발전 혹은 변화 속에서도 촘스키의 언어사상은 초기의 철학적 기조를 그대로 유지해 왔다고 할 수 있다. 사실 변한 것은 기술적인 표층구조이지 사상적인 심층구조는 아니다. 이런 점에서 위에서 열거한 초기 혹은 중기의 문헌들을 참조하는 것만으로도 촘스키 언어학에 대한 철학적인 논의를 이끌어가는 데 큰 무리가 없을 것이라고 생각한다. 물론 우리는 위에서 소개한 것처럼 출판 연도에 따라 연대기적인 방식으로 논의하지는 않을 것이다. 논의의 편의를 위해 우리는 나름대로의 몇 가지 반복되는 주제들을 선정하였다. 이러한 선택의 과정에서 두 가지 관점이 적용했음을 밝혀야 할 것 같다. 하나는 철학적인 관점이고, 다른 하나는 시간의 관점이다. 우리가 다루고자 하는 세부 주제는 다음과 같다.

i) 언어의 다양성
ii) 일상적 언어행위의 창조적 측면
iii) 언어변화
iv) 의미의 문제

다소 자의적으로 보이는 이들 세부 주제들은 사실 서로 깊은 관련을 맺고 있다. 앞으로 보다 더 자세하게 살펴보겠지만 언어철학의 핵심적인 문제는 언어의 다양성과 관련된 문제이다. 언어를 철학적으로 논한다고 할 때 우리는 결코 이 문제를 회피할 수 없을 것이다. 물론 이 문제에 대한 여러 가지 해법이 있을 수 있다. 예를 들어 보편언어 사상은 언어의 다양성을 해결하기 위해 제시된 해법 가운데 하나이다. 우리는 촘스키가 주장한 창조성 개념을 중심으로 그가 이 문제를 어떻게 해결하고자 했는지를 살펴볼 것이다. 시간의 문제와 관련해서 우리가 궁극적으로 다루고자 하는 문제는 언어변화의 문제이다. 사실 언어의 다양성은 언어변화의 결과라고 할 수 있다.[4] 우리는 촘스키 언어학이 이 문제를 어떻게 해결하고 있는지를 살펴보고, 이어서 이 과정에서 필연적으로 직면하게 될 몇 가지 어려움을 의미의 문제를 중심으로 고찰하고자 한다.

2. 언어의 다양성

앞서 우리는 서구 언어철학의 핵심적인 문제가 언어의 다양성과

4 사실 이 문제는 많은 논의를 필요로 한다. 우리는 여기서 소쉬르의 『일반언어학 강의』 제4부 「지리언어학」에 등장하는 다음의 문구를 제시하는 것으로 만족하고자 한다. "언어의 불안정성 그 자체는 시간에만 종속되어 있다. 그러므로 지리적 다양성은 결국 일반적인 현상의 부수적인 일면일 뿐이다"(소쉬르 저, 최승언 역, 『일반언어학 강의』, 민음사 1990, p. 234).

관련된 문제임을 지적하였다. 아리스토텔레스는 이 문제를 구체적으로 다음과 같이 제기한다.

> 말은 영혼의 상태를 상징하는 요소들의 총체이며, 글은 말을 상징하는 요소들의 총체이다. 인간이 모두 동일한 문자체계를 가지고 있지 않은 것과 마찬가지로 모두 동일한 방식으로 말하지도 않는다. 그런데 말이 직접적으로 의미하는 것은 바로 영혼의 상태이다. 그리고 이 영혼의 상태는 모든 인간에게 공통된 것이다. 영혼의 상태가 재현하는 것은 사물들이며, 이 또한 모든 인간에게 동일한 것이다(*De l'interprétation* 1994 : 77–8).

위에서 제기된 문제를 거꾸로 다시 한 번 제기해 보자. 세계는 하나이다. 뉴턴의 만유인력 법칙은 영국에서도 적용되고 한국에서도 적용된다. 이런 의미에서 세계는 하나이다. 이 법칙을 이해할 수 있는 인간의 정신 또한 하나이다. 영국 사람도 한국 사람도 만유인력의 법칙을 이해할 수 있는 동일한 정신적인 능력을 가지고 있다. 한마디로 하나의 영혼은 하나의 세계에 상응한다. 문제는 언어의 다양성이다. 하나인 영혼을 재현해야 하는 언어는 유감스럽게도 하나가 아니다. 가령 영어를 모르는 한국 사람에게 만유인력의 법칙을 한국어가 아닌 영어로 소개한다면 아무리 그 사람이 뛰어난 정신적인 능력을 소유하고 있다 하더라도 그 말이 무슨 말인지 도무지 알 수 없을 것이다. 이런 점에서 언어는 하나가 아니다. 또한 이 언어를 모사(模寫)한 문자도 하나가 아니다. 한국어는 한글로 영어는 알파벳으로 쓰여져 있다. 아리스토텔레스가 제기한 언어의 다양성 문제는 이처럼 표상(表象)의 문제와 더불어 서구 언어철학의 핵심적인 문제로 자리잡게 된다. 우리는 이미 한 가지 문제의 해결방식을 알고 있다. 이 방식은 다음과 같은 질문 속에 잘 표현되어 있다. 하나의 영혼을 반영해 줄 하나의 언어를 만들 수 있지 않을까? 바로 여기에 보편언어에 대한 서구 형이상학의 꿈이 싹트기 시작한다.[5] 뽀르-루와얄(Port-Royal)의 『일반이성문법』(*Grammaire générale et raisonnée*)도, 라이프니찌의 이상언어(langage idéal)도, 프레게(Frege)의 형식언어(langage formel)도, 포더(Fodor)의 사고의 언어(Langage de la pensée)도, 존슨-레어드(Johnson-Laird)의 정신 모델(modèles mentaux)도 바로 이러한 꿈을 실현시키기 위한 노력의 일환으로 이해될 수 있을 것이다. 물론 촘스키의 보편문법 역시 이러한 철학적 전통의 맥을 잇고 있다고 말할 수 있다.

훔볼트의 사상을 논의하면서 촘스키는 이 문제를 다음과 같은 방식으로 제기한다.

> 훔볼트가 보기에 언어에 대한 모든 적합한 기술은 특수한 언어적 요소들과 그들의 관계를 결정하는 유한한 체계로서의 생성 원리로 거슬러 올라가야 하는데, 이는 사람들이 의미 있는 방식으로 수행하는 언어행위의 무한한 다양성의 토대가 된다(1966(1969 : 45)).

촘스키 언어학은 언어의 다양성 문제를 결코 배제하거나 도외시하지 않는다.[6] 오히려 그 정반대이다. 훔볼트의 언어철학적 전통 속

---

5 이 문제와 관련하여 라스티에는 날카로운 비판과 함께 포괄적인 안목을 제공해 준다(1990, 1991 참조).

6 예를 들어 카츠(Katz)의 '영어'란 개념에 대해 촘스키가 행한 비판을 보면 이 점을 분명

에서 촘스키 언어학이 지향하는 목표는 "언어행위의 무한한 다양성"의 기저에 놓여 있는 "유한한 체계로서의 생성원리"이다. 이처럼 촘스키의 문법 모델은 그 어떤 문법 모델보다도 언어의 다양성 문제를 깊이 인식하고 있다.

그런데 바로 이 지점에서—이 문제의 중요성이 인식되자마자—심각한 인식론적인 문제가 발생한다. "무한한 다양성"을 기술목표로 삼고 있는 촘스키 언어학이 기술대상으로 삼고 있는 것은 이런 혹은 저런 자연언어—예를 들어 한국어나 영어—가 아니라 이러한 경험적인 범주를 뛰어넘어 존재하는 "가능한 언어의 부류"이다(Chomsky 1966(1969) : 48). 언어의 무한한 다양성을 기술하기 위해서는 바로 "인간 언어의 가능한 다양성"을 고려해야 한다는 것이다(Chomsky 1968 : 84). 인간 언어의 다양성이 제기하는 문제는, 다시 말해 이곳과 저곳에서 서로 다른 언어가 말해진다고 하는 사실이 제기하는 문제는 언어학자들에게 무엇보다도 **경험적인** 문제로 다가온다. 흥미롭게도 촘스키는 이러한 경험적인, 다시 말해 실제적인 문제를 궁극적으로 **가능한 차원의** 문제로, 다시 말해 **이상적**(理想的)인 문제로 환원시킨다. 이상화된 관점에서 볼 때 언어의 다양성은 결국 사고의 "무한한 가능성"을 반영한 것에 지나지 않는다. 이런 점에서 다음의

히 확인할 수 있다. 다고스티노(D'Agostino)의 다음 논평을 참조해 보자. "촘스키의 관점에서 언어적 다양성의 존재와 이러한 다양성이 사회적 측면에서 방언으로 실현된다고 하는 문제는 영어라고 하는 개념이 언어과학의 합법적인 개념이라고 주장하는 카츠와 같은 언어학자들에게 심각한 문제를 제기한다"(Fred D'Agostino, 1986, p. 30). 이 논평에 따르면 촘스키는 '영어'라는 포괄적인 개념을 이론적으로 수용할 수 없는데, 왜냐하면 그 개념에 상응하는 실재가 사실 존재하지 않기 때문이다. 오직 다양한 언어현상만이 존재할 뿐이다.

문구는 결코 놀랍지 않다.

> 인간 언어는 자유로운 표현과 사고를 위한 도구로 기능할 수 있다. 언어사용의 창조적인 측면은 사고와 상상의 무한한 가능성을 반영한다. 언어는 유한환 수단으로 무한한 표현의 가능성을 제공한다(1966(1969) : 59).

촘스키 언어사상은 가장 오래된 서구의 형이상학적 전통에 뿌리를 내리고 있다. 이 전통에 따르면 언어는 사고의 반영이다. 결과적으로 인간 언어의 "무한한, 나아가 가능한 다양성"은 "사고와 상상의 무한한 가능성"의 "반영"에 불과한 것이 되고 만다. "언어사용의 창조적 측면"이라고 하는 촘스키의 사상은 이러한 정신적인 무한한 가능성이―언어적으로―표현된 것이다(Chomsky 1966(1969) : 20). 결국 촘스키는 언어의 다양성이 제기하는 철학적인 문제를 인간 정신의 "무한한 가능성"이 구현된 것으로, 달리 말해 "창조성" 개념으로 해결하고 있다. 창조적 인간 정신의 반영인 창조적인 언어사용으로 인해 인간 언어는 다양해질 수밖에 없는 가능성을 본질적으로 가지고 있다. 이렇게 해서 우리는 촘스키 언어사상의 근간을 형성하는 창조성 개념에 이르게 된다.

3. 일상적 언어행위의 창조적 측면

촘스키 언어철학의 근간이 되는 사상적 계보를 명확하게 밝혀주고 있는 책은 『데카르트의 언어학』이다. 촘스키는 이 책의 집필목적을 다음과 같이 밝히고 있다.

> 고전적인 작업으로의 회귀는 그 당시에—앞으로 설명하겠지만 내가 데카르트 언어학이라고 부르고자 하는 그 시기에—이미 잘 이해된 수많은 주제들을 재발견하게 해준다(1966(1969) : 15).

"데카르트 언어학"이란 명칭 속에 잘 나타나 있듯이 촘스키 문법사상은 철학적으로 합리주의 전통에 속해 있다. 한 마디로 촘스키의 보편문법은 뽀르-루와얄 이성문법의 현대판이라고 할 수 있다.[7] 그런데 우리는 이러한 규정이 몇 가지 어려움에 봉착하게 되는 것을 이어지는 논의에서 발견하게 된다. 17세기에서 시작해서 18세기를 거쳐 19세기에 이르기까지 사상적 뿌리를 캐내는 과정에서 촘스키는 궁극적으로 훔볼트와 조우한다. 이 점은 사실 좀더 긴 설명을 요구한다. 왜냐하면 17세기 합리주의 사상이 어떤 점에서 19세기 관념론적 낭만주의와 연결될 수 있는지가 그렇게 명료하게 제시되어

7 촘스키는 다음과 같이 주장한다. "여러 가지 측면에서 볼 때 오늘날 발전하고 있는 것과 같은 변형생성문법 이론을 뽀르-루와얄 이론의 현대적인, 그리고 보다 명료해진 판본으로 간주하는 것은 매우 정당한 것으로 보인다"(1966(1969) : 69).

있지 않기 때문이다. 3세기에 걸친 언어학 사상을 "데카르트의 언어학"이란 범주로 묶을 수 있는가? 촘스키는 이 책에서 창조성 개념을 중심으로 이러한 연결을 시도한다. 물론 이러한 연결의 시도는 상당히 설득력이 있어 보인다. 그럼에도 불구하고 창조성 개념만을 고리로 해서 과연 서로 다른 사상적인 계보를 아무런 유보 없이 통합 혹은 재통합해낼 수 있을 것인가라는 문제는 여전히 남는다. 칸트의 관념철학과의 접목을 시도하고 있는 부분에[8] 이르게 되면 사실상 촘스키의 사상적 계보는 근대 철학사와 만나게 된다. 물론 촘스키는 철학적 관점에서 다양한 언어철학적 전통을 통합해 보려는 시도를 하는 것은 아니다. 사실상 "데카르트 언어학"은 **역사적** 범주라기보다 **개념적**인 범주라고 해야 할 것이다. 그렇다면 어떤 의미에서 "데카르트 언어학"이란 개념적인 범주는 촘스키의 사상적 계보를 밝히는 데 기여하고 있는가?

이 문제를 해결하기 위해서는 촘스키가 창조성 개념을 도입하게 된 배경과 그 논쟁적인 맥락에 대해 물어야 한다. 데카르트의 언어관을 소개하고 있는 다음의 문구는 흥미로운 단서를 제공해 준다.

> 간단히 말해 인간은 자신의 종(種)에 고유한 능력을 보유하고 있다. 부수적인 기관이라고 할 수 없는, 또한 일반적인 지성과도 연결되지 않은, 우리가 '일상적인 언어사용의 창조적 측면'이라고 부른 것 속에서 발현되는 능력을 보유하고 있다. 이 능력의 고유한 특성은 무한한 가능성을 개시하는 것이며, 어떤 자극에 대해서도 종속되어 있지 않은 것이다.

8 Chomsky, 1966(1969), p. 113.

데카르트는 사람들이 자신의 사고를 자유롭게 표현하거나, 온갖 새로운 상황에 대해 적합한 방식으로 반응하기 위해 언어를 사용한다고 주장한다(1966(1969) : 20).

"일상적 언어사용의 창조적 측면"은 "무한한 가능성을 개시하는" 것으로, 다시 말해 외부 "자극에 종속되어 있지 않은" 것으로 묘사된다. 위에서 등장하는 "자극"과 "반응"이란 용어에 주의를 기울일 필요가 있다. 촘스키가 창조성 개념을 도입하고 있는 논쟁적인 맥락은 자신의 사상적 계보를 밝히기 위한 단순한 역사적인 고찰이라기보다 사실은 행동주의(Behaviorism)에 대한 비판이라고 할 수 있다. 여기서 촘스키의 적(敵)은 행동주의자들이며, 이들의 적은 촘스키의 우군(友軍)으로 묘사된다. 어쩌면 바로 이러한 단순화 속에서 17세기에서 19세기에 이르는 촘스키의 사상적 계보가 이해될 수 있는 것인지 모른다. "데카르트 언어학"의 주된 공헌을 소개하고 있는 다음의 문구는 이러한 우리의 생각을 더욱 확고히 해준다.

요약하자면 우리가 데카르트의 언어학이라고 부른 언어학의 근본적인 공헌 가운데 하나는 인간 언어가, 예를 들어 유사 언어인 동물의 언어와는 달리 정상적으로 사용될 때, 외적 자극의 통제나 따로 확인해 볼 수 있는 심리상태의 통제에 종속되어 있지 않으며, 의사소통의 실천적인 기능에만 한정되어 있지도 않다는 점을 관찰한 것이다(1966(1969) : 56).

"언어 사용의 창조적인 측면"은 "외적 자극"이나 "심리상태의 통제"로부터 독립적으로 작용하는 원리에 의해, 한 마디로 전적으로 자율적인 원리에 의해 설명되어야 한다는 것이 데카르트 언어학의 근본적인 지침 가운데 하나이다. 우리는 이 원리가 다름 아닌 문법적인—통사적인—원리임을 잘 알고 있다. 촘스키 문법은 "한정된 규칙의 체계"로서 "의미내용을 결정하는 심층구조"와 "음성형태를 결정하는 표층구조"를 중재하여 "쌍을 이룬 구조의 무한한 집합을" 산출하는 역할을 한다(Chomsky 1966(1969) : 86). 외부 자극으로부터 완전히 독립적인 방식으로 작동하는 이러한 문법구조는 철저하게 내적인 규칙에 의해서만 통제된다. 여기서 우리는 다음과 같은 결론에 이르게 된다. 촘스키의 창조성은 비록 "외부 자극"이나 "심리상태"로부터 독립된 자율성을 보장받지만 역설적이게도 고유한—통사적인—규칙의 철저한 지배 하에 놓이게 된다고 하는 사실이다. 다시 말해 "언어사용의 창조적인 측면"은 언어의 고유한 메커니즘에 의해서만 설명될 수 있다. 이런 점에서 촘스키의 창조성은 메커니즘에 기반을 둔, 메커니컬한 창조성이라고 할 수 있다.

쟈크 부브레스(Jacque Bouveresse)는 이러한 촘스키의 창조성 개념을 다음과 같이 비판한다.

> 만약 언어학과 해석학이 모두 촘스키가 "언어사용의 창조적 측면"이라고 부른 것에 관심을 갖고 있다면 그것은 매우 다른 의미에서이다. 전자의 경우 본질적으로 창조성의 한 유형을 다루고 있는데, 사실상 이는 오직 규칙의 반복 적용의 반영일 뿐이며, 그것만으로는 기계적인 설명의 한계를 벗어나지 못한다. 반면 고유한 의미의 창조성은, 즉 사용상의 창조성은 해석학적 전통의 옹호자들에게, 그리고 몇몇 해설가들에 따르면 비트겐슈타인에게 다음과 같이 정의된다. 즉, 고유한 의미의 창조성이란

언어 이론가들로 하여금 어떤 유형의 언어기호의 사용과 이해라도 이를 선험적인 방식으로, 일종의 메커니즘의 작용으로 설명하려는 시도를 포기하게 하는 이유를 제공한다(Bouveresse, 1991 : 10).

그의 논의에 따르면 "고유한 의미의 창조성"은 "규칙의 반복 적용"이어서는 안 되며, 또한 "기계적인 설명"의 한계에 얽매여서도 안 된다. 왜냐하면 창조성은 모든 "메커니즘의 작용"에 기초한 설명을 거부하는 것으로서, 오직 그러한 방식으로서 정의될 수 있기 때문이다. 결과적으로 규칙 지배적인 촘스키의 창조성은 "창조성의 한 유형"일 뿐, "고유한 의미의 창조성"은 아니다.

우리는 이러한 촘스키의 창조성 개념을 순수하게 통사적인 것으로, 다시 말해 **디지털적**인 것으로 정의하고, 이를 **아날로그적**인 창조성과 구분하고자 한다. 디지털적인 창조성은 규칙의 반복적인 적용을 통해서 작동한다. 규칙의 적용영역은 통합적 관계이며, 적용방식은 수평적이라고 할 수 있다. 예를 들어 '다시 쓰기 규칙'은 무한한 문장의 산출과정을 수평적인 방식으로 표상(表象)해 주고 있다. 반면 아날로그적인 창조성은 연상적 관계에 기반을 두고 있으며, 수직적인 방식으로 작용한다. 예를 들어 영감에 기초한 시적 창조가 이에 해당한다. 물론 디지털적이든 아날로그적이든 이 두 가지 방식은 언어사용 행위가 제기하는 다양성의 문제를 나름대로 해결해 주고 있다. 우리는 이 시점에서 이러한 다양한 언어사용 행위가 언어변화와 어떤 관련을 맺고 있는가를 묻고자 한다. 왜냐하면 언어에 대한 모든 역동적인 이론은 나름대로 언어변화의 문제와 직·간접적으로 관련되어 있기 때문이다.

4. 언어변화

우리는 위에서 창조성 개념을 디지털적인 것과 아날로그적인 것으로 나누었다. 아날로그적인 것이란 유추적인 것을 가리킨다. 비록 촘스키가 유추적인 창조성이라고 하는 용어를 사용하지는 않았지만 우리는 그가 언어변화와 관련해서 유추를 비판적으로 고려하고 있는 부분을 찾아볼 수 있다. 그는 단호하게 유추에 의한 언어변화의 설명이 단지 은유적이라고 비판한다.

> 언어사용의 창조적인 측면을 유추나 문법적인 배열(패턴)에 부여하는 것은 이 용어를 분명한 의미에서가 아니라 완전히 은유적인 방식으로 사용하는 것에 불과하며, 언어학 이론의 기술적(技術的)인 사용과는 아무런 관련이 없다(1966(1969) : 31).

유추에 의해 새로운 형태가 만들어진다고 하는 호켓트(Hockettd)의 사상을 비판하면서 촘스키는 이러한 사상을 옹호하고 있는 언어학자로서 파울(Paul), 소쉬르(Saussure), 예스페르슨(Jespersen) 등을 거명한다(Chomsky 1966(1969) : 31). 이 목록에 보즐라스(Vaugelas)와 블룸필드(Bloomfield)가 뒤이어 첨가된다(Chomsky 1966(1969) : 89). 19세기 언어변화는 두 가지 법칙에 의해 설명되었다. 하나는 음성법칙이고, 다른 하나는 유추이다. 이 두 법칙은 상보적이다. 음성법칙으로 설명되지 않은 언어변화는 유추에 의한 변화로 설명된다. 소쉬르는

『일반언어학 강의』 제3부 「통시언어학」에서 유추가 단지 통시적인 질서에 속한 현상이 아니라, "근본적으로 문법적"이며 또한 "일상적인 창조"의 형태임을 여러 가지 사례를 들어 설명한다(1990 : 190-7). 우리는 여기서 이 두 법칙이 제기하는 문제를 상세하게 다룰 수는 없을 것이다. 다만 다음과 같은 점을 상기해 보자. 19세기는 언어학이 규범과학에서 경험과학으로 확립되던 시기이다. 그렇다면 어떤 의미에서 촘스키는 유추에 의한 설명이 단지 은유적일 뿐이라고 단언할 수 있었는가? 유추에 의해 혁신이 이루어진다고 하는 생각은 어떤 점에서 잘못된 생각인가?

우리가 보기에 이 질문 역시 촘스키가 행동주의와 벌이고 있는 논쟁적인 맥락을 참조할 때 비로소 해결의 실마리를 찾을 수 있을 것 같다. 유추가 발생하기 위해서는 어떤 모델이 반드시 있어야 하며, 이 모델에 대한 모방이 아울러 이루어져야 한다. 예를 들어 우리가 'IMF 한파'란 신조어를 만들어냈을 때, 이 용어는 무에서 유로 창조된 것이 아니다. 이 용어가 만들어지기 이전에 이미 한국어 속에 '입시한파'라든가 '사정한파'라고 하는 복합표현들이 존재해 있었다. 'IMF 한파'라고 하는 신조어는 바로 이들을 모델로 해서 생겨난 것이라고 볼 수 있다. 이 과정을 소쉬르가 "4차 방정식"이라고 부른 공식으로 나타내면 다음과 같다(1990 : 194).

한파 : 입시한파 = IMF : x

x = IMF 한파

촘스키가 보기에 이러한 설명방식은 "언어행위의 창조적인 측면"

을 "분명한 의미"에서 제공해 주지 못한다. 왜냐하면 그것은 모방행위에 지나지 않기 때문이다. 모방은 엄밀한 의미에서 자율적인 행위가 아니다. 촘스키에 따르면 "인간 언어는 모든 자극의 통제로부터 벗어나 있어야" 하며, "새로운 상황에 적합하게 대응하기 위해 자유롭게 사고를 표현할 수 있어야" 한다(Chomsky 1966(1969) : 32). "혁신이 유추에 의해 이루어진다"고 하는 생각을 비판하고 있는 이유는 바로 여기에 있다. 모방은 더 이상 창조의 어머니가 아니다. 창조는 "모든 자극의 통제로부터 벗어난" "자유로운" 정신의 소유자에 의해 이루어진다. 촘스키의 이러한 주장을 수용할 것인가 말 것인가는 사실 형이상학적인 문제이며, 따라서 많은 철학적인 논쟁을 불러일으키는 문제이다. 문제를 덜 복잡하게 하기 위해 우리는 이러한 주장을 철학적인 맥락이 아니라, 행동주의에 대한 비판이라는 맥락에서 재고해 보고자 한다.

촘스키에 따르면 행동주의자들은 정신적인, 인지적인 구조를 우연한 역사적 산물이거나 사회적 환경에 의해 전적으로 지배되는 것으로 간주한다(Chomsky 1966(1969) : 10). 촘스키는 "인간 행동 연구에서 내적 상태를 고려하지 않는" 이러한 입장을 단호히 거부한다. 내적 상태를 단순히 블랙박스로 간주하고 자극과 반응의 메커니즘만을 연구하는 것은 잘못된 태도라는 것이다. 행동주의에 대한 촘스키의 이러한 비판은 상당히 설득력 있어 보인다. 다만 다음과 같은 문제가 첨예한 형태로 제기될 수 있다. 인간 행동의 사회적·역사적 조건을 단순히 부차적인 것으로 치부하는 것 역시 올바른 태도라고 할 수 없지 않은가? 사회와 역사를 외부 자극으로서만 해석하는 것은 지나친 단순화가 아닐까? 우리는 다음과 같이 반문해 볼 수 있다. 행동주의가 지나치게 경험주의를 표방하고 있다면 촘스키는 외부 환경을 이상화시킴으로써 결과적으로 지나치게 이상주의를 표방하고 있는 것은 아닐까?

프레드 다고스티노(Fred D'Agostino)는 촘스키의 이러한 입장을 "방법론적 개인주의"로 요약한다(1985 : 18–29). 이 견해에 따르면 모든 변화의 동인은 사회가 아니라 개인에서 찾아져야 한다는 것이다. 다른 모든 요인들은 부수적인 것이며, 엄밀한 의미에서 원인으로 작용할 수 없다. 변화의 원인은 필연적으로 개인인 것이다. 언어변화의 사회적인 측면을 강조한 소쉬르, 샌더스(Sanders), 레보프(Labov) 등은 엄밀한 의미에서, 다시 말해 인과적 관점에서 중대한 과오를 범한 것이다.

여기서 우리는 어느 한 입장을 옹호하거나 비판할 의도는 없다. 다만 다음과 같은 문제점을 지적하고자 한다. 언어변화가 무엇 때문에 일어나는가라는 문제와 언어변화가 어떻게 일어나는가라는 문제는 서로 따로 떼어놓고 생각할 수 없는 복합적인 문제라고 하는 점이다. 왜냐하면 언어변화는 단기적인 하나의 사건이라기보다 장기적인 과정으로 구성되어 있기 때문이다. 『언어변화』(*Sprachwandlung*, 1994)에서 켈러(Keller)는 이 문제에 대한 통합적인 견해를 제공한다. 그는 변화의 시작은 개인일 수 있지만 변화의 과정을 반드시 집단적이라고 하는 사실을 강조한다. 나아가 이러한 집단적 과정이 무분별하게 이루어지는 것이 아니라 인과적인 방식으로 진행된다는 점을 설득력 있게 증명한다. 만약 이러한 그의 설명이 타당하다면 개인주의와 집단주의를 서로 배타적으로 대립시키고 있는 다고스티노의 논의는 분명히 설득력을 잃고 만다. 개인적인 요소, 예를 들어 "내적 상태"

는 언어변화를 설명하는 데 필요조건이 될 수는 있어도 결코 충분조건이 될 수는 없다. 언어변화의 과정은 사회적·역사적 정황이라는 외부 환경 속에서 진행되는 것이기 때문이다.

내적 상태는 관찰 불가능하기 때문에 과학적 연구에서 배제되어야 한다는 행동주의의 주장이나, 외부 환경은 엄밀한 의미에서 인간 행동의 동인을 설명해 주지 못한다고 하는 이성주의나 모두 내부와 외부의 관계를 서로 배타적인 관계로 설정하고 있다는 점에서 암묵적으로 동일한 전제에서 출발하고 있다고 볼 수 있다. 내부와 외부의 관계가 정말로 배타적이라면 이 두 입장 중에 어느 하나는 옳고 다른 하나는 그르다고 말할 수 있을 것이다. 하지만 만약 이 두 관계가 배타적이지 않다면 우리는 전혀 다른 각도에서 새롭게 문제의 해결을 찾아야 할 것이다.

5. 의미의 문제

우리는 이상에서 촘스키의 언어사상을 방법론적 관점에서 개인주의로, 인식론적 관점에서 보편주의로 규정하였다.[9] 우리는 계속해

9 개인주의와 보편주의의 만남은 생물학적 결정론에 의해 이루어진다. 『언어에 대한 성찰』에 등장하는 다음의 문구를 보자. "최소한 나에게 더 고무적인 것은 언어를 연구하면서 우리가 언어의 구조와 사용을 지배하는 추상적인 원리를 발견할 수 있으리라는 가능성이다. 이 원리는 단지 역사적인 우연이 아니라 종의 정신적 특성에서 기인하는 생물학적 필연성의 관점에서 보편적이다"(Chomsky 1975 : 36).

서 촘스키가 존재론적으로 실재론을 표방하고 있음을 의미의 문제를 중심으로 살펴보고, 이러한 존재론적 입장이 언어변화를 기술하는 데 어떤 어려움을 제기하는지를 논의할 것이다.

먼저 촘스키 언어관을 좀더 자세하게 살펴보자. 촘스키는 언어를 소리와 의미의 결합으로 정의한다.

> 가장 기초적인 기술적 차원에서 우리는 언어가 소리와 의미를 특별한 방식으로 결합시킨다고 말할 수 있다. 언어를 소유한다는 것은 원칙적으로 말해진 것을 이해하고 의도된 의미해석이 부여된 신호를 산출해 낼 수 있는 것이다(1967 : 125).

『일반언어학 강의』에서 소쉬르는 언어의 독특한 역할에 대해 이와 거의 유사한 견해를 피력한 바 있다.

> 사상에 대한 언어의 독특한 역할은, 개념 표현을 위한 재로로서의 음성적 수단을 만들어 주는 것이 아니라, 사상과 소리 사이의 중개 역할을 하는 것인데, 이론 인해 사상과 소리의 결합은 필연적으로 단위의 상호 구분으로 귀결된다(1990 : 135).

「언어 가치」의 장(章)에 등장하는 위의 문구는 소쉬르의 언어관이 근본적으로 기호학적인 성찰을 토대로 하고 있음을 보여준다. 사상과 소리의 결합으로 기호학적 단위가 형성된다. 소쉬르에게 이 과정은 "신비로운" 과정으로 남아 있다. 반면 촘스키는 이 과정을 문법적인 과정으로 명료하게 정의한다. "한 언어의 문법은 이상적 능력의 모델로서 소리와 의미, 음성표상과 의미표상 사이에 특정한 관계를 설립한다"(Chomsky 167 : 126). 이상적 능력의 모델로서 촘스키 문법은 주지하다시피 보편문법이다. 보편문법은 보편음성학과 보편의미론으로 구성되어 있다. 다음의 문구는 촘스키 문법의 구조를 명료하게 잘 요약해 준다.

> 이처럼 언어의 일반적 자질에 대한 우리의 연구는 자연스럽게 세 부분으로 세분된다. 보편적 음성학과 보편적 의미론에 대한 연구. 이 두 주제는 이상적 형태와 의미내용의 표상과 관련되어 있다. 보편문법 이론은 자연언어가 한 문장의 형태와 그 의미내용을 결정할 때 사용하는 메커니즘을 다룬다(1967 : 132).

언어에 대한 이론은 크게 보편음성학과 보편의미론 그리고 보편문법으로 구성되어 있다. 여기서 우리가 주목하고자 하는 문제는 보편문법이 아니라 보편의미론이 제기하는 문제이다. 이 문제는 매우 중요한 문제인데, 왜냐하면 언어이론의 완결성이 바로 이 문제와 깊이 관련되어 있기 때문이다.

> 보편음성학과 보편의미론 그리고 보편문법을 포함하는 완벽한 문법이론이 지닌 경험적인 결과는 부분적으로 다음과 같은 질문에 달려 있다. 이 이론이 제공하는 정리와 원리를 체계적으로 활용하면서 어떻게 의미해석의 조건을 만족할 수 있을 것인가?(1967 : 138)

놀랍게도 완벽한 문법이론이 갖추어야 할 조건은 통사론적인 조건이나 음성학적인 조건이 아니라 바로 의미론적인 조건이다. 만약 의미기술이 불충분하다면 어떤 문법이론도 결코 완벽한 이론이라고 할 수 없을 것이다. 문법이 소리와 의미를 중개하는 것이라면 의미기술이 먼저 이루어져야 한다. 만약 그렇지 않다면 문법이론 역시 불완전한 상태에 머물러 있을 수밖에 없다. 바로 이런 의미에서 촘스키 문법이론은 아직 완성된 이론이라고 할 수 없다. 왜냐하면 보편음성학에 견줄 만한 보편의미론이 아직까지 완성단계에 이르지 못했기 때문이다.

물론 촘스키는 여러 가지 방식으로 이 문제를 해결해 보려고 노력했던 것 같다. 예를 들어 통사론적인 관점에서 의미해석의 문제를 해결하거나 심층구조에서 완벽하게 의미기술을 제공해 보려고 했다. 촘스키가 든 프랑스어 표현인 'bon couteau'(좋은 칼)의 예를 잠시 살펴보자(Chomsky 1967 : 136). 'bon couteau'는 일반적으로 '잘 자르는 칼'을 의미한다. 칼의 기능과 가치평가가 동시에 작용해서 이러한 의미해석을 가능하게 해준다고 볼 수 있다. 즉, 'bon couteau'는 'un couteau qui coupe bien'(잘 자르는 칼)을 의미한다. 그런데 'bon couteau'라는 표현이 'c'est un bon couteau pour creuser'(찌르기에 좋은 칼)라는 문장 속에 등장했다면 사정은 달라진다. 촘스키는 이러한 의미해석의 차이가 통사구조가 명백하지 않기 때문에 발생하는 것이라고 지적한다. 다시 말해 'bon couteau'가 갖는 의미의 중의성은 통사적 구조가 명시적으로 제시되지 않았기 때문에 발생한 것이다. 물론 'bon couteau' 그 자체는 의미론적으로 중의적이다. 아니 보다 더 정확히 표현해 미결정적이다. 의미 결정이 이루어지기 위해서는 이 표현이 구체적인 담화 속에 실현되어야 한다. 그런데 이때 해당

표현의 의미해석을 결정짓는 것은 통사적 구조라기보다 이 표현과 함께 등장하는 또 다른 어휘의 의미자질이라고 보아야 하지 않을까? 'bon couteau'가 'couper'(자르다)라는 어휘와 함께 등장했느냐, 아니면 'creuser'(찌르다)라는 어휘와 함께 등장했느냐에 따라 각기 다른 의미해석을 받는다고 보아야 더 자연스러운 해석이 되지 않을까? 의미의 문제를 의미론적으로 접근하지 않고 통사적으로만 접근한다면 문제의 올바른 해결을 기대하기란 용이하지 않다. 그렇다면 의미론적으로 해결한다고 하는 말은 과연 무슨 말인가?

사실 이 문제는 의미해석의 차원이 어디냐—예를 들어 심층구조냐 표층구조냐—라는 문제보다[10] 더 근본적인 의미론의 자율성과 관련된 문제이다. 의미론의 자율성이 제기하는 문제는 필연적으로 의미의 정의에 대한 문제와 깊이 관련되어 있다. 촘스키는 다음의 문구에서 비록 유보적이기는 하지만 논리학적인 접근방식 속에 이 문제의 해결을 기대하고 있는 것 같다.

> 의미론적 해석단위로 제안된 개념은 특정한 유형의 고정된 자질 (혹은 의미론적 자질), 예를 들어 '생물'-'무생물', '상대적'-'절대적', '능격'-'도구격' 등으로 분석된다. 사람들은 암묵적으로 한 문장의 의미해석이 언어와는 독립적으로 보편적 원리에 의해, 문법적으로 서로 연결된 (예를 들어 주어와 술어로) 발화체 속에 포함되어 있는 개념을 통해 결정된

10 촘스키는 의미해석이 주로 심층구조에서 이루어진다고 보고 있는 듯하다. 하지만 표층구조에서도 의미해석을 받을 수 있는 가능성이 있음을 고려한다. "표층구조 역시 비록 덜 제한적이고 덜 중요하다고 할 수 있지만 의미해석에 기여할 수 있다. 하지만 이에 대해 여기서 더 언급하지는 않을 것이다"(1967 : 139). 이러한 유보는 역설적으로 촘스키에게 의미의 문제가 얼마나 결정적인 문제인지를 잘 보여준다.

> 다는 점을 받아들인다. 비록 윌킨스와 같은 선구자들의 연구 속에서 수행상의 결합이 분명하지만 이 문제를 다루는 방식은 타당하다. 보편음성학은 우리가 지적한 방향에서 상당히 성공적으로 현재 구성되었다. 그러나 상응하는 보편의미론은 매우 조금 연구되었을 뿐이다(1967 : 132).

비록 보편의미론이 거의 연구되지 않고 있는 실정이기는 하지만 타당한 방법론이 제안되었다는 데에 촘스키는 대체적으로 동의하는 것 같다. 타당한 방법론이란 "보편적 원리"를 따르는 방법론이다. 여기서 보편적 원리란 '생물-무생물', '상대적'-'절대적', '능격'-'도구격' 등 보편적 범주와 관련된다. 이러한 보편적 범주는 "개별 언어와는 독립적으로" 성립된 개념들이다. 이들은 구체적인 발화체 속에서 문법적인 관계, 즉 주어와 술어 등의 논리학적인 관계를 형성한다. 우리는 여기서 촘스키가 구상하고 있는 의미론이 논리학—술어논리—에 기반을 둔 의미론임을 충분히 예감할 수 있다. 논리학적 의미에서 의미는 곧 개념이고, 이 개념은 보편적인 범주에 속한 개념이다. 보편적 범주에 속한 개념의 질서를 밝히는 것이 보편의미론의 주된 업무라고 할 수 있다. 그런데 이러한 작업이 가능하기 위해서는 보편적 범주에 속한 개념들이 보편적으로 실재하는 개념이어야 한다. 한 마디로 논리학적 의미론은 실재론을 표방한다. 예를 들어 '생물'-'무생물', '상대적'-'절대적', '능격'-'도구격' 등의 개념쌍이 보편적으로 실재한다고 상정한다. 이 자리에서 실재론이냐 명목론이냐라는 중세 철학의 오랜 논쟁을 다시 제기할 필요는 없을 것이다. 다만 우리는 촘스키가 구상하는 보편의미론이 설령 완성된다고 하더라도 개별언어—예를 들어 한국어나 영어—의 의미론을 기술하는 데는 충분하지 않다고 하는 점을 지적하고자 한다. 왜냐하면 보편의미론은 결국 보편언어의 의미론에 지나지 않기 때문이다.

여기서 우리는 촘스키의 보편의미론에 대한 대안을 논의하지는 않을 것이다. 다만 개별언어의 의미기술은 소리와 의미의 관계에 대한 근원적인 불안정성을 인정해야 한다는 점을 강조하는 것으로 만족하고자 한다. 예를 들어 소쉬르의 다음의 문구는 얼마나 의미론적 관계가 가변적인지를 잘 보여주고 있다.

> 기의와 기표의 관계를 매순간마다 변화시키는 요인들에 맞서 언어는 스스로를 방어하기에 근본적으로 무기력하다(1990 : 94).

앞서 살펴보았듯이 촘스키 문법은 의미와 소리를 중개하는 역할을 한다. 그런데 만약 이 둘의 관계가 위의 인용문에서 표현된 것처럼 “매순간마다” 변한다면 어떻게 이 문법을 구성해야 하는가? 보편적 범주에 기대어 문제의 해결을 구한다는 것은 매우 어려워 보인다.

6. 나오며

우리는 지금까지 촘스키의 언어학 사상을 철학적 관점에서 조명하였다. 비록 촘스키 문법이 그동안 많은 변화와 발전을 거듭해 왔지만 철학적 관점에서 본다면 일관된 입장을 그대로 유지해 왔다고 볼 수 있다. 우리는 언어의 다양성, 창조성, 언어변화, 의미문제 등을 중심으로 촘스키 언어학 사상을 규명하려고 노력하였다. 촘스키는 언어의 다양성이 제기하는 경험적인 문제를 가능한 차원의 문제로 이상화시킴으로써 사실상 개별언어학의 경계를 벗어나 보편언어학을 지향하게 되었다. 보편언어학이 가능한 언어의 집합을 다룬다면 보편문법은 가능한 문장의 집합을 다룬다고 할 수 있다. 촘스키는 창조성이란 자질을 가능한 문장을 산출할 수 있는 메커니즘에 부여한다. 비록 촘스키가 행동주의를 적절하게 비판하는 데 성공했지만 창조성 개념을 통사론적인 것으로 환원함으로써 의미생성의 무한한 원천이라고 할 수 있는 유추현상을 상대적으로 평가절하하는 결과를 초래하였다. 하지만 창조성 개념은 나름대로 언어체계의 역동성을 잘 표현해 주고 있다고 볼 수 있다. 언어에 대한 모든 역동적인 이론은 나름대로 언어변화의 문제를 해결하고 있다. 우리는 촘스키의 방법론적 개인주의가 언어변화의 과정을 충분하게 밝혀줄 수 없음을 지적하였다. 나아가 우리는 의미의 문제를 중심으로 왜 촘스키 문법이 불충분한 이론으로 머물러 있을 수밖에 없는지를 살펴보았다. 촘스키에 따르면 보편의미론이 완성되기까지 보편문법은 불완전한 이론일 수밖에 없다. 그러나 보편의미론이 완성된다 하더라도 여전히 개별언어에 대한 의미기술의 문제는 남아 있다.

제 3 장

자켄도프의 개념적 의미론 비판

- 의미론의 자율성 문제를 중심으로

1. 들어가며 : 언어학과 의미론

미국 구조언어학의 효시인 블룸필드는 『언어』(*Langage*)에서 의미의 문제를 언어학적 관점에서 접근하는 데 따르는 어려움을 다음과 같이 토로한다.

> 따라서 의미에 대한 언급은 언어연구에 약점으로 작용한다. 인간의 지식이 현재의 상태를 넘어 매우 멀리까지 앞서 나가지 않는 한 또한 계속해서 그러할 것이다(1933 : 140).

주지하다시피 이러한 반(反)의미론적 정서는 촘스키의 문법사상에서도 그대로 이어진다. 물론 촘스키 문법이 의미론을 배제했다든가 그동안 진행된 의미연구에 아무런 성과가 없었다고 하는 것은 아니다. 우리는 촘스키 문법에서 의미론에 부여된 해석부로서의 역할을 잘 알고 있으며, 또한 프레게 이후 비약적으로 발전한 형식의미론을 간과할 수도 없다. 그럼에도 불구하고 비어츠비카의 다음과 같은 지적은 타당하다.

> 따라서 촘스키주의자들은 마음을 언급하길 좋아하지만 의미를 연구하고자 한 것은 아니다. 그리고 형식의미론은 의미에 관해 언급하는 것을 좋아하면서도 오직 가능세계나 진리조건의 측면에서만 언급할 뿐 개념적 구조의 측면에서 언급하는 것은 아니다(1996 : 9).

그러나 1970년대 이후 인지과학의 비약적인 발전은 의미의 문제에 대한 새로운 접근을 가능하게 하였다. 블룸필드가 언급한 "인간의 지식이 현재의 상태를" 넘어 "매우 멀리까지 나갈" 수 있게 된 것이다. 인지심리학과 더불어 발전한 인지의미론은 의미의 형식적 구조가 아니라 "개념적 구조"에 주목한다. 앙뚜완느 뀔리올리(A. Culioli)가 지적한 대로 "의미가 언어의 중심에 놓여 있듯이 언어학의 중심에 의미론이 존재"(1965 : 73)해야 한다는 인식이 인지의미론자들[레이코프(Lakoff), 랭게커(Langacker), 필모어(Fillmore) 등]에게 확산되었다. 우리가 이 글에서 주장하고자 하는 바는 블룸필드 이후 의미론의 복권을 향한 이러한 다양한 노력에도 불구하고 여전히 의미의 문제는 언어학적인 문제로 인식되지 못하고 있다고 하는 점이다. 이 문제는 논리학적이거나 철학적이거나 심리학적인 관점에서 다루어지고 있을 뿐 여전히 의미론의 자율성, 다시 말해 의미의 문제에 대한 언어학적 접근의 타당성은 보장받지 못하고 있다.

우리는 의미론의 자율성을 주제로 인지의미론에서 제안하는 의미 모델을 비판적으로 고찰하고자 한다. 인지의미론의 여러 경향 가운데 우리는 특별히 자켄도프(1972, 1983, 1991, 1997)의 '개념의미론'(Conceptual Semantics)에 관해 논의를 한정하고자 한다. 이렇게 논의를 한정한 이유는 인지의미론의 경향이 단일해서가 아니라 오히려 다양하기 때문이다. 우리는 전략적인 필요가 아니라 전술적인 필요에 의해 한 가지 사례만을 선택하였다. 우리는 자켄도프의 의미 모델 속에서 의미론의 지위와 의미의 문제가 제기하는 새로운 문제점들을 비판적으로 고찰하고자 한다. 『생성문법에서 의미해석』(*Semantic Interpretation in Generative Grammar*, 1972)에서 자켄도프가 통사론에 대한 의미론적인 전환을 모색했다면 개념구조 가설을 제시한 『의미론과 인지』(*Semantics and Cognition*, 1983)에서는 의미론에 대한 인지론적인 전환이 이루어진다. 여기서 의미구조는 보다 일반적인 개념구조로 대체된다(pp. 18–22). 『의미구조』(*Semantic Structures*, 1991)와 『언어능력의 구조』(*The Architecture of the Language Faculty*, 1997)는 이러한 선행 연구들을 종합적으로 제시한 저서들이다.

2. 통사중심주의에서 의미론적 자율성으로

자켄도프는 1991년에 펴낸 『의미구조』에서 그가 다루고자 하는 문제가 "지식의 형태"임을, 다시 말해 "개념, 사고, 관념" 등임을 밝힌다(19991 : 7). 좀더 구체적으로 그는 지식의 이러한 형태가 "자연 언어의 통사론 속에 어떻게 표현되어" 있는가를 다룰 것임을 밝힌다. 우리는 그의 이러한 의미론적인 기획이 촘스키 이론의 확대 버전임을 알 수 있다.[1] 촘스키가 언어의 문제를 천착한 데 반해 그는 인지의 문제로 관심의 범위를 확대했을 뿐, 그의 『의미구조』 속에서 촘스키의 생성론적인 문제의 틀은 그대로 유지되고 있다. 우리는 이러한 촘스키의 확대 버전이 제기하는 문제점들을 의미론적인 시각에서 비판적으로 고찰하고자 한다.

주지하다시피 촘스키의 문법 모델은 통사 중심의 모델이다. 이 모델에서 음운론과 의미론은 통사론의 해석부로서 자율적인 단위가 아니라 파생된 단위로 존재한다. 자켄도프는 촘스키의 이러한 모델을 "통사중심주의"(syntactocentrism, 1991 : 19)라고 비판한다. 통사론과 마찬가지로 음운론과 의미론에도 자율권을 보장해야 한다는 것이 그의 비판의 요지이다. 그러나 그렇다고 해서 이들이 독자적인 고유한 모델을 보유하고 있는 것은 아니다. 음운론과 의미론에 자율권을 보장하는 바로 그 시점에서 자켄도프는 "평행론"(parallelism)을 언급한다(1991 : 7). 통사론과 음운론 그리고 의미론 간의 이러한 평행관계는 다름 아닌 생성주의 모델에 토대를 두고 있다. 앞으로 보다 자세하게 논의하겠지만 그의 이러한 평행론은 범통사주의에 다름 아니다. 촘스키의 통사중심주의에서 벗어나 자율권을 보장받은 의미론은 더

1 자켄도프는 그가 추구하는 목적이 '촘스키가 추구하고자 한 목적의 확장'(an extension of Chomsky's goal)이라고 주장한다(1991 : 8). 특별히 그는 의미에 대한 실증주의적 접근을 비판하고 정신주의를 표방한다. 이런 점에서 자켄도프와 촘스키는 동일한 목적을 추구한다고 볼 수 있다.

이상 통사론의 해석부로서 존재하지 않는다. 자켄도프는 의미론을 "문장 개념의 문법"(grammar of sentential concept)으로 정의한다(1991 : 9). "음운론과 의미론은 전적으로 통사론과 동등하게 생성론적인 것으로 취급"되어야 한다(1997 : 39). 결과적으로 의미론은 통사론적 의미론이 된다. 이런 점에서 자켄도프는 의미의 문제에 관한 한 촘스키보다 더 극단적인 생성론자라고 할 수 있다.

(1) 언어학적 창조성

촘스키의 문법사상 속에서 가장 핵심적인 역할을 하는 개념은 바로 창조성 개념이다. 주지하다시피 촘스키는 전에 한번도 말해본 적이 없는 말을 말할 수 있고, 전에 한번도 들어본 적이 없는 말을 알아들을 수 있는 능력을 언어학적 능력으로 정의한다. 약 반세기 동안에 지속적으로 이루어진 수정보완 작업에도 불구하고 촘스키의 문법 모델 속에서 이 가설은 변함없이 확고한 지위를 누리고 있다. 그런데 자켄도프에 따르면 언어학적 능력의 개념은 다음과 같은 모순에 직면하게 된다. 이 개념에 따르면 문장의 집합은 결코 유한 집합으로 환원되지 않는다. 문제는 그렇다고 해서 그것이 무한집합을 형성하는 것도 아니라는 데 있다. 왜냐하면 인간에게는 문장의 무한한 집합을 수용할 만한 용기가 존재하지 않기 때문이다. 다시 말해 인간 뇌의 용량은 제한적이다.

여기서 자켄도프는 무한집합이란 개념을 본래의 수학적 개념인 이상적 의미에서가 아니라 실재적 의미에서 사용하고 있다. 사실 그가 주장하고자 하는 바는 인간의 언어능력은 전적으로 생물학적인 능력이라는 것이다. 이 능력은 생물학적인 제약조건으로부터 벗어날 수 없다는 점에서 한정적인 능력이다. 인간이 산출할 수 있는 모든 문장은 인간이 산출할 수밖에 없는 문장들뿐이다. 그렇다고 해서 인간이 산출할 수 있는 문장의 다양성이 제한을 받는 것은 결코 아니다. 좀더 자세하게 자켄도프의 논의를 들여다 보면 우리는 여기서 그가 비판하고자 하는 것이 행동주의 모델임을 알 수 있다.

이 모델에 따르면 인간의 언어는 문장의 집합으로 정의된다. 유한집합이든 무한집합이든 이 모델 하에서 언어학자의 임무는 인간이 산출한 문장들을 수집하고 이들을 목록으로 작성하는 것에 지나지 않는다. 아무리 문장의 무한한 집합이 존재한다고 하더라도 이 조건 하에서 인간의 창조성이 개입할 여지는 전혀 존재하지 않는다. 한 언어의 문법 모델이 문장의 유한집합도 아니요 무한집합도 아니라면, 바꿔 말해 언어학적 창조성이 생물학적으로 조건화되어 있다면 화자들이 산출하는 문장의 다양성을 어떻게 기술하고 설명할 수 있을 것인가? 촘스키주의자 자켄도프에 따르면 무한히 많은 문장들을 산출해낼 수 있는 문법의 구조는 "원시자질의 유한집합"(finite set of primitives)과 "결합규칙의 유한집합"(finite set of combinations)으로 이루어져 있다(1991 : 9). 물론 인간의 뇌는 한정된 이들의 집합을 수용할 수 있다. 언어학자의 임무는 문장들의 무한한 집합을 수집하는 것이 아니라, 이러한 무한한 문장들을 산출해낼 수 있는 규칙의 유한한 집합을 기술하는 것이다. 한 마디로 언어학적 창조성은 **규칙 지배적인** 창조성이다.

(2) 개념도식

통사론에 적용된 이 생성 모델은 자켄도프에 의해 의미론에 확대 적용된다. 여기서 의미론이란 '개념적 의미론'(Conceptual Semantics)이다. 촘스키가 의미론을 해석부로 간주하고 그 자율성을 인정하지 않은 것과는 달리 자켄도프는 통사론과 동일한 자율성을 의미론에 부여한다. 물론 이들은 구조적인 유사성을 지니고 있다. 이들은 모두 원시자질의 유한집합과 결합규칙의 유한집합으로 이루어진, 문법의 자율적인 구성부를 형성한다. 뿐만 아니라 이들은 기술대상에 있어서도 구조적인 유사성을 보여준다. 촘스키의 문법이 기술대상으로 삼고 있는 것은 'E-언어'(외부언어)가 아니라 'I-언어'(내부언어)이다. 다시 말해 발화된 발화체가 아니라 이러한 발화체를 산출하게 하는, 화자의 머리 속에 존재하는 정보처리 체계로서의 언어이다. 물론 이러한 체계를 기술하기 위해서는 발화된 발화체를 연구해야 한다. 하지만 촘스키 언어학의 궁극적인 기술대상은 언어학적 능력을 설명할 수 있는 'I-언어'체계의 문법이라고 할 수 있다. 마찬가지로 자켄도프가 제시하는 의미론의 기술대상도 'E-개념'(외부개념)이 아니라 'I-개념'(내부개념)이다. 'E-개념'은 일종의 사례들을 가리킨다. 예컨대 '개'라는 단어에 의해 표현되는 개념이 있다고 하자. 이 단어의 'E-개념'은 이 단어를 말한 사람과 마주친 개들의 유한집합으로 이루어져 있다. 행동주의 모델에 입각한 의미론은 단어의 이러한 외연만을 기술대상으로 삼는다. 반면 자켄도프가 제시한 개념적 의미론이 기술대상으로 삼고 있는 것은 이러한 'E-개념'이 아니라 'I-

개념'이다. 'I-개념'은 요컨대 '개'라는 단어의 "도식"(schema)에 해당한다(1991 : 9). 사람들은 전에 마주친 개만을 개라고 인식하지 않는다. 전에 한번도 본 적이 없는 개와 마주쳐도 그것이 개라면 개라고 곧바로 알아차릴 수 있다. 그렇다고 해서 '개'라는 개념이 이 사람이 전에 마주쳤고 앞으로 마주칠 개들의 무한집합으로 정의될 수 있는 것도 아니다. 왜냐하면 비록 한 단어라고 하더라고 이 단어의 개념이 무한하다고 하는 것은 인간의 뇌가 가지고 있는 생물학적인 한계를 벗어나기 때문이다. 인간 뇌의 용량은 결코 무한하지 않다. 자켄도프는 이러한 문제를 "도식"의 개념으로 해결한다. 새로운 개와 마주칠 때 인간은 이 개를 전에 마주친 개와 비교해 보는 것이 아니라 개의 일반적인 도식과 비교해 보고 나서 판단을 내리는 것이다. 우리는 자켄도프의 도식 개념이 칸트적 의미에서 선험적인 역할을 수행하고 있음을 알 수 있다. 즉, 모든 지각적 판단의 선험적 조건이 된다. 다만 칸트의 선험철학이 모든 과학적 인식의 조건이라면 자켄도프에게 선험적 도식은 생물학적으로 조건화되어 있다는 점에서 이들은 근본적인 차이를 노정한다.

이 차이는 매우 중요한 차이이다.[2] 자켄도프의 의미론적 선험주

---

2 라스티에는 이러한 차이를 다음과 같이 비판한다.

> 칸트의 도식과 인지주의 도식은 모두 특수한 표상들을 담고 있는 일반적인 표상이다. 칸트주의와 인지주의를 분명하게 구분시켜 주는 것은 개념의 지위이다. 칸트의 도식은 오성의 순수한 개념과 관련하여 정의된다. 어느 정도 도식은 개념이다. 그러나 감각적인 것에 적용되며, 따라서 공간화되고 시간화된다. 선험적인 순수한 상상작용은 개념이 속한 오성과 감각 사이의 매개적 심급을 형성한다. 그러나 인지주의자들은 오성과 상상작용을 뚜렷하게 구분하지 않는다. 도식은 매개적인 기능을 상실하고 감각적 경험의 순수한 형태가 된다(1993 : 175).

의는 선천주의에 뿌리는 두고 있다. 'I－의미론'을 구성하는 문법범주인 원시자질의 유한집합과 결합규칙의 유한집합은 모두 보편적인 범주이다. 즉, 이런 혹은 저런 언어의—예컨대 한국어나 영어의—문법범주가 아니라 모든 자연언어의 문법범주이다. 사람들은 이 범주에 대한 완벽한 기술이 아직까지 이루어지지 않았다고 하는 사실에 의아해할 수 있을 것이다. 자켄도프에 따르면, 그럼에도 불구하고 인간이 유소년기에 이미 완벽한 언어능력을 보유한다는 사실 또한 부인할 수 없는 사실이다(1991 : 10).[3] 이 사실이 증명하는 바는, 문법기술의 한계는 경험적인 한계일 뿐 문법자질은 여전히 보편적이라고 하는 점이다. 자켄도프의 선험주의는 기술적인 필요가 아니라 이처럼 이론적인 필요에 의해 선천주의를 요청한다. 인간은 문법의 구성성분인 원시자질이나 결합규칙 등을 선천적으로 가지고 태어난다. 이들은 보편적일 뿐만 아니라 선천적이다. 우리는 여기서 다음과 같은 등식이 성립되는 것을 확인할 수 있다.

원시자질 = 보편자질 = 선천자질

비판은 레이코프의 제자인 마크 존슨(Mark Johnson)에 대한 비판이다. 이 비판은 자켄도프의 도식 개념에도 그대로 적용된다. 원시자질이나 결합규칙이 I－개념을 형성한다는 점에서 오성과 감각의 매개적인 역할을 수행하는 칸트의 도식과는 근본적인 차이를 나타낸다.

3 자켄도프는 의미론적 시각에서 언어의 창조성은 대략 10세 정도에 완성된다고 주장한다. 촘스키가 3세에서 4세를 주장한 것에 비해 그 시기가 많이 늦추어진 것을 확인해 볼 수 있다. 통사론과 달리 의미론은 보다 더 많은 경험이 필요한 것이기 때문인지도 모른다. 만약 그렇다고 한다면 창조성에 대한 선천성의 테제는 심각한 타격을 입는 것은 아닐까?

원시자질이 개념적 질서에 속한 이상 보편성을 지향하게 된다. 생물학적 테제는 이러한 보편성이 선천적으로 결정된 것임을 말해준다. 이 등식은 의미론적 자율성의 문제와 관련하여 어떤 결과를 초래하는가?

3. 의미론의 자율성과 의존성

우리는 앞에서 자켄도프의 문법 모델이 촘스키의 통사중심주의 모델과 달리 의미론에 자율적인 지위를 부여하고 있음을 지적하였다. 자율적 지위를 부여받은 자켄도프의 의미론은 개념적 의미론에 해당한다. 아래의 도식을 살펴보자(1991 : 6).[4]

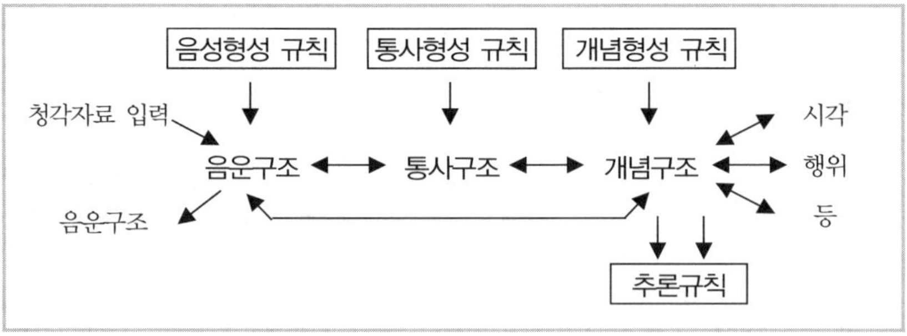

4 우리는 자켄도프(1983 : 9-22)에서 이 도식의 발전과정을 보다 자세하게 살펴볼 수 있다. 특히 우리는 의미구조가 개념구조로 대체되는 과정을 살펴볼 수 있다.

음운구조는 입력된 청각자료를 처리한다. 이렇게 처리된 자료는 곧바로 통사구조와 개념구조로 이동한다. 음운구조, 통사구조, 개념구조 등 이 세 구조는 이처럼 서로 간에 긴밀한 관계를 형성하면서 입력된 청각정보를 처리한다. 쌍방향의 화살표는 이들이 "상응규칙"(correspondence rules)[5]에 의해 서로 연결되어 있음을 보여준다(1991 : 17). 반면 이들은 각각 자율적인 체계를 구성한다. 이들은 고유한 형성규칙을 지니고 있다. 음운구조는 음성형성 규칙을, 통사구조는 통사형성 규칙을, 개념구조는 개념형성 규칙을 각각 지니고 있다. 최근 최소주의 이론에 따르면 통사구조는 빈 구조이며, 오직 음성형식과 논리형식만이 존재할 뿐이다. 자켄도프는 이러한 이원적 모델을 비판하고 위에서 제시한 삼원적 모델이 여전히 유효함을 강변한다(1997 : 40). 위의 도식에 따르면 개념적 의미론의 자율성은 통사형성 규칙에 대한 개념형성 규칙의 자율성으로 설명된다.

우리는 여기서 다음과 같은 사항을 지적하고자 한다. 통사론으로부터 의미론이 자율성을 획득하자마자 의미는 개념에 종속된다고 하는 점이다. 의미론의 자율성이 확립된 바로 그곳에 의미는 곧 개념이라고 하는 바로 이러한 전제가 놓여 있다. 자켄도프에 따르면 "의미와 개념의 차원은 일치해야 한다"(1983 : 19). 그런데 만약 의미

---

5 상응규칙의 일반적 형태는 다음과 같이 공식화된다(1997 : 24).

> 상응규칙의 일반형태
> BILA에서 X의 구조 AILB에서 Y의 주조와 (가급적) 상응(해야, 할 수)한다.
> (BILA : A체계에서 B체계와의 인터페이스; AILB : B체계에서 A체계와의 인터페이스)

통사구조와 개념구조와의 상응규칙은 보다 간략하게 '통사구조 X는 개념구조 Y와 상응한다'라고 표기된다(1997 : 32).

가 개념으로 환원될 수 없다고 한다면, 다시 말해 소쉬르 이후 구조 의미론과 텍스트 의미론에서 상정하는, 선언어적 개념과 구별되는 '언어학적인 시니피에'가 존재한다고 한다면[6] 개념적 의미론은 자율적인 인식론을 형성할 수 없게 된다. 위의 문법 모델에서 개념구조와 별도로 의미구조를 설정할 경우 개념형성 규칙과 별도로 의미형성 규칙을 상정해야 한다.[7] 결과적으로 의미론과 인지론은 별도의 자율적인 단위가 된다. 자켄도프는 이러한 이원론적 설명방식이 인지의 일반적인 원칙에 위배된다고 주장한다(1983 : 99). 현대 언어학의 발전과정에서 의미론이 제기하는 문제는 의미론의 자율성에 관한 문제로 요약될 수 있다. '지시'로부터 해방되자마자, 다시 말해 'E-개념'으로부터 해방되자마자 의미는 내적—정신적—단위인 'I-개념'으로 환원된다. 의미론이 제기하는 문제는 철학적인 문제요, 논리학적인 문제요, 인지론적인 문제이지만 여전히 언어학적인 문제는 아닌 것이다.

---

6 소쉬르는 기호 개념을 소개하면서 청각영상을 시니피앙으로, 개념을 시니피에로 설명한다. 개념과 시니피에는 등가적인 것으로 설정되어 있다. 그러나 J. C. Milner(1994)가 보기에 소쉬르의 개념은 '단순히 논리적이거나 심리적인 개념'(p. 12)이 아니라 '순전히 언어학적인 개념'(p. 11)이다. '순전히 언어학적인 개념'은 소쉬르의 가치 개념을 통해 잘 표현되어 있다. 가치는 언어외적 단위가 아니라 언어적 단위들 간의 부정적 · 차별적 · 대립적 관계에 토대를 둔 언어학적 단위이다. 구조의미론의 의소분석의 방법론은 바로 이 가치 개념에 토대를 두고 있다.

7 자켄도프는 위의 문법 모델을 제시하기에 앞서 두 가지 가설적 모델을 검토한다. 첫 번째 모델은 개념구조 대신에 의미구조가 등장하는 모델이다. 이 모델은 의미론과 화용론의 상호관계에 대한 많은 논쟁을 불러일으켰다. 의미형성 규칙만으로는 화용론적인 규칙을 포괄하지 못한다고 하는 것이 중론이다. 두 번째 모델은 의미구조와 개념구조를 각각 자율적인 단위로 설정한 모델이다. 이 경우 인지의 과정을 언어적인 것과 비언어적인 것으로 양분하는 결과를 초래한다. 자켄도프는 이러한 문제점을 해결하기 위해 의미규칙과 화용론적 규칙, 그리고 인지의 일반적 규칙을 모두 포괄하는 개념구조를 상정하게 된다(1983 : 9-22).

의미론의 이러한 의존성은 그 기원에서부터 찾아볼 수 있다. 자켄도프는 현대 의미론이 제기하는 문제의 기원을 프레게로부터 찾는다(1991 : 11). 주지하다시피 프레게는 의미와 지시를 구분한다. '아침에 뜨는 별'과 '저녁에 뜨는 별'은 모두 동일한 샛별을 지시하지만 이들의 의미는 서로 다르다고 하는 것이 프레게의 유명한 지적이다. 지시가 객관적이라고 한다면 의미는 주관적이라고 할 수 있다. 자켄도프에 따르면, 타르스키(Tarski)와 몬테규(Montague)가 발전시킨 의미론의 모델은 진리조건을 계산하는 의미론으로 의미에 대한 객관주의적인 접근을 시도하고 있다(1991 : 11-2). 이 모델에서 의미는 곧 지시로 간주된다. 반면 자켄도프는 자신의 모델이 'E-개념'이 아니라 'I-개념'을 기술대상으로 삼고 있다는 점에서 주관주의적 접근을 시도하고 있음을 주장한다. 물론 여기서 주관주의란 정신주의의 또 다른 이름에 지나지 않는다. 자켄도프가 기술하고자 하는 의미는 'I-개념'이고 이를 기술하는 의미론은 개념적 의미론이다. 그런데 자켄도프에 따르면 또 다른 의미론적 모델이 가능하다. 바로 포더(Fodor)의 모델이다. 포더(1988)의 모델은 기본적으로 정신주의를 표방한다는 점에서 'I-의미론'의 한 형태라고 할 수 있다. 의미란 화자가 말하고자 하는 바, 즉 화자의 의도를 가리킨다. 이런 점에서 포더의 의미론은 'I-의미론'이다. 그런데 이 의미론은 외부와 내부를 철저하게 구분하고 있는 자켄도프의 이원론적 모델과는 달리 의도의 인과적 과정(causation)을 의미론의 모델 속에 포함시킨다(1988 : 12). 말하고자 하는 바는 말함으로써 하고자 하는 바의 원인이다. 즉, 언어학적 의도는 언어행위의 원인이 된다. 행동주의 모델이 외부 자극을 언어적 반응의 원인으로 제시한 데 반해 포더는 화자의 내적 의도를 이에 상응하는 행위의 원인으로 제시한다. 자켄도프가 보기에 포더의 의미론적 모델은 'E-의미론'과 'I-의미론'의 통합 모델에 지나지 않는다(1991 : 15). 한 마디로 포더의 인식론은 "지향적 사실주의"(intentional realism)로 요약될 수 있다(1988 : xii). '지향성'이 내적 테제라고 한다면 '사실주의'는 외적 테제라고 할 수 있다. 이 둘의 결합이 'I-의미론'과 'E-의미론'의 통합 모델의 근간이 된다.

4. 원시자질과 결합규칙

우리가 여기서 지적하고자 하는 것은 'E-의미론'이든 'I-의미론'이든, 혹은 이 둘의 통합 모델이든 논리철학적 전통 속에서 의미는 지시나 개념 혹은 의도 등으로 환원되고 결과적으로 의미론은 논리학이나 심리학 등에 종속된다고 하는 점이다. 자켄도프의 의미론이 통사론으로부터 자유로울 수는 있어도 유감스럽게도 인지심리학으로부터 자유로울 수는 없다. 논리학으로부터 출발한 이들은 모두 존재론에 뿌리를 두고 있다. 존재론이 지시적 대상이든 형식적 범주이든 큰 문제가 되지 않는다. 언어학적 단위가 지시하는 세계는 사물의 존재론적 세계를 전제하고 이 세계를 포착하는 형식적인 개념 역시 존재론적인 범주로 표상된다. 예컨대 자켄도프는 문장의 의미기술에 필요한 8가지 존재론적 범주를 상정한다. 영어의 대문자로 표현된 사물(THING), 사건(EVENT), 상태(STATE), 행위(ACTION),

장소(PLACE), 경로(PATH), 자질(PROPERTY), 양(AMOUNT) 등이 그러한 범주들이다. 예컨대 영어의 'Go' 동사는 다음과 같은 방식으로 기술된다(1991 : 26).

$$\left[_{\text{EVENT}}\ \text{Go}\left(\left[\ \ \right],\ _{\text{path}}\begin{bmatrix} \text{From}([\ ]) \\ \text{To}([\ ]) \end{bmatrix}\right)\right]$$

'Go' 동사가 포함된 문장은 어떤 문장이든 하나의 '사건'(event)을 표현한다. 이 사건은 근본적으로 '어디로부터 어디로 이동하는 사건'으로서 이동의 '경로'(path)를 표시한다. 물론 'Go' 동사는 문장 안에서 여러 가지 의미를 지닐 수 있다. 예컨대 자켄도프가 분석한 예문들을 살펴보자.[8]

① The bird went from the ground to the tree.

② The inheritance went to Philip.

③ The light went from green to red.

④ Harry went from elated to depressed.

먼저 위의 예문에서 표현된 'Go'의 의미가 갖는 다양성에 주목해 보자. ①은 '땅에서 나무로', '장소'(spatial)의 이동을 나타낸다.

8 우리는 자켄도프가 든 여러 예 가운데 'Go'와 관련된 항목들만을 발췌하여 소개하였다(1991 : 25–6).

자켄도프는 'Go'의 이러한 의미를 다음과 같이 형식적으로 표기한다. GOspatial. 상속문제와 관련된 ②는 '소유'(poss)의 개념을, 빛의 성질변화를 기술한 ③은 (빛의) '정체성'(ident)을, 해리가 겪은 기분의 변화를 나타낸 ④는 '시간성'(temp)을 각각 표현한다. 이러한 의미상의 다양성에도 불구하고 위의 예문들을 통해 드러난 'Go'의 형식적인 특징은 바로 위에서 제시한 도식으로 간략하게 표상될 수 있다. 즉, 'Go'는 '사건'(EVENT)과 '경로'(PATH)라는 두 개의 존재론적 범주로 구성된 의미단위이다. 이 두 범주와 더불어 다의성을 기술하기 위해 제시된 '공간', '소유', '정체성', '시간성' 등의 용어들은 모두 원시자질들이다. 위의 도식은 이들이 어떻게 결합되어야 하는 것인가를 형식화한 것에 지나지 않는다. 개념적 의미론은 자켄도프가 제시한 "개념구조가설"(Conceptual Structure Hypothesis)을 의미론에 적용한 이론이라고 할 수 있다(1983 : 18). 위에서 예시한 원시자질들과 이들의 결합방식이 바로 이러한 개념구조를 형성하고 있다.

원시자질들은 모두 개념적인—다시 말해 인지적인—지위를 지닌 것들이다. 이들은 인간적인 지각의 보편적 특질들을 담고 있는 것이다. 또한 이들은 모두 선천적으로 타고난 것들이다. 개념적 의미론은 바로 이러한 인지적 자질들을 바탕으로 자연언어의 의미단위들을 기술한다.

예컨대 자켄도프가 든 'Duck'와 'Goose'의 예를 살펴보자(1991 : 33). 이들은 모든 '사물'(Thing)에 속하고 '유생적'(Animate)이지만 '비인간적'(None human)이다. 좀더 구체적으로 이들은 '새의 유형'에, '물새의 유형'에 해당된다. 이러한 자질들은 텍스트를 고려하지 않은 채 단어들의 의미만을 기술하려고 할 때 필요한 자질들이다. 반면 /긴 목(long neck)/의 유무에 따라 이들의 자질을 기술하는 것은 자켄도프에 따르면 "우스꽝스러운" 일이다. 프랑스 의미론자 포티에(Pottier)처럼 'chair'와 'stool'의 차이를 기술하기 위해 /등받이/의 유무를 따지는 것도 마찬가지이다.[9] 이들은 모두 보편적인 원시자질들이라고 할 수 없다.

자켄도프는 원시자질들을 규명하기 위해 과연 어느 층위까지 분석이 이루어져야 할 것인가에 대해 진지하게 자문한다. 이 문제는 매우 중요한 문제이다. 왜냐하면 원시자질들은 무한집합을 형성할 수 없기 때문이다. 이들은 한정된 수의 집합을 형성해야만 한다. 언어학적 능력이란 유한한 규칙의 체계에 의한 무한한 의미의 생성이라고 할 수 있기 때문이다. 그렇다면 원시자질들의 수를 어떻게 한정할 것인가? 자켄도프는 필요충분조건에 입각한 진리조건 의미론이 이 문제를 해결해 줄 수 있다고 보지 않는다. 그는 오히려 인지심리학에서 로쉬(Rosch)가 제안한 전형(prototype) 개념이나 레이코프에 의해 유명해진 퍼지이론(Fussy Theory), 후기 비트겐슈타인(Wittgenstein)이 제안한 가족유사성(Family resemblance) 등에 기대를 걸고 있는 듯하다(1983 : 112−27). 이 이론들은 인간의 지각적 판단이 갖는 모호성을 잘 지적하고 있다. 그러나 보다 궁극적인 원시자질들을 확보하기

9 우리는 여기서 자켄도프가 암시적으로 뽀띠에(B. Pottier, 1964)의 의소분석에 대해 비판하고 있음을 알 수 있다. 뽀띠에가 제시한 의소들은 모두 의자의 지시적인 특징과 관련되어 있다. 이 특징들은 특수한 것들이어서 원시자질로서는 부적합하다는 것이 자켄도프의 비판이다. 하지만 이러한 의소들을 원시자질이 아니라 주어진 의사소통의 상황 속에서 가장 관여적인 자질들로 정의한다면 우리는 얼마든지 이러한 특수성을 고려할 수 있으며, 성공적인 의사소통을 위해서는 반드시 고려해야만 한다. 이와 관련하여 라스티에(F. Rateir, 1987 : 34) 참조.

위해서는 인간 지각에 대한 보다 완벽한 이론이 필요하다. 의미론이 심리학에 의존하는 한, 그리고 심리학이 인간 지각에 대한 완벽한 이론을 제시하지 않는 한, 개념적 의미론은 원시자질들의 완벽한 목록을 기대할 수 없을 것이다. 물론 원시자질들은 의미기술에 필요한 자질들의 목록으로 얼마든지 활용될 수 있다. 그러나 의미기술의 필요조건이 충족되었다고 해서 충분조건이 만족되었다고 하는 것은 아니다.

자켄도프는 의미기술이 만족해야 할 세 가지 조건을 제시한다(1983 : 121). 필요조건(necessary conditions), 중심조건(centrality conditions), 전형조건(typicality conditions) 등이 그러한 조건들이다. 예컨대 'red'를 /색깔(COLOR)/로, 'tiger'를 /사물(THING)/로 기술하는 것은 의미기술의 필요조건을 만족시켜 준다. 곧이어 중심이나 전형에 부합하느냐가 중요한 문제로 부상한다. 자켄도프는 이 두 규칙이 "선호성 규칙"(preference rules)[10]을 따른다고 주장한다. 이 규칙은 추론규칙과 상

---

10 또 다른 예를 살펴보자. 다음의 네 문장이 있다고 하자(Jackendoff, 1991, pp. 35).

a. Bill climbed (up) the mountain.
b. Bill climbed down the moutain.
c. The snake climbed (up) the tree.
d. The snake climbed down the tree.

'climb'이란 동사는 일반적으로 '위로 향해 가는'(1) 것을 뜻하고 이를 위해 적절한 '힘을 드리는 행위'(2)로 이해된다. 자켄도프에 따르면 이 두 규칙이 '선호성 규칙'에 해당한다. a의 경우 (1)과 (2)를 모두 만족시키기고 있다. 반면 b는 (2)만을, c는 (1)만을 만족시키고 있다. d의 경우 모두 위반하고 있는데, 바로 이런 이유로 비문이 된다. 이러한 분석이 일반적인 상식에 부합하는 것이라 하더라도 우리는 얼마든지 우화 속에서 d와 같은 문장을 발견할 수 있다. 비록 선호성 규칙이 위반되더라도 관여성 규칙에 위반되지 않을 경우 이해가능성은 큰 문제를 일으키지 않는다.

보적인 역할을 수행하는 것으로 인간의 지각적 판단이 갖는 중의성을 해결하기 위해 고안해낸 것이다. 추론규칙이 시간적인 순서에 따라 선형적으로 진행되는 방식을 취한다면 선호성 규칙은 병렬적인 방식으로 제시된다. 이 두 규칙을 도식적으로 나타내면 다음과 같다.

i) 추론규칙: A–B–C
ii) 선호성 규칙: A / B / C

선형적 질서는 논리적 관계에 따라 결정되지만 병렬적 질서는 선호성에 따른다. 중심조건과 전형조건은 후자에 해당되는 조건이다. 중심조건은 단계적인 판단이 필요한 경우에 만족되어야 하는 조건이다. 예컨대 'red'는 /빨감(redness)/의 조건을 만족시켜야 하는데, 이 조건이 중심조건이다. 중심에서 멀이질 경우, 다시 말해 /빨감/에서 멀어질 경우 개인에 따라 판단이 달라질 수 있다. 중심에서 주변으로의 이동은 점진적이고 단계적으로 이루어진다. 반면 호랑이가 지니고 있는 /줄무늬(stripedness)/의 존재 여부에 따른 판단은 전형조건과 관련되어 있다. 줄무늬가 없는 호랑이는 호랑이이기는 하지만 일반적으로 사람들이 생각하는 그런 전형적인 호랑이는 아니다. 이 세 조건들—필요조건, 중심조건, 전형조건 등—은 인지심리학에서 인간의 지각적 특성을 설명하기 위해 새롭게 제안한 것들이다. /줄무늬/의 존재 여부는 지시적인 자질로서가 아니라 호랑이에 대한 전형적인 판단과 관련된 자질이다. 다시 말해 자켄도프의 용어로 표현하자면 'E-자질'이 아니라 'I-자질'이다. 이 자질은 언어학적 지위가 아닌 개념적인 지위만을 지닌다.

우리가 여기서 지적하고자 하는 것은 이러한 형식적인 원시자질들만으로 주어진 한 텍스트 속에서 구체적으로 실현된 이런 저런 의미들을 기술하기에 충분하지 않다고 하는 점이다. 텍스트 속에 실현된 구체적인 이런 저런 의미들을 파악하기 위해서는 의미의 특수성을 고려해야만 한다. 이를 위해 우리가 고려해야 하는 문제는 '선호성'(préférence)이라기보다는 '관여성'(pertinence)이다. 관여성이란 텍스트의 의미가 콘텍스트에 부합하느냐와 관련된 문제이다. 여기서 중요한 문제는 해석의 문제이고, 바른 해석을 이끌어내기 위해서는 콘텍스트에 따른 관여성 문제가 핵심으로 부상한다. 예컨대 스탕달의 소설 『적과 흑』에서 '적'을 중심조건인 /빨강/으로만 해석할 경우, 필요한 해석이기는 하나 충분한 해석이라고 할 수는 없다. 왜냐하면 이 소설 텍스트 속에서 '적'은 이 자질 외에 /군인/이라는 자질을 가지고 있기 때문이다. 이 해석은 여러 가능성 중에 선호되는 해석이 아니라 맥락에 의해 요청되는 관여적인 해석이다. '적'이 나타내는 /군인/과 '흑'이 나타내는 /신부/는 원시적인 것도, 보편적인 것도, 선천적인 것도 아니다. 그렇다고 해서 이들이 중요하지 않은 것은 아니다. 이 두 자질은 스탕달의 소설 텍스트 속에서 실현된 '적'과 '흑'의 의미를 가장 경제적으로 기술해줄 수 있는 메타언어학적 용어이다. 의미를 이해하는 것이 주어진 커뮤니케이션의 상황 속에서 이해하는 것이라면, 이러한 상황을 전혀 고려하지 않은 선호성이 아니라 이를 고려하고 있는 관여성에 따라 의미기술이 이루어져야 한다. 그런데 그렇게 하기 위해서는 무엇보다도 의미기술의 차원이 문장 차원에서 텍스트 차원으로 이동해야 하며, 생성적 관점과 더불어 해석학적 관점도 고려해야만 한다. 언어활동은 의미를 산출하고 해석하는 행위이므로 보다 포괄적인 접근이 필요하다.

5. 나오며

우리는 지금까지 자켄도프의 '개념적 의미론'이 제기하는 문제를 비판적 시각에서 다루었다. 자켄도프의 의미 모델은 촘스키의 통사 중심주의로부터 벗어난 모델이다. 그러나 의미는 곧 개념이라는 가설은 의미론을 다시 심리학에 종속시킨다. 의미론은 여전히 언어학의 자율적인 한 분과학문으로 자리잡지 못하고 있다. 우리는 20세기 언어학의 역사 속에서 자켄도프가 위에서 제시한 세 가지 의미 모델—'E'-모델, 'I'-모델, 통합 모델—과는 다른 또 다른 유형의 의미론을 고려하지 않았다.

또 다른 의미 모델의 기원은 우리가 앞서 언급한 논리학자인 프레게로 거슬러 올라가는 것이 아니라 19세기 역사비교언어학자인 브레알에게로 거슬러 올라간다. 그는 『의미론 시론』(*Essais Sémantique*)의 서문에서 "소리의 과학인 음성학과 대립되는 의미의 과학"을 지칭하기 위해 "의미론"이란 신조어를 고안해냈다(1897 : 6). 현대 의미론의 기원을 자켄도프나 영미 언어학자들처럼 굳이 논리철학자에게서 찾을 필요는 없다. 브레알은 논리학적인 문제가 아니라 언어학적인 문제를 해결하기 위해 "의미의 과학"을 구상하였다. 우타커(Utaker 2002)는 그 배경을 다음과 같이 설명한다.

> 신문법학자들의 눈에는 음성학이 비교문법을 혁신시킬 수 있는 것으로 비췄지만 브레알의 관점은 정반대였다. 그에게는 의미론이 새로운 길을 열어줄 수 있는 것이었다(p. 71).

당시 언어학이 언어변화를 음성변화의 관점에서 설명하고 의미변화를 주변적인 부수현상으로 간주하고 있는 것에 반발하여 브레알은 의미변화를 중심으로 언어변화를 설명하려고 하였다. 브레알이 해결하고자 한 의미론의 핵심 문제는 다름 아닌 동의성에 관한 문제이다. 의미론의 논리학적 전통이 의미의 다의성 문제—예컨대 자켄도프가 원시자질 개념으로 해결하고자 한 영어의 동사 'Go'의 다의성의 문제—에 주목한 것에 반해 언어학적 전통은 동의성의 문제로부터 출발한다. 주지하다시피 브레알의 동의어 사상은 소쉬르의 언어기호학 사상과 깊은 관련을 맺고 있다. 소쉬르가 자의성 개념을 설명하기 위해 『일반언어학 강의』에서 든 프랑스어 'mouton'과 영어의 'sheep'이 제기하는 문제는 사실 동의성과 관련된 문제이다. 오직 차이만이 존재한다는 구조주의 테제는 "동의어란 존재하지 않는다"란 동의어주의자들의 주장을 공식화한 것에 지나지 않는다. 옐름슬레우, 코세리우, 그레마스, 포티에, 라스티에 등 소쉬르로부터 출발하는 유럽의 구조주의 전통 속에서 우리는 이처럼 의미에 대한 또 다른 접근을 발견할 수 있다. 이 전통 속에서 의미는 'E-개념'이나 'I-개념'으로 환원되지 않는다. 의미는 언어외적 단위—지시—도 언어내적 단위—개념—도 아닌 **언어적 단위**로 존재한다. 언어학적 보편소와 관련된 논쟁을 비판적으로 고찰하면서 코세리우는 언어외적인 지시의 세계에 집착하는 모든 시도들에 대해 다음과 같이 경고한다.

> 결론적으로 오류는 지시적 실체와 관련을 맺는 것이 아니다. 오류는 지시적 실체의 관점을 배타적 관점으로 채택하면서 이 실체를 언어적 차원으로 간주하고 이 실체에 언어적 보편소를 부여하는 것이다(1972 : 70).

코세리우에게 지시적 실체란 "언어외적 사실"뿐만 아니라 "선언어적 관념"도 해당된다(1972 : 66). 개념과 동일시된 의미는 언어학적 의미가 아니다. 다의성의 문제로부터 출발한 논리학적 전통이 이 문제를 해결하기 위해 지시나 개념에 집착한 것과는 달리 동의성 문제로부터 출발한 구조주의 전통은 언어단위들 간의 차이에 주목했다는 점에서 의미의 문제에 대한 언어학적인 접근을 보여준다. 프레게가 아니라 브레알로부터 출발하는 유럽의 구조의미론의 전통은 바로 이러한 **언어학적 시니피에**를 다룬다는 점에서 자켄도프가 제시한 세 모델과는 분명히 다른 모델이라고 할 수 있다. 의미의 문제는 더 이상 "언어연구의 약점"도, 통사론의 부가적인 해석부도, 개념적 구조도 아닌 서두에서 인용한 뀔리올리의 주장대로 "언어의 중심"이며, 의미론은 심리학이 아닌 "언어학의 중심"이라고 보아야 할 것이다.

제 4 장

의미론적 원시자질
– 비어츠비카의 의미론 비판

1. 의미론의 '첫 번째 중요한 임무'

비어츠비카에 따르면 의미론은 "이해에 대한 탐구"이다(1996 : 11). 딜타이(Dilthey 1992) 이후 해석학이 자연과학의 인식론과는 다른, 설명의 학문이 아닌 이해의 학문으로 정의된다면 의미론은 분명히 해석학의 한 형태라고 할 수 있다. 슐라이허마허(Schleiermacher 1987)로 거슬러 올라가는 해석학적 전통 속에서 이해의 과정은 해석학적 순환고리를 형성한다. 전체에서 부분으로, 그리고 다시 부분에서 전체로 이어지는 해석학적 순환고리[1]에 대한 테제는 이해의 과정을 환원주의적 방식으로 설명하려는 모든 시도에 대해 비판을 가한다. 반면

1 해석학적 순환고리에 대한 모델은 해석학자마다 조금씩 다르게 나타난다. 예컨대 하이데거에게 해석학적 순환고리는 선이해와 이해의 관계로 설명된다. 마투라나(Maturana)에게는 유기체와 환경이 해석학적 순환고리를 형성한다. Salanskis J.-M.(1997) 참조.

비어츠비카가 언급한 "이해에 대한 탐구"로서의 의미론은 환원주의적이다.

> 의미론은 이해에 대한 탐구이다. 그리고 무엇인가를 이해하기 위해서 우리는 반드시 알려지지 않은 것을 알려진 것으로, 모호한 것을 명료한 것으로, 난해한 것을 자명한 것으로 환원해야만 한다(1996 : 11).

이러한 환원주의적 접근은 가장 "단순하고 자명한 것", 다시 말해 "원시자질들"에 대한 탐구로 발전한다. 비어츠비카에 따르면 "의미론적 원시자질들의 집합 없이 의미기술이란 있을 수 없다." 의미론의 "첫 번째 중요한 임무"는 "원시자질들의 최적의 집합"을 탐구하는 것이다. 비어츠비카는 이러한 원시자질들이 비단 "단순할" 뿐만 아니라 "보편적"(p. 13)이요, 또한 "선천적"(p. 14)이라고 주장한다. 우리는 비어츠비카의 의미론 사상 속에서 곧바로 다음과 같은 등식이 성립되는 것을 알 수 있다.

원시자질 : 단순성 = 보편성 = 선천성

원시자질들의 목록은 "인간 사고의 선천적이며 보편적 어휘부"(p. 20)를 형성한다. 이와 더불어 "인간 사고의 선천적이고 보편적인 통사론"이 존재한다. 이 둘의 결합은 "최소언어"(mini-language, p. 22)를 산출하는데, 이 언어는 일종의 보편적인 "자연 의미론적 메타언어"(Natural Semantic Metalanguage : NSM, p. 23)라고 할 수 있다. 예컨대 영어의 'I want to do this'[2]는 의미론적 원시자질들로 이루어진 문

장이다. 이 문장을 비영어권의 화자에게 설명하는 가장 좋은 방식은, 비어츠비카에 따르면, 그 화자의 모국어에 대응시키는 것이다. 예컨대 한국어로 '나는 이것을 하고 싶다'로 번역하는 것이다. 'I'는 '나'에, 'want'는 '싶다'에, 'do'는 '하-'에, 'this'는 '이것'에 각각 상응한다. 이들은 모두 일 대 일 대응하는데, 왜냐하면 모두 보편적인 원시자질들의 보편적인 결합으로 이루어져 있기 때문이다. 보편적인 원시자질들의 결합으로 산출된 문장은 보편적 문장이요, 이 문장의 집합으로 이루어진 언어가 바로 NSM이다. 비어츠비카는 이 메타언어의 기원을 홈볼트가 언급한 "모든 언어들이 선회하는 중간지점"(midpoint)으로 소개한다. 우리는 여기서 이 "중간언어"(intermediary language)의 어휘부만 다루고자 한다. 비교적 늦게 논의되기 시작한 보편적 통사론은 아직 초기 단계에 있기 때문에 진지한 논의를 위해서는 보다 심도 있는 연구가 앞으로 더 진행되어야 할 것이다.[3] 우리는 앞에서 등식으로 제시한 원시자질들의 세 가지 테제들을 비판적으로 고찰할 것이다. 오루는 보편소에 대한 탐구가 "모호성 없이" 진행되지 않는다고 주장한다(1998 : 41). 우리는 이 논문에서 이러한 모호성이 어디에 감추어져 있는가를 구체적으로 살펴볼 것이다.

---

2 비어츠비카는 이 예문을 러시아어의 상응하는 문장과 비교한다(1996 : 20). 우리는 러시아어 대신에 한국어 문장을 사용하여 설명하였다. NSM이 보편언어이기 때문에 러시아어뿐만 아니라 한국어에도 그대로 적용되어야 하므로 이러한 설명방식에 큰 문제가 없을 것이다.

3 비어츠비카는 선천적 보편통사론이 이렇게 늦게 논의된 배경을 다음과 같이 설명한다. "우리는 원시자질의 결합방식을 원시자질이 무엇인가에 대한 어떤 생각을 공식화하기 전에 결코 연구할 수 없다"(p. 33). 원시자질에 대한 연구가 1972년에 시작된 것에 비해 통사론에 대한 연구는 비어츠비카가 「어휘적 보편소와 문법의 보편소」(Lexical Univerals and Universals of grammar)를 발표한 1991년에야 비로소 시작되었다.

2. 단순성의 테제

우리는 비어츠비카가 주장하는 이해의 학문으로서의 의미론이 전체론적(holistic)이라기보다 환원주의적임을 지적하였다. 사실 비어츠비카는 이해의 과정이 아니라 정의의 과정을 의미론적 논의의 출발점으로 삼는다(1998 : 9). 정의한다는 것은 비교적 잘 알려진 것으로 잘 알려지지 않을 것을 설명하는 것이라고 할 수 있다. 비어츠비카는 아리스토텔레스, 데카르트, 라이프니츠, 아르놀드 등 철학자들의 주장을 근거로 "잘 알려지지 않은 것"을 "복잡한 것"으로, "잘 알려진 것"을 "단순한 것"으로 재해석한다(pp. 10-3). 결국 정의한다는 것은 복잡한 것을 단순한 것으로 환원한다는 것이다. 의미론이 갖는 "설명력"(explanatory value)은 "복잡하고 난해한 것을 단순하고 자명한 것으로 정의"하는 데 있다(p. 11). 바로 원시자질들이 이러한 "단순하고 자명한 것"에 해당한다.

(1) 정의 불가능성

그렇다면 단순한 것이란 무엇인가? 예컨대 영어의 'if'를 '함축'(implication)으로 정의하는 것은 잘못된 것이다. 왜냐하면 '함축'이란 단어는 그 자체로 이미 복잡한 용어이기 때문이다. 반면에 'if'는 단순하다. 단순한 것을 복잡한 것으로 정의하는 것은 한 마디로 정의

하는 것이 아니다. 아리스토텔레스에 의하면 "이해의 절대적인 순서"가 존재하는데, 그것은 단순한 것으로 복잡한 것을 이해하는 것이다(Wierzbica 1996 : 10). 그렇다면 'if'를 어떻게 정의해야 하는가? 비어츠비카에 따르면 'if'는 단순한 용어이다. 단순한 것은 더 단순한 것으로 쪼개질 수 없는 것이다. 한 마디로 정의 불가능한 것이다. 'if'는 의미론이 탐구해야 하는 "원시자질들의 집합"에 속한 원소이다. 우리는 여기서 다음과 같은 새로운 등식을 발견할 수 있다.

단순성 = 정의 불가능성

마찬가지로 'This' 역시 원시자질이다. 비어츠비카에 따르면 이를 '직시소'(deictic)로 정의하는 것은 어불성설이다. 왜냐하면 직시소는 'This'로 화원되지만 'This'는 그렇지 않기 때문이다. 예컨대 우리는 'This dog'을 'Deictic dog'로 환원할 수 없다(p. 42). 비어츠비카는 여기서 정의의 문제를 오직 환원주의적 시각에서만 다룬다. 그런데 'This dog'을 'Deictic dog'으로 환원할 수 없는 이유는 'This'가 환원 불가능한 원시자질이라기보다 언어적 차원—첫 번째 명사구—과 메타언어적 차원—두 번째 명사구—을 혼동할 수 없기 때문이라고 보는 것이 더 타당하지 않을까?[4]

비어츠비카(1972)는 14개의 의미론적 원시자질들의 목록을 제시한 바 있다.[5] 이 목록은 지속적인 수정보완 작업을 거쳐 55개로 확장된

4 우리는 비어츠비카의 원시자질에 대한 단순성의 테제에서 이 두 차원에 대한 혼동을 종종 발견할 수 있다. 예컨대 p. 39, p. 42 등 참조.

5 Want, Don't want, feel, think of, imagine, say, become, be part of something, someone,

다. 비어츠비카는 비교적 많은 논의를 통해 검증된 구(舊)원시자질들(37)과 현재 활발한 논의 중인 신규(新規) 원시자질들(18)을 구분한다(1996 : 35-111). 이들을 범주별로 나누어 소개하면 다음과 같다.

<구원시자질>

범주	원시자질
실사	I, YOU, SOMEONE, SOMETHING, PEOPLE
한정사	THIS, THE SAME, OTHER
양화사	ONE, TWO, MANY(MUCH), ALL
심리술어	THINK, KNOW, WANT, FEEL
말	SAY
행위와 사건	DO, HAPPEN
평가	GOOD, BAD
기술	BIG, SMALL
시간	WHEN, BEFORE, AFTER
공간	WHERE, UNDER, ABOVE
부분과 분류	PART(OF), KIND(OF)
메타술어	NOT, CAN, VERY
절 연결사	IF, BECAUSE, LIKE

I, You, World, This 등이 초기에 제시된 원시자질들이다(비어츠비카 1972). 이들 가운데 10개만이 현재까지 보편소로서 인정되고 있다.

<신규 원시자질>

범주	원시자질
한정사	SOME
증대	MORE
심리술어	SEE, HEAR
비심리술어	MOVE, THERE IS, (BE) ALLIVE
공간	FAR, NEAR, SIDE, INSIDE, HERE
시간	A LONG TIME, A SHORT TIME, NOW
상상과 가능	IF··· WOULD, MAY BE
단어	WORD

먼저 비어츠비카가 말하고자 하는 단순성이 형태론적인 차원에 해당하는 것이 아님을 지적하자. 예컨대 SOMEONE은 some과 one의 합성어로 이루어져 있음에도 불구하고 단순한 것으로 제시되어 있다. 이에 관한 비어츠비카의 설명을 인용해 보자.

> 'someone'과 'something'을 다른 단순한 용어로 정의하는 것은 불가능하다. 영어에서 *someone*과 *something*이란 단어의 피상적인 형태론적 복합성으로 인해 이들이 분석 가능할 것이라고 주장할 수도 있다.('some' + 'one'과 'some' + 'thing') 그러나 *someone*은 'some one'을 의미하지 않으며, *something*은 'some thing'을 의미하지 않는다(p. 38).

위의 설명에서 우리는 비어츠비카가 말한 단순성이 **형태론**적 단순성이 아니라 **의미론**적 단순성임을 알 수 있다. 그 자체 외에는 다른 어떤 것으로도 정의될 수 없는 의미가 바로 단순한 의미이다. 그런데 여기서 의미란 언어학적 의미를 가리키지 않는다. 위의 목록에 등장하는 모든 원시자질들은 영어로 제시되어 있다. 그러나 그렇다고 해서 이들이 영어의 어휘들만을 가리키는 것은 아니다. 이들은 모든 언어 속에 존재하는 보편소들이다. 따라서 *someone*과 *something*이 의미하는 바는 영어의 *someone*이나 *something*이 의미하는 바가 아니라 *someone*과 *something*의 **개념**이 의미하는 바이다. 보편적인 것은 언어적 차원이 아니라 개념적 차원에 속한 것이기 때문이다. 마찬가지로 'I'와 'You'도 언어적 표현으로서가 아니라 '화자'(speaker)와 '청자'(addressee)라는 개념으로서 원시자질의 목록에 속하게 된다(p. 37).

만일 원시자질의 단순성이 형태론적인 차원이 아니라 이처럼 개념적인 차원에 속한 것이라면 우리는 다음과 같은 질문을 제기할 수 있다. 다의성의 문제는 모든 언어에서 찾아볼 수 있는 보편적인 문제이다. 즉, 한 단어는 여러 가지 의미로 사용될 수 있다. 이들 가운데 어떤 의미가 보편적인 개념의 지위에 오를 수 있는가? 이 문제는 매우 중요한 문제이다. 예컨대 원시자질로 제시된 PART는 영어에서 다의어적이다. 비어츠비카에 따르면 이 단어의 용법은 대략 세 가지 유형으로 나뉘어진다(p. 60).

- 첫 번째 유형

The foot is a part of the leg.

A knife has two parts : a blade and handle.

A petal is a part of a flower.

• 두 번째 유형

He ate part of the melon.

• 세 번째 유형

Part of them went to the right, and part went to the left.

두 번째 유형으로 제시된 문장에서 'part'는 전통문법에서 말하는 부분사로서의 역할을 수행한다. 세 번째 유형으로 제시된 'part'는 하위집합을 뜻한다. 비어츠비카에 따르면 '소유'의 개념을 지닌 첫 번째 유형의 'part'만이 원시자질에 해당하는 개념이라고 할 수 있다. 사람들은 'part'라는 표현이 모든 언어 속에 존재하는 것이 아니라고 비판할 수 있을 것이다. 그러나 이러한 비판은 비어츠비카의 단순성의 개념을 형태론적인 것으로 잘 못 오해한 데서 비롯된 것이다. 비록 'part'라는 어휘가 존재하지 않는다 하더라도 이 어휘가 표현하는 '소유'의 개념을 표현하지 않은 언어란 존재하지 않는다고 하는 것이 비어츠비카의 반론이다. 예컨대 호주의 한 원주민 언어(Yankunytjatjara)에서는 'part'라는 어휘 대신 '가진'(having)이란 뜻을 지닌 접사의 도움으로 PART의 개념을 표현한다(p. 61). 예컨대 '발은 다리의 부분이다'는 '다리는 발을 가지고 있다'라는 방식으로 표현된다. 물론 원시자질들이 순수한 개념으로만 존재하는 것은 아니다. 만일 그러할 경우 이는 비어츠비카가 말하는 의미론적 원시자질이 될 수 없다. 왜냐하면 원시자질들은 어휘화된 형태로 존재해야 하기 때문이다. 이들은 모두 **육화된 개념들**이라고 할 수 있다.

그러나 원시자질의 단순성의 테제가 이처럼 개념적인 차원에 해당하는 것이라면 논쟁의 소지가 다분하다. 정의 불가능한 단순한 개념은 존재하는가? 이 질문은 철학적인가 아니면 언어학적인가? 코세리우는 보편소 찾기를 “성배 찾기”(1972 : 48)에 비유한 바 있는데, 순수하고 정의 불가능한 개념을 찾는 것은 “철학자의 돌”을 찾는 일종의 연금술에 비유될 수 있지 않을까? 물론 비어츠비카에게 위의 질문은 언어학적인 질문이다. 그러나 그가 대답하는 방식을 보면 반드시 그러한 것만이 아닌 것 같다. 비록 I, YOU, PART 등 의미의 장이 그렇게 넓지 않은 어휘의 경우 다의성의 문제가 그렇게 심각하게 제기되지 않는다고 하더라도 예컨대 심리동사로 제시된 THINK의 경우에는 그렇지 않다. THINK는 정의 불가능한 단순한 원시자질인가? 비어츠비카의 설명을 인용해 보자.

> THINK, 즉 근본적인 코기토의 정의 불가능성은 데카르트주의자들에 의해 3세기 전에 공표되었다. 어느 누구도 이 점에 있어서 이들의 주장을 반박할 수 없었다(p. 48).

THINK의 여러 의미 가운데[6] 원시자질과 관련된 의미는 데카르트의 코기토 사상이다. 비어츠비카에 의하면 3세기 전에 데카르트주의자들에 의해 공표된 이 사상은 어느 누구도 반박할 수 없었다고

---

6 이는 비단 Think만의 문제가 아니다. 모든 어휘는 다의어적이다. 엣센스 사전에 제시된 Think는 ‘생각하다’를 포함해서 ‘간주하다’, ‘꾀하다’, ‘예상하다’, ‘예기하다’, ‘기도하다’, ‘작정이다’, ‘숙고하다’, ‘평가하다’, ‘판단하다’ 등의 뜻을 모두 포괄하고 있다. 이 가운데 데카르트의 코기토 사상을 나타내는 것은 ‘생각하다’뿐이다. 그런데 데카르트적 의미에서 ‘생각하다’는 위에서 제시한 모든 술어들을 포괄하는 의식적 활동이다. 그렇다면 이들이 모두 보편소들인가? 이 문제는 언어학적 층위와 철학적 층위를 혼동한 데서 비롯된 것이다. 언어학적 주장을 펴기 위해 철학적인 증거를 제시하는 것은 바른 접근방식이 아니다.

한다. 바로 이러한 이유로 THINK는 더 이상 분석이 불가능한, 다시 말해 정의 불가능한 단순한 원시자질이라고 하는 것이다. 이 주장은 언어학적이지도 않으며 또한 철학적으로 타당하지도 않다. 데카르트에게 사고는 단지 '생각'만을 뜻하지 않으며 의식의 모든 활동을 가리킨다. 그렇다면 '생각하다'뿐만 아니라 '상상하다', '판단하다', '의도하다' 등도 모두 정의 불가능하고 단순한 원시자질들이어야 한다. 그러나 55개로 제시된 원시자질들의 목록에서 이들은 포함되어 있지 않다. 비어츠비카는 종종 철학자들의 주장—예컨대 BECAUSE의 경우 칸트를, MORE의 경우 라이프니츠를—을 아무런 비판 없이 자신의 주장을 합리화하는 근거로만 활용하고 있는데, 이러한 논증방식은 오히려 그의 주장에 대한 설득력을 떨어트린다.

(2) 구성성의 원리

원시자질들의 목록이 정해지고 나면 이들을 가지고 무엇을 할 수 있을 것인가라는 문제가 제기된다. 원시자질들은 단순한 것으로서 서로 결합하여 복잡한 어휘를 산출할 수 있다는 것이 비어츠비카의 주장이다. 예컨대 'wonderful', 'marvelous', 'terrific', 'awful', 'horrible' 등의 표현이 있다고 하자. 이들은 모두 원시자질인 GOOD, BAD, VERY의 결합으로 설명 가능하다는 것이다(p. 67).

> GOOD + VERY : 'wonderful', 'marvelous'
> BAD + VERY : 'terrific', 'awful', 'horrible'

원지자질에 대한 탐구는 '구성성'(compositionalité)의 원리를 전제한다. 가장 '단순하고 자명한' 요소들을 결합하여 보다 복잡한 단위들을 산출해내는 방식이 구성성의 원리이다. 생성의미론이나 구조의미론에서도 구성성의 원리를 따르고 있다. 다만 이들이 전제하는 원시자질들은 순수하게 개념적인 것들로서 주어진 어휘의 의미를 기술하는 데 활용된다. 예컨대 someone과 something 등을 '±인간의'(HUMAN), '±유생의'(Animate), '±사물'(Thing) 등의 자질들로 기술하면 다음과 같다.

> 'someone' : +사물, +인간의, +유생의
>
> 'something' : +사물, −인간의, −유생의

반면 비어츠비카가 제시한 원시자질들은 모두 어휘화된 개념들이다. 즉, 이들은 개별언어에서 개별어휘단위로 존재한다. 그런데 이들을 가지고 해당 언어의 의미부를 설명하는 것은 이들을 오로지 개념적으로, 다시 말해 형식적으로 고려하는 것이 된다. 어휘로 존재하는 원시자질은 결합하여 복합어를 산출할 수는 있어도 복잡한 개별어휘—예컨대 '함축'과 같은—를 산출할 수는 없다. 다시 말해 어휘로서 'very'와 'good'의 결합은 'wonderful'이 아니라 'very good'을 산출한다. 비어츠비카는 자신이 제시한 원시자질들을 한편으로는 실재하는 어휘로, 다른 한편으로는 형식적인 개념으로 혼용하고 있는데, 이는 이론적인 관점에서 혼동을 불러일으킨다. 결국 우리는 그가 제시한 원시자질들의 인식론적인 지위에 대해 심각한 물음을 제기하지 않을 수 없다.

3. 보편성의 테제

(1) 보편소의 유형

"오늘날 우리는 어느 정도는 근거가 확실하고 어느 정도는 가설적인 보편소들의 놀라운 번식을 목도하고 있다"(1972 : 47). 「언어학적 보편소와 또 다른 보편소」(Les universaux linguistiques et les autres)에서 코세리우는 보편소에 대한 이러한 번식이 "현대 언어학의 전기"를 마련했음을 지적한다(p. 46). 코세리우는 이 논문에서 보편소의 유형을 여러 가지 관점에서 세분한다. 우리는 그의 논의가 비어츠비카가 앞에서 제시한 원시자질들의 유형을 구분하는 데 어떻게 기여할 수 있는지를 살펴보고자 한다.

보편성의 유형을 세분하기 위해 코세리우가 취한 관점들은 대략 다음과 같이 7가지이다. 우리는 코세리우의 논의에 입각해서 이들을 다시 세 가지 관점에 따라 대별하여 설명하고자 한다.

- 논리학적 관점에 따른 구분
- 언어층위에 따른 구분
- 일반성의 정도에 따른 구분
- 관점에 따른 구분
- 기호학적 층위에 따른 구분
- 공식화에 따른 구분

– 인식론적 관점에 따른 구분

1) 논리학적 관점

먼저 논리학적 관점에서 코세리우는 가능적 보편소, 본질적 보편소, 경험적 보편소를 구분한다. 가능적 보편소의 가능성은 정의 가능성이다. 정의 가능한 것으로 제시된 개념이 바로 가능적 보편소이다. 예컨대 '동사범주'는 정의 가능한 범주로 존재하고, 바로 이런 이유로 가능적 보편소가 된다. 이 범주가 실재로 모든 언어 속에 존재할 필요는 없다. 다만 존재할 수 있는 가능성만이 고려될 뿐이다. 본질적 보편소는 언어의 개념 그 자체로부터 연역된 보편성을 가리킨다. 연역적 과정이란 필연적 과정이다. 따라서 본질적 보편소는 필연성의 양태에 속한 보편소이다. 예컨대 '언어활동은 언어의 형태로 존재한다'라든가 '언어는 표현과 내용의 결합으로 이루어져 있다'라는 명제들은 언어 개념 그 자체에 대한 순수한 성찰로부터 연역해낸 것들로서, 경험적인 검증을 필요로 하지 않으며 그 자체로 자명한 것들이다. 논리학에서 증명이 필요하지 않은 공리가 일종의 본질적 보편소에 해당한다. 예컨대 소쉬르 언어사상의 주요 명제들은 모두 본질적 보편소에 해당한다. 반면 경험적 보편소는 논리적으로 연역해낸 것이 아니라 확인되고 검증된 것이다. 경험적 보편소를 정하는 작업은 검증 가능한 가설을 세우는 작업과 동일하다. 예컨대 '개(開)음절이 존재하지 않은 언어는 존재하지 않는다'라는 주장은 경험적으로 검증 가능한 보편소가 된다. 코세리우는 이 세 가지 유형의 보편소를 1차적 보편소라고 명명하고 이들로부터 파생된 2차적 보편소와 구분한다. 가능성과 경험적 일반성이 결합한 형태는 선별적 보편소이다. 무한한 가능성 가운데 경험적으로 확인된 것들만이 선별된 선별적 보편소가 된다. 예컨대 야콥슨이 발전시킨 음소 개념은 가능적 보편소가 경험적인 보편소로서 인정받은 경우이다. 코세리우는 특정한 시점을 한정할 경우 의미론적 측면에서도 보편소의 한정된 목록을 작성할 수 있을 것이란 가설을 세운다. 가능성과 필연성이 결합하면 함의적 보편소가 된다. 무한한 가능성 가운데 논리적 필연적 함의 관계를 형성하는 것이 함의적 보편소이다. 이 보편소는 'x이면 y이다'로 공식화될 수 있다. 예컨대 '굴절이 존재하는 언어는 파생이 반드시 존재한다'라는 명제는 함의적 보편소에 해당한다. '굴절'이나 '파생' 등은 가능적 보편소들인데, 이들이 필연적 관계를 형성하여 함의적 보편소로 표현된 것이다. 지금까지의 논의를 도표로 정리해 보자.

논리적 관점에 따른 보편소의 유형

일반 유형	양태	세부 유형	사례
1차적 보편소	가능성	가능적 보편소	동사범주
	필연성	본질적 보편소	언어는 표현과 내용으로 이루어져 있다.
	일반성	경험적 보편소	개음절이 결여된 언어는 존재하지 않는다.
2차적 보편소	가능성 + 일반성	선별적 보편소	음운자질
	가능성 + 필연성	함의적 보편소	굴절이 존재하는 언어는 파생이 존재한다.

2) 인식론적 관점

인식론적 시각에서 코세리우는 언어적 보편소와 언어학적 보편소를 구분한다. 이 구분은 매우 중요한 구분이다. 언어적 보편소란 이론의 대상인 언어의 속성과 관련된 보편소이고, 언어학적 보편소란 다름 아닌 이론 그 자체의 속성과 관련된 보편소를 가리킨다. 코세리우에 따르면 과학으로서 언어학이 제시하는 모든 '개념', '범주', '해석방식' 등은 모두 보편소라고 할 수 있다(p. 58). 언어의 보편소는 실재적인 관념을 표현한다. 예컨대 음소 개념은 언어의 보편소에 해당하며 실재적이다. '동사', '실사', '문장' 등의 개념은 모두 실재적인 언어의 보편소에 해당한다. 반면 언어학적 보편소는 언어학적 기술의 경제성을 고려한 것으로 실재적인 관념이 아니라 형식적인 관념을 표현한다. 코세리우에 따르면 당시 생성문법에서 상정한 심층구조는 언어학적 보편소에 해당한다. 능동문과 수동문 가운데 능동문을 심층구조로 상정한 것은 언어학적인, 다시 말해 기술적인 필요에 따른 이론적인 결정이다. 코세리우는 언어의 보편소를 다시 언어외적인 보편소와 언어적인 보편소로 구분한다. 언어외적이란 지시적 실재를 가리킨다. 즉 언어외적 실재나 선(先)언어적 관념이 이에 해당한다. 이를 '지시적'(designata) 보편소라고 한다. 지시적 보편소는 사실 언어학적 연구의 대상이 아니라 철학이나 심리학의 대상이라고 할 수 있다. 반면 언어적 차원에 속한 '의미적'(significata) 보편소는 언어적인 자질들과 관련된 보편소이다.

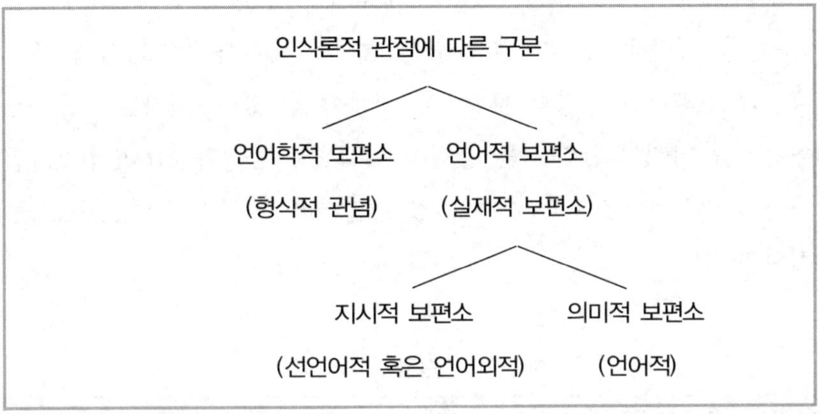

3) 기타의 관점

코세리우는 위의 두 관점과 더불어 '언어층위'(niveaux du langage), '일반성의 정도'(degré de généralité), '관점'(perspective), '기호학적 층위'(plan sémiotique), '공식'(formulation) 등의 관점에 따라 보편소들의 유형을 세분한다. 일반적으로 언어의 층위는 언어활동, 언어, 담화 등으로 세분된다. 우리는 언어활동의 보편소, 언어의 보편소, 담화의 보편소 등을 상정해 볼 수 있다. 일반성의 정도에 따라 '종속적(générique) 보편소'와 '종차적(spécifique) 보편소'를 나누어 볼 수 있다. 예컨대 '모든 언어는 동사범주를 **구분한다**'라고 주장하면 이는 종속적 보편소가 된다. 반면 '모든 언어는 동사범주를 **가지고 있다**'라고 한다면 이는 종차적 보편소가 된다. 관점에 따라 우리는 정적 보편소와 동적 보편소를 구분해 볼 수 있다. 전자는 고려 중인 언어의 보편적 자질과 관련된 것이고 후자는 언어를 산출하는 행위의 원리와 규범에 관한 것이다. 기호학적 층위에 따라 의미론적 보편소(기호의 내용층위), 질료적 보편소(기호의 표현층위), 결합적 보편소(기호층위) 등을 세분해 볼 수 있다. 또한 명제를 공식화하는 방식에 따라 긍정적 보편소와 부정적 보편소를 구분할 수 있다. 전자는 '모든 언어는 x를 가지고 있다'라는 긍정적 방식으로 공식화되는 반면에, 후자는 '어떤 언어도 y를 가지고 있지 않다'라는 부정적 방식으로 공식화된다.

여러 가지 관점에 따른 구분

기준	보편소의 유형
언어층위	언어활동의 보편소
	언어의 보편소
	담화의 보편소
일반성의 정도	종속적 보편소
	종차적 보편소
관점	정적 보편소
	동적 보편소
기호학적 층위	질료적 보편소
	의미론적 보편소
	결합적 보편소
공식화	긍정적 보편소
	부정적 보편소

코세리우는 보편소에 대한 논의를 마무리하면서 언어학이 추구해야 할 보편소의 유형을 한정한다. 먼저 언어학적인 보편소는 이론적인 결정에 따른 임의적인 성격을 지닌 보편소로서 이론마다 다른 형태를 취한다. 언어학자가 추구해야 할 진정한 보편소는 언어학적

연구의 대상인 언어의 보편소여야 한다는 것이 코세리우의 주장이다. 언어의 보편소라 하더라도 언어외적인 실재를 언어적인 현상으로 오해해서는 안 된다. 언어가 지시하는 세계는 물리적이거나 심리적이거나 비언어학적인 접근으로 접근해야 하는 세계이다. 반면 언어학적으로 타당한 관점은 언어내적인 관점이다.

그렇다면 비어츠비카가 앞에서 제시한 55개의 원시자질들의 보편성은 어느 유형에 해당하는가?

(2) 원시자질의 보편성

우리는 앞에서 비어츠비카가 영어로 제시한 55개의 원시자질들이 영어만의 자질들이 아니라 모든 언어의, 다시 말해 보편적인 자질들임을 지적하였다. 보편성의 테제는 예컨대 다음과 같은 방식으로 공식화된다.

> 한 언어에서 "he"와 "she" 사이의 구분에 상응하는 구분을 내리지 않을 수도 있다. 사실 많은 언어에서 예컨대 터기어와 같이 성의 구별에 관계없이 "he"와 "she"를 위해 하나의 단어만을 가지고 있다. 하지만 어느 언어도 화자와 청자 사이에, 즉 "you"와 "I" 사이에 구분을 내리지 않은 언어란 존재하지 않는다(p. 37).

혹은 다음과 같이 긍정적인 방식으로 공식화되기도 한다.

> 모든 언어는 WHO와 WHAT에 대한 단어를 가지고 있으면 어휘적으로 "What is this?" 의문문과 "Who is this" 의문문을 구별한다(p. 38).

비어츠비카는 의미론적 보편주의의 가장 극단적인 형태를 옹호하는 사람은 아무도 없다고 하는 라이온스(J. Lyons)의 주장을 비판하면서 자신이 바로 이러한 "가장 강력한 보편주의 가설"(the strongest universalist hypothesis)을 지지한다고 주장한다(p. 14-5). 이 가설에 따르면 모든 언어 속에 실제로 존재하는 자질만이 보편적인 자질이다. 우리가 위에서 제시한 두 인용문에서 찾아볼 수 있는 비어츠비카의 주장은 바로 이러한 "가장 강력한 보편주의 가설"을 공식화한 것이다. 원시자질에 대한 이 테제는 **경험적 보편주의**를 표방한다. 우리가 앞에서 제시한 신구(新舊) 원시자질들은 인간의 모든 언어 속에 실제로 존재하는 것들이다. 이들은 모두 반박 가능한 가설들을 바탕으로 경험적으로 조사한 결과 얻어진 구체적인 단위들이다.

비어츠비카는 논리학에 기초한 형식적 보편주의를 비판한다. 예컨대 카츠(Katz)와 포더(Fodor), 자켄도프(Jackendoff) 등이 주장하는 원시자질들은 형식적인 보편소들이다. 이들은 모두 육화되지 않은 순수한 형식으로 존재하는 개념들이다. 이들은 모두 형식의미론에 기초한 개념들이다. 예컨대 '±인간의'(HUMAN), '±유생의'(ANIMATE), '±사물'(THING), '±공간'(SPACE), '±시간'(TIME) 등은 어휘적 형태가 아니라 순수한 개념으로 존재하는 자질들이다. 반면 비어츠비카가 제시한 I, YOU, SOMEONE, SOMETHING, WHERE, WHEN, BIG, SMALL 등은 모두 경험적으로 검증 가능한 질료적인 보편소들이다. 질료적 혹은 경험적 보편주의는 "논리적 표상체계를 거부"한다(p. 31). 이런 점에서 반형식주의, 반표상주의, 반논리주의를 표방한다.

코세리우의 구분에 따르면 비어즈비카의 이러한 원지자질들은 가능적 보편소요, 경험적 보편소이며, 가능성과 경험성을 결합한 선별적 보편소이다. 그리고 이들은 모두 언어학이 아닌 언어적 보편소에 해당한다. 여기서 우리는 다음과 같은 질문을 제기할 수 있다. 이들은 언어외적인가 언어내적인가? 물론 어휘적 형태로 제시된 원시자질들은 모두 언어적 단위들이다. 그러나 우리가 앞에서 지적했듯이 이들이 보편적인 이유는 이들이 언어학적 의미란 의미에서 의미론적이라기보다 개념적이기 때문이다. 이 개념은 언어적으로 육화된 개념이지만 선(先)언어적으로 존재하는 사고이기도 하다. 영어로 제시된 원시자질들은 영어의 '의미'(significata)가 아니라 영어의 어휘들이 지시하는 선언어적 개념으로서의 '지시'(designata)이다. 코세리우에게 선언어적이든 언어외적이든 비언어적 관점은 언어학적으로 타당한 관점이 아니다.

> 결론적으로 오류는 지시적 실체와 관련을 맺는 것이 아니다. 오류는 지시적 실체의 관점을 배타적 관점으로 채택하면서 이 실체를 언어적 차원으로 간주하고 이 실체에 언어적 보편소를 부여하는 것이다(1972 : 70).

각 언어의 어휘에 대한 비교는 보편적 의미론이 아니라 비교언어학에서 다루어야 하는 문제이다. 이런 점에서 비어즈비카의 의미론을 비교언어학적인 시각에서 재조명해 볼 필요가 있다. 그런데 비교언어학은 언어적 현상의 보편성이 아니라 일반성을 추구한다. 보편성이 가능한 언어를 전제한다면 일반성은 실재하는 언어만을 상정한다. 비어츠비카가 제시한 원시자질들은 보편소란 점에서 현존하는 언어뿐만 아니라 가능한 모든 언어들에도 적용되어야 한다. 비어츠비카는 자신의 보편성의 테제를 옹호하기 위해 논리학적 형식주의 테제가 아니라 선천성의 테제를 도입한다.

4. 선천성의 테제

비어츠비카는 원시자질들이 보편적으로 모든 언어 속에 존재하는 이유가 이들이 선천적으로 존재하기 때문이라고 주장한다. 보편적인 원시자질들은 경험적으로 존재하는 것이지만 우연하게 존재하는 것은 아니다. 즉, 이들은 모두 생물학적으로 결정된 자질들이다. 한 마디로 이들은 선천적인 자질들이다. 비어츠비카의 설명적 기제 속에서 원시자질들의 선천성은 주로 유아 언어에 대한 연구로부터 검증받는다. 예컨대 DO란 원시자질이 선천적인 이유는 "유아 언어에서 매우 일찍 나타나기" 때문이다(p. 51). 사피어(Sapir)가 주장한 것처럼 better가 good에 선행하고 worse가 bad에 선행하는 것이 아니라 그 정반대이며, 전자가 아닌 후자가 원시자질인 것은 이들이 유아 언어에서 먼저 등장하기 때문이란 것이 비어츠비카의 주장이다(pp. 53-54). 비어츠비카는 선천성에 대한 근거의 대부분을 유아 언어에 대한 연구로부터 차용한다. 그런데 언어적 선천성이 유아 언어에 먼저 나타날 수도 있고 그렇지 않을 수도 있다. 왜냐하면 유아의 언어습득 과정은 상황에 연루되어 있기 때문이다. 또한 유아 언어의 모든 특징들이 모두 선천적인 것은 아니다. 비어츠비카는 UNDER와 ABOVE를 원시자질의 항목으로 제시한다. 유아 언어 연구에 따르면 UNDER는 매우 일찍부터 등장한다. 반면 ABOVE는 ON보다 뒤늦게 등장하는 데도 원시자질로 간주되는 반면에 ON은 그렇지 않다. 물론 비어츠비카는 ON이 원시자질의 목록으로 포함될 가능성을 열어둔다(p. 59). 그러나 어느 한 단어가 유아 언어 속에서 먼저 나타나는가가 선천성의 정도를 결정한다고 보기에는 많은 문제점이 따른다. 선천성이 인간 언어의 생물학적 결정론을 지지한다면 유아 언어에 대한 연구와 더불어 무엇보다도 신경언어학에 대한 보다 광범위한 연구가 병행되어야 할 것이다.

5. 결론적 고찰

우리는 지금까지 비어츠비카의 원시자질 개념을 비판적으로 고찰하였다. 비어츠비카의 원시자질 개념은 <단순성 = 보편성 = 선천성>이란 공식으로 간략하게 요약될 수 있다. 단순성의 테제는 정의 불가능성에 토대를 두고 있다. 그런데 개념적 차원으로 제시된 원시자질들의 정의 불가능성은 무엇을 정의 불가능한 것으로 볼 것인가라는 문제에 봉착한다. 이 문제는 한 단어의 정의를 어떻게 정의하느냐와 깊이 관련되어 있다. 결과적으로 정의 불가능성은 정의하기 나름이 된다. 보편성의 테제를 비판하면서 우리는 비어츠비카가 제시하는 원시자질들이 코세리우가 구분한 언어의 보편소에 해당하지만 궁극적으로는 언어에 앞서 존재하는 선언어적 관념의 보편소를 가리키기 때문에 이들에 대한 연구가 과연 언어학적으로 타당한지에 대해 의문을 제기하였다. 선천성 테제는 주로 유아 언어에 대한 연구에 기반해 있다. 우리는 어떤 단어가 유아 언어 속에서 가장 먼저 등장하고 있는가라는 문제가 선천성의 테제를 옹호하는 데 매우 빈약한 논거일 뿐이라는 점을 지적하였다. 의미론이 비어츠비카가 주장하듯이 이해를 위한 학문이라면 오히려 해석학적인 방법론으로 언어학적 의미의 문제를 접근하는 것이 더욱 타당한 접근이라고 할 수 있다. 물론 여기서 해석학이란 의미에 대한 환원주의적이 아닌 전체론적인 접근 태도를 요구한다.

Ⅱ부

의미와 설화성

Sense
Et
Narrativité

제 1 장

폴 리쾨르의 언어사상

– 의미와 설화성을 중심으로

1. 멀고 힘든 길

이 글의 목적이 폴 리쾨르의 사상적 궤적을 총체적으로 조명하는 것이 아님을 먼저 말해두자. 종교현상학에서 시작해서 해석학적 현상학을 거쳐 **자기의 해석학**(Herméneutique du soi)으로 심화되는 그의 철학적 성찰의 노정에 구조인류학, 정신분석학, 언어학, 서사기호학, 역사기술학, 언어행위 이론 등의 우회로가 끊임없이 펼쳐진다. 그의 이러한 반성적 고행의 길을 답사하는 일은 철학자의 몫이리라. 우리는 여기서 어느 한 시기에 논의의 초점을 맞추고자 한다. 이 시기는, 프랑수와 도스(François Dosse)의 표현을 빌리자면, "그의 저서에서 불연속적인 두 시기를 분리시키는 극단적인 결별"이 발생하는 시기이다(1997(2005) : 347).[1] 이 시기는 전후 열광적으로 환영받던 실존주의가 물러나고 새로운 지성의 물결이 프랑스를 유혹하기 시작한 시기이다. 바로 이 시기에, 다시 프랑수와 도스의 표현을 빌리자면, "리쾨르는 언어학적 · 정신분석학적 · 인류학적 영역 속에서 구조주의적 프로그램에 의해 질문당한다"(프랑수와 도스 2005 : 353). 이 시기는 한 마디로 '언어학적 전환'(Chomsky)의 시기요, 인문학적 논쟁 속에서 '인식론적 단절'(Bachelard)이 발생한 시기이다. 리쾨르는 바로 이 시기에 "뜻하려는 의도를 다시 취하는 해석학적 인식에게 구조 인식이 가르치는 것은 무엇인가?"라는 질문을 제기한다(2001(1969) : 46). 이 질문은 시대적인 요청에 따라 외부로부터 부과된, 새로운 이론에 대한 단순한 지적 호기심의 발로가 아니라 "현상학 방법에 해석학의 문제를 접목시킴으로써 현대 철학에 새로운 길을 제시하려 한" 그의 야심찬 기획이 공표되는 순간에 제기된 질문이다(리쾨르 2001 : 5). 여기서 "새로운 길"이란 "멀고 힘든 길"이지만 피할 수 없는, "언어학과 의미론을 거쳐가는 길"이다(리쾨르 2001 : 9). 이 길이 "멀고 힘든" 이유는 하이데거식의 이해의 존재론처럼 현존재 분석으로 곧바로 나아가는 대신에 방법론적인 우회로를 기꺼이 거치기 때문이며, 또한 피할 수 없는 이유는 역사적으로 해석학이 본문 주석의 작업에서 비롯됐기 때문이고, 그런 이 길이 무엇보다도 "새로운" 이유는 오늘날 "언어학과 의미론"이 주석의 고전적인 방법론을 혁신적으로 대신해 줄 수 있기 때문이다. 리쾨르의 긴 철학적 여정 속에 불연속의 흔적을 각인시킨 이 길이 후기 하이데거가 기획한 '언어로 향한 길'(*Chemin vers la parole*)은 아니더라도 언어를 통한 길임에는 틀

1 원전 출판 연도를 먼저 표기하고 번역본 출판 연도를 괄호 안에 넣어 표기하였음. 쪽수는 번역본의 쪽수임. 같은 책을 다시 인용할 경우 번역본 출판 연도만을 표기하였음.

림없다.

우리는 이 "멀고 힘든" 도정에서 그가 자청한 구조주의와의 대화를 의미(sens)와 설화성(narrativité)이란 주제로 풀어가고자 한다. 1969년에 펴낸 『해석의 갈등』(*Conflits des interprétations*)은 "결별의 시기"가 막 시작된 1960년대 발표한 논문들을 모은 책이다. 리쾨르는 여기서 해석학적 방법론의 혁신을 위해 무엇보다도 구조주의와 정신분석학을 참조한다. 『시간과 이야기』(*Temps et récit*, 1983, 1985a, 1985b)는 이러한 시기를 거쳐 탄생한 걸작이다. 1986년에 출간된 『텍스트에서 행위로』(*Du texte à l'action*)는 리쾨르의 사상이 또 다른 도전을 준비하고 있음을 보여준다. 언어학적 전환기에 한정된 우리의 독서는 따라서 이 앞에서 멈춰서야 한다. 이 두 시기—1960년대와 1980년대—에 걸친, 1970년대 출간된 『살아 있는 은유』(*Métaphore vive*, 1975)는 은유를, 「시학」의 아리스토텔레스를 넘어 단어가 아니라 문장 차원의 문제로 재조명함으로써 언어의 담론적 층위를 부각시킨다. 텍사스 크리스천 대학교에서 행한 일련의 강의들을 엮은, 1976년에 영자판으로 출간된 『해석이론』(*Theory of Interpretation*)은 "하나의 작품으로서 언어의 문제"를 집중적으로 조명하고 있다(리쾨르 1976(1996): 13). 리쾨르는 이 책에서 글쓰기의 문제를 포괄하는 해석학의 보다 일반적인 과제 수립이 필요함을 역설한다. 우리는 그의 관심의 초점이 기호, 상징, 은유에서 점차 이야기 텍스트로 발전해 가고 있음을 확인할 수 있다.

우리는 언어학적 전환기의 그의 언어사상을 앞서 밝힌 대로 의미와 설화성이란 주제로 논구하고자 한다. 그런데 왜 이 주제인가? 해석학이 텍스트의 의미를 묻고 캐내는 작업이라면 의미의 문제는 해석학의 항구적인 현안이라고 할 수 있다. 리쾨르가 구조주의로의 우회를 감행한 이유는 이 문제를 제기하는 구조주의적 방식이 단지 새롭기 때문만이 아니라, 무엇보다도 이 방식이 정신분석학과 더불어 해석학적 작업에 심각한 타격을 줄 수 있기 때문이다. 리쾨르는 여기서 '의미는 무의미인가?'라는 물음에 맞서게 된다. 우리는 그가 이 물음의 심각성을 어떻게 인식하고 있으며 또한 해결하고자 했는가를 살펴보고자 한다. 여기에 설화성의 문제를 추가하고자 한 이유는 이러한 새로운 의미론적 현안을 풀어가는 지난한 과정 속에서 그가 궁극적으로 바로 이야기—역사적인 것과 허구적인 것을 포괄한—텍스트를 일반 해석학적 성찰의 전범으로 삼고자 했기 때문이다. 예컨대 '서사적 정체성'(identité narrative)이란 개념은 그가 고안한 개념 가운데 적용범위가 가장 넓은 개념일 뿐만 아니라, "해석학을 현상학 위에 세우고자"(리쾨르 2001 : 8) 했던 그의 철학적 노력이 맺은 튼실한 결실이기도 하다. 그에 따르면 "우리가 누구인지 알려면 우리의 존재 욕망을 드러내 주는 다양한 표현들을 통하는 수밖에 없다"(리쾨르 2001 : 240). 프로이트 이후 "의식이 직접이 아니라 간접"이라면 의식에 대한 탐구는 우회를 필연적으로 요청한다(리쾨르 2001 : 351). "다양한 표현들"이란 주지하다시피 기호, 상징, 텍스트 등을 가리킨다. 구조주의와의 논쟁 속에서 지속적으로 등장하는 이들은 사실 다름 아닌 이야기 속에서 직조된 것들이다. 예컨대 악의 상징은 성서의 타락 이야기 속에, 꿈의 상징은 꿈 이야기 속에 등장한다. 서사적 정체성이란 바로 이러한 욕망의 표현형태로서의 이야기 텍스트에 대한 독서를 거친, '우리가 누구인가'란 정체성을 묻는 물음에 대한 답변이라고 할 수 있다. 『해석의 갈등』에서 『살아 있는 은유』

와 『해석이론』을 거쳐 『시간과 이야기』로 옮겨가면서 처음에 상징이나 은유에 비해 부차적으로만 언급됐던 바로 이 설화성의 문제가 명시적으로 비중 있게 다루어진다. 우리는 다음과 같은 질문을 제기해 볼 수 있다. 상징에서 이야기 텍스트로 해석학의 대상이 보다 일반화되면서 구조주의와의 논쟁 속에 그가 설파했던 의미의 문제, 그의 의미론 사상은 어떤 변화를 감수해야 하는가? 의미론에서 시학으로 해석학적 방법론의 변화는 우리의 이러한 질문을 보다 진지하게 다룰 것을 요청한다.

우리는 이 질문을 다음과 같은 두 가지 시각에서 고찰하고자 한다.

i) 기호론에서 의미론으로
ii) 의미론에서 시학으로

첫 번째 시각은 소쉬르에서 출발한 구조언어학에 대한 비판을 제공한다. 두 번째 시각은 해석학적 프로그램이 상징에서 이야기로 일반화되면서 겪게 되는 변화의 과정을 요약한 것이다. 만약 우리의 독서가 리쾨르 철학사상의 후기—**텍스트**에서 **행위**로 이행하는—를 포괄하는 것이라면 우리는 '시학에서 윤리학으로'란 또 다른 시각을 추가해 볼 수 있을 것이다. 먼저 이러한 시점의 이동이 결코 단절적인 방식으로 이루어지지 않는다는 점을 상기하자. '중재의 철학자'는 단절보다는 변증법적인 대화를 선호한다. 한 단계에서 다음 단계로의 이행은 전 단계에 대한 부정이 아니라 지양이며, 변증법적 통합에 다름 아니다. 우리는 바로 이러한 그의 대화방식으로 그와 대면하고자 한다. 따라서 우리의 독서가 지향하는 바는 리쾨르의 사상을 단순히 소개하려는 것이 아니다. 그가 구조주의와 나눈 대화가 비판적이었듯이 우리는 그와 비판적인 대화를 나누고자 한다. 리쾨르가 대화하는 방식대로 리쾨르와 대화하는 것이 어쩌면 리쾨르를 가장 잘 이해하는 방식인지 모르기 때문이다.

2. 기호론에서 의미론으로

해석학과 구조주의와의 만남은 1963년 이 두 사조를 각각 대표하는 한 해석학자와 한 구조인류학자와의 만남을 통해 실제로 이루어진다. 리쾨르에 의해 창설되고 또한 주도되었던 『에스프리』지(紙)의 철학연구 모임은 『야생의 사고』(*La pensée sauvage*)의 저자 레비-스트로스(Lévi-Strauss)를 초청해 이에 관한 심층 토론을 벌인다. 유감스럽게도 이 토론의 내용은 저자의 반대로 당시 출간되지 못한다. 리쾨르의 사후 약 40여 년이 흐른 뒤 이 내용은 『에스프리』(2004)지에 「야생의 사고를 중심으로. 몇 가지 질문에 대한 답변. 에스프리 철학그룹과 레비-스트로스와의 대담」이란 제목으로 실린다. 여기서 우리는 구조주의자에게 던진 해석학자의 질문이 과연 무엇을 겨냥하고 있는가를 목도할 수 있다. 리쾨르는 레비-스트로스에게 다음과 같은 질문을 제기한다.

의미를 이해하면서 내 자신을 더 잘 이해하지 못한다면 그래도 과연 의미에 대해 말할 수 있다고 할 수 있습니까? 만약 의미가 자기 이해의 편린이 아니라면 나는 그것이 무엇인지 알 수 없습니다(『에스프리』, 2004 : 177).

딜타이 이후 해석학이 이해의 과학이고 하이데거 이후 이해가 현존재의 이해라고 한다면 해석학은 자기의 해석학(Herméneutique du soi)으로 정의될 수 있을 것이다. 리쾨르는 "실존 이해나 존재 이해는 모두 언어 안에서 표현된다"고 하는, 바꿔 말해 '존재의 집'으로서의 언어라고 하는 하이데거의 사상을 전유한다(리쾨르 2001 : 15). 그리고 바로 이런 의미에서 의미론이 "해석학 영역 전체를 가리키는 축"으로 고려될 수 있음을 시사한다(리쾨르 2001 : 15). 한 마디로 해석학은 의미에 관한 학(學)이다. 리쾨르가 보기에 구조주의는 해석학의 이러한 의미론적 기획에 심각한 이의를 제기할 수 있다. 우리는 레비-스트로스의 답변 속에서 왜 리쾨르가 그와의 대담 속에 다름 아닌 의미의 문제에 관해 집요하게 추궁했는가를 가늠해 볼 수 있다.

결과적으로 당신이 찾고자 하는 바는—나는 당신이 그렇게 말하고 있고 주장하고 있기 때문에 당신의 생각을 왜곡한다고 생각하지 않습니다—**의미의 의미**, 즉 의미의 뒤에 있는 의미입니다. 반면 내 관점에서 의미는 첫 번째 현상이 아닙니다. 의미는 항상 환원이 가능합니다. 달리 말해 모든 의미 밑에는 무의미가 존재합니다. 그 반대는 사실이 아닙니다.

나에게 의미는 항상 현상적인 것입니다(『에스프리』, 2004 : 177-178).

레비-스트로스가 보기에 해석학은 단순히 의미에 대한 이론이 아니라 **의미의 의미**에 대한 이론이다. 반면 구조분석이 겨냥하는 것은 모든 의미의 하부구조인 **무의미**이다. 구조주의가 인문학에 과학적 지위를 부여한 것은 주관적·자의적 해석으로부터 탈각한 이러한 객관적 구조, 즉 무의미의 구조를 밝히고자 했기 때문이다. 구조주의로의 우회가 필수 불가결한 이유는 이 사유가 제안하는, 의미의 문제를 제기하는 이러한—과학적—방식이 자기 이해로 향하는 해석학적 인식에 반성의 기회를 제공해 주고 있기 때문이다.

앞서 인용한 대로 리쾨르는 "뜻하려는 의도를 다시 취하는 해석학적 인식에게 구조 인식이 가르치는 것은 무엇인가?"라는 질문을 제기한다. 그에게 구조주의의 가르침은 타당성과 함께 한계를 지닌 것으로 곧바로 인식된다. 그에 따르면 "구조주의는 그것이 타당한 조건을 알고 있을 때, 곧 그 한계를 인정하는 범위에서만 옳다"(리쾨르 2001 : 46). 구조주의에 대한 그의 비판은 바로 이러한 한계를, 타당한 조건이 인정되는 범위를 구획하는 작업에 다름 아니다. 우리가 앞에서 제안한 첫 번째 시각, 즉 '기호론에서 의미론으로'란 바로 이러한 그의 작업에 대한 약문이다. 구조주의의 한계는 기호론의 한계이며 의미론은 "구조주의를 거쳐 약간 돌아가지만 분명한 이해에 다가갈 수 있는" 것으로 평가된다(리쾨르 2001 : 45).

리쾨르의 구조주의 비판(1969, 1976)은 소쉬르의 언어학 이론에 대한 비판으로 전개된다. 그에게 구조주의란 한 마디로 소쉬르주의이다. 그런데 그의 소쉬르 비판은 소쉬르에 대한 구조주의적 해석에 대한 비판이라고 할 수 있다. 오늘날 소쉬르에 대한 이러한 해석만이 그에 관한 유일한 해석이 아니다.[2] 따라서 우리는 바로 이러한 시대적 한계 속에서 소쉬르에 대한 리쾨르의 독서를 평가해야 한다.

리쾨르는 소쉬르의 이원성 공리 중에 랑그와 파롤의 구분을, 소쉬르가 "첫 번째 진리"(Godel 1957 : 30)라고 부른 이 대립을 가장 핵심적인 공리로 소개한다. 그의 이러한 주장은 소쉬르 언어사상에 대한 내적인, 비판적 독서로부터 연원한 것이라기보다 과학주의를 표방한 철학으로서의 구조주의를 밖으로 겨냥하고 있다. 그가 보기에 다양한 언어활동의 심층에 존재하는 잠재적 체계인 랑그는 **무의미**의 구조로 이루어져 있다. 만약 랑그가 언어학의 참된 대상일 뿐만 아니라 인문적—인류학, 정신분석학, 문학, 등—대상의 전범이라면 의미의 탐구는 위험에 처하게 된다. 이러한 위험의 권역을 답사하는 것이 해석학적 과제로 부상한다. 리쾨르는 랑그와 파롤의 구분으로부터 파생되는 이론적인 결과들을 검토한다. 테제의 형식으로 그의 비판적 고찰을 우리 나름대로 약술하면 다음과 같다.[3]

i) 공시성의 테제

랑그는 오직 공존의 축인 공시태 속에 실재한다. 계기의 축인 통시태는 한 상태에서 다른 상태로의 이행에 지나지 않는다. 이런 의미에서 공시적 접근법은 통시적 접근에 선행한다.

2 오늘날 소쉬르 해석은 과학사적 한계를 벗어나서 이루어지고 있다. 그는 어느 한 사조의 시조가 아니라 다양한 해석의 원천인 텍스트로 존재한다고 말할 수 있다.

3 리쾨르(1997 : 32 ; 2001 : 37) 참조.

ii) 경제성의 테제

랑그는 한정된 기호들의 체계로 구성되어 있다. 이러한 한정된 수의 집합으로부터 무한정한 배열과 결합들을 산출해낼 수 있다.

iii) 형식성의 테제

랑그를 구성하는 기호들은 실체로서가 아니라 형식으로서 존재한다. 다시 말해 한 기호의 가치는 오직 다른 기호들과의 부정적 · 차별적 · 대립적 관계 속에 존재한다.

iv) 내재주의 테제

한정된 집합을 형성하는 기호들의 차별적 관계는 랑그 체계에 내재적이다.

리쾨르는 처음의 세 테제들이 "구조주의의 방법론이 지닌 전문성"을 확보하고 있다고 본 반면에, 다시 말해 과학적 주장으로서 내적 타당성을 보유하고 있다고 인정한 반면에, 마지막 테제는 "포괄적인 사유양식으로 특성화될 수 있기" 때문에 무엇보다도 철학적 주장의 성격이 짙다고 진단한다(리쾨르 1996 : 32). 결과적으로 구조주의적 사유는 폐쇄적이며 "닫힌 언어의 세계"로서 존재할 뿐이다(리쾨르 2001 : 81). 리쾨르의 구조주의 비판은 제한된 과학적 성취에 대한 전면 부정이 아니라 "포괄적인 사유양식"으로서, 바꿔 말해 철학적 주장으로서의 내재주의에 대한 부분 비판이다. 다음의 문구는 그의 이러한 비판을 잘 요약해 준다.

언어는 더 이상 정신과 사물 사이의 매개로 등장하지 않는다. 언어

> 는 그 자신의 세계를 건설하며, 그 속에서는 체계의 구성요소인 대립과 차이의 상호작용에 힘입어 각 항목이 같은 체계 내의 다른 항목을 가리킬 뿐이다. 한 마디로 말해서 언어는 더 이상 비트겐슈타인이 말한 것처럼 '삶의 형식'으로 간주되지 않으며, 내적 관계들의 자족적인 체계로 간주된다(리쾨르 1996 : 32).

구조주의적 도전 앞에서 의미에 대한 탐구로서 해석학의 "과제는 담화를 그 주변적이고 불확실한 유배지에서 구해내는 것"이다(리쾨르 1996 : 24). 이 작업은 단순히 랑그와 파롤의 위계를 역전시키는 것이 아니라 구조주의의 타당한 조건과 한계를 명시함으로써 랑그에 속한 것을 랑그에, 파롤에 속한 것을 파롤에 되돌려 주는 것이다. 벤베니스트(Benveniste)가 『일반언어학의 제 문제들』(*Problèmes de linguistique générale*, 1966)에서 제안한 기호론적 층위와 의미론적 층위의 구분은 리쾨르에게 "전체 언어문제를 탐구하는 열쇠"로 작용한다(리쾨르 1996 : 35). 기호론적 층위는 문장의 하위 단위들—통합체, 어휘소, 형태소, 음소 등—이 속한 층위이다. 이 층위에서 분석과 통합의 작업이 동시에 이루어진다. 분석은 언어적 연속체로부터 형태들을 분리해내는 작업이다. 예컨대 음성연속체 *père*가 있다고 하자. 여기서 [p], [ɛ], [ʀ] 등의 음소들을 분리해내는 것이 분석작업이다. 이렇게 분리해낸 형태들이 언어적 형태로 공인받기 위해서는 의미있는 방식으로 상위 단위에, 예컨대 '아버지'의 의미를 지닌 《père》에 통합될 수 있어야 한다. 이 단위는 또 다른 단위와 함께 보다 상위 단위를 형성할 수 있다. 이러한 과정을 거쳐 최종적으로 문장에 이르게 된다. 문장은 더 큰 단위에 통합될 수 없는 기호론적 층위의 임계점을 형성한다. 이 임계점을 넘어서는 순간 문장은 **질적으로** 전혀 다른 단위, 즉 술어를 지닌 명제로 기능한다. 오직 이 층위에서 언어는 세계에 대한 언명으로 존재할 수 있다. 기호론적 층위와 의미론적 층위가 분리되는 분기점이 바로 이 문장층위이다. 엄밀한 의미에서 소쉬르의 랑그 개념은 문장의 하위 단위인 오직 기호론적인 차원에 속한 것이다. 그런데 인간 언어는 랑그인가? 리쾨르는 언어의 진정한 모습이 "말하는 행위", 즉 "말함"에 있다고 주장한다(리쾨르 2001 : 93).

> 말한다는 것은 말하는 사람이 누군가에게 무엇에 대해 무엇인가를 말하기 위해 폐쇄된 기호세계를 넘어서는 행위이다(리쾨르 2001 : 93).

사실 "말함"에 대한 리쾨르의 이러한 정의는 소쉬르적이라기보다 퍼스적이다. 퍼스는 상징을 "누군가에게 무엇인가를 어떤 관계나 자격으로 대신해 주는 것"으로 정의한다(Peirce 1978 : 121). 이 정의 속에 "말하는 행위"나 기호행위는 "기호세계를 넘어서서" **누군가**를 향하고 **무엇인가**를 겨냥한다. 한 마디로 초월운동을 수행한다. 이 운동은 "두 가지 문턱"을 넘는다. 즉, "관념의 뜻이라는 문턱과 그것 너머로 가리킴이라는 문턱이다"(리쾨르 2001 : 92). 이러한 "초월운동을 일으키면서 언어는 <뜻한다>"(리쾨르 2001 : 92). 랑그의 권역을 오직 기호론적인 차원에 한정함으로써 리쾨르는 뜻을 향해 끊임없이 초월운동을 수행하는 "언어의 개방성"을, "열어젖힌 언어"를 되찾는다(리쾨르 2001 : 106). **내재주의는 결국 초월주의에 의해 극복된다.** 랑그와 파롤의 구분 대신에 기호론과 의미론의 구분을 통해 구조주의와 해석학과의 관계는 배타적인 것이 아니라 이제 상호 협력적인 관계가 된다. 상호 협력은 역할분담을 통해 이루어진다.

> 기호론과 의미론이 이처럼 크게 다르다는 것을 말해놓고 나서 그 둘을 접근시킬 수 있다. 그래서 문장의 언어학을 연구하고, 의미와 지시의 논리학(프레게와 후설의 방식으로)을 거친 후에 말의 현상학(메를로-퐁티를 따라)으로 간다. 말의 현상학으로 바로 건너뛸 수는 없다. 의미론을 일단 접어두고 구조분석을 거쳐 분류체계를 잡는다. 먼저 음성학과 통사론과 어휘 차원을 세우고 그 위에 말의 차원을 세워야 한다. 사실 사람은 순간순간 낱말의 의미(sens, 의미는 관념이고 비현실이다)를 먼저 이룩하고 그 다음에 그것이 무엇을 지시하여 진리와 현실 이해가 일어난다(리쾨르 2001 : 270).

그런데 이러한 기능주의적 협력관계는 이중의 대가를 치른다. 한편으로 소쉬르의 기호론은 벤베니스트적 의미의 기호론적 층위로 환원된다. 비록 협의의 의미의 랑그가 이러한 층위에만 한정된다 하더라도 소쉬르의 기호론 개념이 랑그의 분석층위로 환원되는 것은 아니다. 주지하다시피 『일반언어학 강의』에서 소쉬르는 기호론을 "사회적 삶 속에서 기호들의 삶을 연구하는 학"으로 정의한다(소쉬르 1916 : 33). 기호론이 랑그에 포섭되는 대신에 문자, 점자, 예절기호, 해양신호 등과 함께 기호체계로서의 랑그가 기호론의 대상으로 예시되어 있을 뿐이다. 다른 한편 리쾨르는 벤베니스트적 의미의 기호론적 층위 개념을 학(學)으로서의 기호론으로 확대한다. '기호론적' 이란 형용사는 '기호론'이란 명사로 둔갑한다. 형용사에서 파생된 이 명사는 더 나아가 구조주의적 방법론을 총칭하는 데 사용된다. 그 결과 구조주의는 기호론과 동의어가 된다. 이러한 이중의 대가—환원과 확장—를 치르고 난 뒤 내재주의의 한계를 정하고 이를 넘어서는 초월운동의 방향—**누군가**로 향하고 **무엇인가**를 겨냥하는—을 설정함으로써 리쾨르는 말하는 행위의 **주체**와 **지시대상**의 문제를 해석학에 복원시킨다. 구조언어학을 떠나 리쾨르가 당도한 곳은 화용론과 지시의미론이다. 우리가 여기서 제기하고자 하는 문제는 리쾨르가 복원시킨, 화자로서의 주체가 거주하는 이 지시의 세계가 과연 어떤 세계인가 하는 물음이다. 리쾨르는 1970년대 접어들면서 **말하기**에서 **글쓰기**로 관심의 영역을 확대한다. 지시의 문제는 여전히—사실상 더욱 더—중요하게 다루어진다. 그러나 리쾨르는 여기서 "시적 지시"(référence poétique)라는 새로운 문제에 직면한다(리쾨르 1983(1999) : 153). 우리는 이제 '의미론에서 시학으로'란 관점에서 리쾨르의 언어사상을 재검토해야 한다.

3. 의미론에서 시학으로

'말함'(dire)으로서의 언어는 '뜻하는' 언어이다. 의미 이전의 의미, 즉 무의미의 구조에 한정된 기호론적 접근은 이 언어를 기술하는 데 적합하지 않다. '뜻하는' 언어는 주체와 세계를 향해 개방된 언어요, 따라서 의미론의 대상이다. 리쾨르는 『해석이론』에서 그가

『해석의 갈등』에서 개진한 자신의 이러한 성찰이 간과한 글쓰기의 문제를 집중 조명한다.

> 몇 년 전까지만 해도 나는 해석학의 과업을 주로 은유적 · 상징적 언어 안에 담긴 의미의 층위들을 해독하는 것과 연결짓곤 했다. 그러나 지금은 상징적 · 은유적 언어가 일반적 해석학 이론의 전형이 되지 않는다고 생각한다. 일반적인 해석학 이론은 글쓰기와 작문을 포함하는 담화의 모든 문제를 망라해야 한다. 그러나 여기서도 은유나 상징적 표현에 관한 이론들은 일반적 의미의 문제에다가 복수적 의미의 문제를 추가함으로써 여전히 의미를 담고 있는 표현들의 영역을 결정적으로 확장한다고 할 수 있다. 문학은 그 일차적 의미와 이차적 의미의 관계에 의해 의미론적 용어로 규정될 수 있는 정도에 따라 이러한 확장에 영향을 받는다(리쾨르 1996 : 133).

리쾨르는 "말함"(dire) 대신에 "담화"(discours)란 용어로 "해석학적 과업"의 이정표를 새롭게 수정할 필요가 있음을 피력한다. 먼저 이러한 태도의 변화가 단절이 아니라 확장임을 주목하자. 우리가 추적하고자 하는 것은 그럼에도 불구하고 이러한 변화, 즉 의미론에서 시학으로의 확장으로 인해 불가피하게 가중되는, 지시의 문제가 갖는 복잡성의 정도이다. 리쾨르는 "담화"의 새로운 틀 속에서 "말함"에서는 포함되지 않은 "글쓰기"의 문제를 새롭게 제기한다. 말과 글 모두를 포함한 "담화의 모든 문제를 망라"하는 것이 "일반적 해석학"의 과제로 떠오른 것이다. 그렇다면 담화란 무엇인가?

리쾨르는 담화를 "사건과 의미의 변증법"으로 정의한다(리쾨르

1996 : 35). 아리스토텔레스에 따르면 "하나의 명사"와 "하나의 동사"가 결합하여 "언어와 사고의 최소단위"를 형성한다(리쾨르 1996 : 22). 바로 여기에서 리쾨르는 "담화라는 개념이 발견되는 최초의 문맥을" 발견한다. 우리는 소쉬르의 한 개인 노트에서 아리스토텔레스의 이러한 지적 유산을 재발견할 수 있다.

> 담화는 초보적이기는 하지만 우리가 알지 못하는 방식에 의해 언어적 형태를 덧입고 존재하는 두 개념 사이의 관계를 단언하는 것에 있다. 반면 랑그는 고립된 개념들만을 먼저 실현시킬 뿐인데, 이 개념들은 사고의 의미를 존재하게 하기 위해 서로 간에 관계 맺음을 기다리고 있다(스타로빈스키 1971 : 14).

사실 소쉬르는 기호론과 의미론이란 용어를 사용하지 않았을 뿐 그의 언어사상은 리쾨르의 그것과 심각한 모순을 빚는 것은 아니다. 언어학자나 철학자 모두에게 "사고의 의미"가 존재하는 층위는 담화의 층위이다. "하나의 명사"와 "하나의 동사"가 결합되는 장소로서 담화는 근본적으로 술어적이다. 즉, 무엇에 대한 언술로 존재한다. "하나의 명사"란 무엇에 대해 말하고자 하는 바, 다시 말해 개별적으로 확인될 수 있는 이런 저런 대상을 가리킨다. 즉, "개별성의 확인"을 통해 제시되는 주제적 단위가 이에 해당된다. "하나의 동사"는 바로 이러한 주제적 단위에 "보편술어"를 부여한다. 예컨대 '철수는 용감하다'란 문장이 있다고 하자. 이 명제는 '철수'라는 '개별성 확인'이 이루어진 단위에 '용감하다'란 '보편술어'가 부과된 형태로 이루어져 있다. 이렇게 하나의 명사, 즉 하나의 논항과 하나의 동사,

즉 술어와의 결합으로 "언어와 사고의 최소" 결합단위인 명제가 형성된다. 술어논리학에서 사용하는 공식으로 표기하면 다음과 같다. 용감하다(철수). 술어의 구조로 이루어진 이러한 담화는 소쉬르가 "사고의 의미"라고 부른, 나아가 리쾨르가 "의미론"이란 벤베니스트적 용어로 공식화한 층위를 형성한다.

담화의 또 다른 층위는 사건의 층위이다. '사건'으로서 담화는 시간 속에서 **실현된** 것이다. 실현되는 방식이 **음성적**이면 '말함'이 되고 **문자적**이면 '글쓰기'가 된다. 말함이든 글쓰기이든 담화는 실현체이다. 리쾨르가 담화란 용어를 본격적으로 사용하고자 한 이유는 해석학의 대상이 말로 말해진 것뿐만 아니라 글로 쓰여진 것—예컨대 '문학작품'—을 포괄하기 때문이다. 담화가 "사건과 의미의 변증법"인 이유는 사건으로서의 담화가 **매번** 다르게 실현되지만 **동일하게** 이해되기 때문이다(리쾨르 1996 : 34). 바로 "사고의 의미"인 명제 내용—예컨대 '용감하다(철수)'와 같은—이 화자에서 청자로, 작가에서 독자로 동일하게 전달된다. 글쓰기를 포괄하는 이 담화는 '말함'의 초월운동을 가속시킨다. 그런데 글쓰기가 문제되자마자 이러한 초월운동에 제동을 거는 "텍스트의 의미론적 자율성"이란 문제가 등장한다.

이 문제는 말하기에서 글쓰기로 이행하자마자 곧바로 제기된다. 리쾨르는 『해석이론』 2장 「말하기와 글쓰기」에서 이러한 이행이 가져다 주는 불가피한 변화를 야콥슨이 「시학과 언어학」에서 개진한 커뮤니케이션의 모델에 따라 상세하게 논구한다. 특히 언어의 초월운동과 관련하여 중요한 변화가 발생한다. 말하기의 주체가 화자라면 글쓰기의 주체는 작가이다. 이 두 주체 사이의 근본적인 차이는 전자가 자신의 말에 책임을 지는 반면에 후자는 이러한 책임으로부터 벗어나 있다는 점이다. 즉, 작가의 의도와 글로 쓰여진 텍스트의 의미는 분리된다. 또한 말하기에서 커뮤니케이션의 상황은 **지시적**인 반면 글쓰기의 상황은 **탈지시적**이며, 바로 이로 인해 사실적 공간에서 허구적 공간으로의 이행이 가능해진다. 여기서 허구란 거짓 세계가 아니라 실재 세계를 포괄하는 가능성의 세계를 가리킨다. 이러한 변화는 매우 놀라운 변화이다. 리쾨르는 이로 인해 비로소 텍스트의 의미론적 자율성이 담보된다고 주장한다. 이 개념은 해석학에서 "매우 중요한데", 왜냐하면 "주석학이 바로 여기서부터 시작하기" 때문이다(리쾨르 1996 : 65). 즉, "주석학은 저자의 심리와 연결된 고리를 끊어버린 일단의 의미의 테두리 안에서 전개된다"(리쾨르 1996 : 65).

그런데 이러한 의미론적 자율성이란 결국 외부로부터의 자율성이 아닌가? 말하기에서 글쓰기로의 이행은 이러한 자율성을 강화함으로써 외부와의 단절을 오히려 더욱 공고히 하는 것은 아닌가? 작가의 의도로부터 텍스트의 의미가 분리되고 커뮤니케이션의 지시적 상황으로부터 텍스트의 세계가 독립해서 존재한다면 초월운동은 곧바로 벽에 부딪힌다. 이 벽의 이름은 내재주의이다. 그렇다면 구조주의적 모델로 다시 선회해야 하지 않은가? 리쾨르는 이 물음에 대해 신중한 태도를 보인다.

> 이렇게 구조주의적 모델을 텍스트에까지 확장하는 것은 모험적인 시도다. 텍스트는 랑그보다는 파롤쪽에 (말쪽에) 더 가깝지 않은가? 그것은 발화들의 연속이 아닌가? 따라서 결국에는 문장들의 연속이 아닌가? … 이러한 물음들은 적어도 구조주의적 모델을 텍스트에까지 확장한다고 해

서 텍스트에 대해 취할 수 있는 가능한 태도의 영역이 다 소진되지 않는다는 것을 보여준다. 따라서 우리는 이렇게 언어학적 모델을 확장하는 것이 텍스트 해석학이라는 개념에 접근하는 여러 가능성 중 하나일 뿐이라고 국한시켜야 한다(리쾨르 1996 : 139).

리쾨르는 텍스트가 랑그가 아니라 파롤임을 주장하며 구조주의적 모델을 텍스트로 확장하려는 움직임에 곧바로 제동을 건다. 그에 따르면 "텍스트의 의미론적 자율성은 여전히 사건과 의미의 변증법의 지배를 받는다. 오히려 이 변증법은 글쓰기에 의해 더 명료해지며 분명해진다고 할 수 있다"(리쾨르 1996 : 60). 말함에서 글쓰기로 옮겨감에 따라 지시적 상황으로부터 분리됨에도 불구하고 변증법의 지배력이 이처럼 "명료해지고 분명해지는" 이유는 담화의 술어적 기능이 이러한 지시적 상황에 국한되는 것이 아니라 탈지시적 상황으로까지 확대되기 때문이다. 지시기능은 놀랍게도 실재에서 허구로 확장된다. 리쾨르는 구조주의적 모델을 텍스트로 '확장'하는 것에는 유보적인 반면에, 이렇듯 '지시적 기능'을 '명시적인' 것에서 '비명시적인' 것으로 '확장'하는 것에는 적극적이다. 그 결과 "언어는 단지 하나의 상황이 아니라 하나의 세계를 갖게 된다"(리쾨르 1996 : 137). 우리가 제기하고자 하는 문제는 다음과 같다. 텍스트에 의해 개시된 이 세계는 어떤 세계인가? 리쾨르는 다음과 같이 자문한다. "도대체 무엇이 텍스트의 비-명시적 지시를 통해 하나의 가능한 세계를 가리키게 하는가?"(리쾨르 1996 : 147) 만약 텍스트가 개방한 이 세계가 "새로운 존재의 방식을 창조하는 것"이라면, 이 "새로운 존재"가 거주하는 곳은 과연 리쾨르가 구조의미론을 떠나 지속적으로 참조하고 있는 지시의미론이나 영미 언어철학에서 주장하는 진리의 조건으로 상정된 객관적 세계인가? 이 문제는 『시간과 이야기』 제1권 3장에서 「설화성과 지시」란 제목으로 본격적으로 다루어진다.

그레마스(Greimas)는 설화성을 상태의 "변형"(transformation)으로 정의한다(Jacques Bres 1994 : 26). 즉, 한 상태에서 다른 상태로의 변형이 이야기를 만드는 작용이다. 여기서 상태란 이미 이야기된 사물의 상태를 가리킨다. 반면 아리스토텔레스의 『시학』에서 출발한 리쾨르는 뮈토스, 즉 줄거리의 구성(mise en intrigue)을 설화성의 핵심 개념으로 제안한다. 줄거리 구성이란 한 마디로 "사실들의 배열"(arrangement des faits)이다. 여기서 사실들이란 아직 이야기되지 않은 사건들을 가리키며, 이 사건들을 배열한다고 하는 것은 다름 아닌 이야기한다고 하는 것을 뜻한다. 사실들을 배열함으로써 사건은 역사가 된다. 한 마디로 서사란 '재현'(représentation)이다. 그레마스의 서사성이 변형행위라면 리쾨르의 그것은 이처럼 재현행위, 달리 표현해 미메시스적 행위로 정의된다. 바로 이런 점에서 리쾨르의 삼중의 미메시스 이론은 "세 가지 재현양태들 간의 관계"에 대한 이론이라고 할 수 있다(리쾨르 1999 : 127). 재현은 무엇에 대한 재현이다. 리쾨르는 '무엇에 대한'이란 표현의 '무엇'에 대해 끊임없이 질문한다. 지시대상과 관련된 이 질문은 삼중의 미메시스 이론 속에서 매우 복잡한 양태를 띠고 전개된다.

미메시스 I은 "서사적 지성"의 가능조건이다(리쾨르 1985a(2000) : 59). 인간 행위는 있는 그대로 기술되는 것이 아니라 이러한 서사적 지성에 의해 끊임없이 질문당한다. '누가' '무엇 때문에' '무엇을 위해' '누구와 함께' '어떻게' 행하였는가? 그 '결과' 어떤 상, 벌이 주어졌는가? 행위의 주체, 동기, 목적, 상황, 결과, 타인과의 상호작용 등이 인간 "행동의 의미론"을 형성한다(리쾨르 1999 : 129). 이러한 행위는 있는 그대로의 행위가 아니라 규칙에 따른 규범적인, 한 마디로 "상징적으로 매개된" 행위이다(리쾨르 1999 : 133). 이러한 행위는 또한 인간 실존의 이러한 내적-시간성을 반영한 행위이다. 하이데거의 『존재와 시간』에서 리쾨르가 차용한 내적-시간성이란 이 개념은 인간적 삶의 일상성을 표현한다. 일상적인 존재는 분주한 존재요, 바로 인간 실존의 내적-시간성이 이야깃거리를 제공한다. 여기서 지시의 문제는 객관적 세계로부터 물러난 실존의 세계에 위치한다. 미메시스 Ⅱ는 미메시스 Ⅰ로부터 이야깃거리를 취해 이야기하는, 일상성의 세계에서 "시적 구성의 세계"로 이끄는 "문학작품의 문학성"을 형성한다(리쾨르 1999 : 126). '로부터 ~로'의 이행을 책임지는 이 단계는 매개적이다(리쾨르 1999 : 149). 여기서 매개적이란 한편으로 미메시스 Ⅰ과 다른 한편으로 미메시스 Ⅲ과의 중재를 뜻한다. 먼저 미메시스 Ⅱ는 앞서 간략하게 언급했듯이 사건이나 일상사로부터 이야기를 길러낸다. 리쾨르는 서사적 세계를 여는 이러한 "단절 기능"(리쾨르 1999 : 126)을 "이질적인 것의 종합"(리쾨르 1999 : 149)이라고 규정한다. 이러한 단절에 의해 지시적 의도는 유보된다. 미메시스 Ⅱ는 또한 도식과 전통성으로 미메시스 Ⅲ과의 매개적 역할을 수행한다. 예컨대 한 이야기는 반드시 어느 한 장르—혹은 형태나 유형—의 이야기로 존재한다. 여기서 장르—혹은 형태나 유형—가 이야기 형식의 전통성을 대변한다. 텍스트가 구축하는 지시의 세계는 객관적 세계가 아니라 이처럼 전통의 세계이다. 지시는 이 세계에 의해 중층 결정된다. 마지막으로 미메시스 Ⅲ은 "텍스트의 세계와 청중이나 독자의 세계가 교차함을 나타낸다”(리쾨르 1999 : 159). 실존적 지시에서 시적 지시를 거쳐 바로 이 마지막 단계에서 다시 한 번 지시의 문제는 더욱 더 복잡한 형태로 제기된다.

> 이어서 우리는 줄거리 구성에 의한 시간적 경험의 재-형상화라는 논제를 정면으로 다룸으로써 작품이 독서를 통해 의사소통의 영역에 들어가는 것이 어떻게 동시에 대상지시의 영역에 들어가는 것을 나타내는지를 보여줄 것이다. 나는 『살아 있는 은유』에서 해결하지 않고 남겨두었던 문제를 다시 다룸으로써 서술영역에서 대상지시의 개념과 연관되는 특수한 난점들을 개략적으로 설명하고자 한다(리쾨르 1999 : 160).

말함으로서의 언어는 화자의 언어이다. 반면 읽기로서의 언어는 독자의 언어이다. “『살아 있는 은유』에서 해결하지 않고 남겨둔 문제”는 다름 아닌 독서행위에 수반되는 “공(共)지시”의 문제이다(리쾨르 1999 : 173). 독자는 작가와 대화적 상황 속에서 후자가 지시하고자 하는 바를 함께 지시한다. 독서를 통해 의사소통 영역에 들어가는 것은 바로 이러한 공시지의 세계로 입문하는 것을 가리킨다.

> 독자가 수용하는 것은 단지 작품의 의미만이 아니라 그 의미를 가로질러 작품의 대상지시, 다시 말해서 언어로 옮겨진 경험이며, 궁극적으로는 작품이 그 앞에 펼쳐놓은 세계와 시간성인 것이다(리쾨르 1999 : 173).

그런데 작가와 독자가 공모한 이 공지시는 앞서 지적했듯이 삼중의 미메시스에 의해 끊임없이 매개된 것이 아닌가? 이 개념으로 리쾨르는 두 마리의 토끼를 겨냥한다. 하나는 실증주의이고 다른 하나는 내재주의이다. 리쾨르는 한편으로 해석학적 작업이 "경험적으로 관할될 수 있고 과학적으로 설명될 수 있는 그러한 소여만이 현실적이라는" 실증주의적 "편견"에 맞서는 것임을 상기시킨다(리쾨르 1999 : 174). 다른 한편으로 "문학을 즉자적 세계 안에 가두어" 둠으로써 그것이 "도덕적 질서와 사회적 질서에 맞서 들이대는 전복적 메스의 끝을 부러트리게" 하는 내재주의에도 반박한다(리쾨르 1999 : 174). 비록 공지시 개념이 내재주의가 부러트린 전복적 메스의 끝을 다시 복원시킨다 하더라도 실증주의적 편견에 맞서기에는 지시라는 용어 자체가 이미 실증주의적 인식론을 전제하는 것은 아닌가? 해석학적 인식론이 반실증주의인 반면에 지시 개념은 실증주의 인식론에 근거한다. 이 인식론에 따르면 과학적으로 검증 가능하거나 반박 가능한 세계만이 참된 세계이다. 반면 리쾨르가 주장하는 공지시는 객관적 대상지시가 아니라 "시적 대상지시"(리쾨르 1999 : 178)이며 "은유적 대상지시"(리쾨르 1999 : 179-80)이다. 지시의미론에서 되찾은 지시는 사실 지시의미론의 것이 아니다. 리쾨르가 말하는 세계는 이 의미론에서 전제하는 객관적 세계가 아니라 "행동의 의미론"에 의해 끊임없이 질문당하고, "상징적으로 매개되어" 있으며, "일상성" 속에 분주하게 진행되는 "주객관계에 앞선 체험의 지층"을 의미하는 "생활세계"(Lebenswelt)에 다름 아니다(리쾨르 2001 : 11). 리쾨르는 오직 인간 언어의 초월운동을 회복시키기 위해 지시 개념을 활용하고 있을 뿐, 이 개념이 전제하는 실증주의적 인식론과는 철저하게 대립한다. 그렇다면 텍스트 밖으로 나가는 대신에 오히려 텍스트들의 망으로 되돌아가는 것이 옳지 않은가? 리쾨르가 끊임없이 지시의 문제를 거론한다 하더라도 우리는 그의 텍스트 사상 속에서 상호 텍스트성을 갈파해야만 하지 않은가?

> 나에게 세계란 내가 지금까지 읽고, 이해하고, 사랑해 온 모든 텍스트, 기술적인 것이든 시적인 것이든 그 모든 텍스트가 열어주는 지시들의 총체이다. 그러나 하나의 텍스트를 이해한다는 것은 우리의 환경(Umwelt)으로부터 하나의 세계(Welt)를 만들어내는 모든 의미작용을 우리의 상황에 대한 술어들 속에 끼워넣은 것이다. 우리가 텍스트에 의해 열리는 지시들에 대해 말할 수 있고, 또 대부분의 텍스트가 갖는 지시적 단어들에 의해 열리는 세계에 대해 말할 수 있는 것은 바로 이렇게 텍스트가 우리의 존재지평을 넓혀주기 때문인 것이다(리쾨르 1996 : 74).

실증주의 인식론에 바탕을 둔 지시의미론의 지시 개념은 실재 세계 속에 존재하는 사물과의 대응관계로 정의된다. 여기서 진리는 **일치된** 진리이다. 반면 해석학에서 다루는 진리는 **해석된** 진리이다. 리쾨르가 위에서 언급하고 있는 지시는 세계 속에 존재하는 사물과의 일치가 아니라, "텍스트에 의해 열린" 것으로 "우리의 존재지평을 넓혀"주는 하나의 "세계"를 구축하는, **서사적**으로 재구된 지시에 다름 아니다. 그렇다면 우리는 의미가 랑그에 내재하는 것은 아니더라도 텍스트에 내재하는 것으로, 독서행위를 통해 새롭게 열린 텍스트적 지평에 내재하는 것으로 해석해야 하지 않은가? 한 마디로 말해 지시는 리쾨르의 개념적 기제 속에서 설화성—삼중의 미메시스의 상호관계—에 내재한다고 말할 수 있다. 리쾨르는 "지평이란 개념조차도 텍스트의 내재성에 포함시킬 수 있으며, 텍스트의 세계라는 개념을 대상지시적 환상의 부속물로 간주할 수 있지" 않을까 하고 진지하게 자문한다. 텍스트의 망 속에서 심리적 주체는 "대상지시적 환상"이라기보다 라스티에(1987)의 용어를 빌려 표현하자면 "대상지시적 인상"을 획득한다. 이 인상은 텍스트와의 만남을 통해 획득한 긍정적인 심리적 효과이다. 오늘날 랑그 분석에 한정된 좁은 의미의 구조주의를 극복한 다양한 텍스트 연구경향—주체의 기호학(Coquet), 정념의 기호학(Fontanille), 텍스트 의미론(Rastier)—이 존재한다. 이들은 구조주의의 반대 버전이라기보다 확대 버전인데, 왜냐하면 내재주의 테제의 인식론적인 장벽에도 불구하고 구조분석의 범위와 대상을 텍스트로 확장하고 있기 때문이다.[4] 이들은 공통적으로 체계주의와 맥락주의가 모순을 빚지 않는다고 주장한다. 이러한 구조주의적 확대 버전은 리쾨르가 행한 구조주의에 대한 비판을 수용하면서도 여전히 구조분석의 틀을 유지하고 있다. 기호론—구조주의—과 지시의미론—실증주의—은 서로 단절된 패러다임이지만 기호론과 텍스트 의미론은 그렇지 않다. 그렇다면 지시의미론으로의 우회보다 텍스트 의미론으로의 우회가 더 타당한 것이 아닌가? 더욱이 라스티에의 텍스트 의미론은 공개적으로 해석학적 인식론을 표방하고 있기 때문에 지시의미론보다 리쾨르의 철학적 해석학하고 보다 생산적인 대화를 시작할 준비가 되어 있다. 물론 이 대화는 초월적 지시의 문제로 인해 다시 장벽에 부딪힐 가능성이 높다. 그렇다 하더라도 이 문제는 확대된 내제주의로 극복할 수 있지 않을까? 독자의

---

4 예컨대 코게와 퐁타뉘 모두 벤베니스트의 담화 개념에 호소해서 각각 주체적 기호학과 정념의 기호학을 재구성한다. 라스티에는 외래성 개념으로 의소결정 과정에서 맥락의 중요성을 강조한다.

세계가 텍스트의 세계와의 만남을 통해 재구된 세계라면, 다시 말해 심리적 주체가 텍스트와의 만남을 통해 획득한 지시적 인상의 세계라면 이 세계는 텍스트 밖으로 나가는 세계라기보다 텍스트로 끊임없이 되돌아오는 세계일 수밖에 없다. 비록 이러한 세계가 초월적인 세계는 아니더라도 텍스트 해석행위에 내재하는 열린 세계임에는 틀림없다. 우리는 지시의미론의 지시 개념에 의존하지 않고도 텍스트의 공지시적—시적이고 은유적인—지평을 얼마든지 확장할 수 있다. 이런 점에서 지시의미론으로 "멀고 험한" 길을 떠나는 대신에 텍스트 의미론으로의 우회가 더 쉬운 길은 아니더라도 더 바른 길이 아닐까? 의미가 설화성에 내재한다면 이 물음에 대한 답변은 분명해 보인다.

4. 구조주의를 넘어

내재주의에 갇힌 구조주의를 넘는 두 갈래의 길이 존재한다. 하나는 구조를 넘어 밖으로 나가는 길이다. 기호론을 넘어 의미론으로 나아가는 길이 바로 이 길이다. 리쾨르가 제안한 길이 다름 아닌 바로 이 길이다. 이 길은 지시의 세계로 향하는 길이다. 무엇에 대해 무엇인가를 말하는 것이 말이라면 말은 이 '무엇'을 향해 끊임없이 초월운동을 하는 것에 다름 아니다. 그런데 말에서 글로 관심의 초점을 옮기자마자 이 초월운동에 제동을 거는 문제, 텍스트 의미론의 자율성의 문제가 등장한다. 이 문제는 모든 대화적 상황의 종결로 가능해진, 현실에서 허구로 이행하는 과정에 발생한다. 바로 이 과정에서 리쾨르는 그가 "시적 지시"라고 부르는 지시의 문제를 재발견한다. 시적 지시는 실증주의에서 전제하는 객관적 지시와 다른 개념이다. 이 지시는 삼중의 미메시스에 의해 매개된 지시다. 이런 의미에서 이 지시는 내면화된 지시다. 언어의 밖으로 향한 초월운동은 이 밖에서 "명시적" 대상이 아니라 "비명시적" 세계를 만나게 된다. 이 비명시적 세계가 언어는 아니더라도 언어로부터 분리된 세계도 아니다. 언어의 한계가 세계의 한계가 아니라 오히려 세계의 한계가 언어의 한계인 이 세계는 텍스트를 타자로 삼고 끊임없이 대화하는 세계이다. 그렇다면 초월은 무엇에 대한 초월인가?

우리는 구조주의를 넘는 또 다른 길을 보이고자 한다. 이 길은 안에서 밖으로 나가는 길이 아니다. 밖으로 나간 리쾨르가 궁극적으로 만난 것은 밖의 안이다. 안과 밖의 이분법은 절대적인 분리가 아니다. 그것은 잠정적인 가이드 라인에 불과하다. 라스티에는 텍스트의 내재성과 심리적 주체가 만나 얻은 인상을 "지시적 인상"이라고 부른다. 그가 추구하는 텍스트 의미론의 인식론은 구조주의와 맥락주의를 동시에 사고하는 것이다. 한 기호의 가치는 다른 기호와의 관계 속에서 정의된다고 하는 구조주의 테제는 이러한 맥락주의로 인해 제한되는 것이 아니라 오히려 풍부해진다. 그가 제안한 외래성 개념은 가치 개념을 포기하지 않으면서도 화용론에서 제기하는 도전을 적극적으로 맞이한 결과에 다름 아니다. 이러한 그의 사고가 지향하는 것은 초월주의가 아니라 범내재주의이다. 이 구조주의 확대 버전에 따르면, 의미는 체계에 내재하는 것이 아니라 해석행위에 내재한다. 안에 머물기로 한 라스티에가 궁극적으로 만난 것은 결국 안의 밖이다. 리쾨르가 당도한 밖의 안과 라스티에가 당도한 안의 밖은 서로에게 거울상처럼 뒤집혀 있을 뿐 매우 닮아 있다.

제2장

그레마스의 의미생성 모델에 대한 비판적 고찰

– 의미와 설화성을 중심으로

1. 의미와 설화성

사람들이 흔히 '파리학파의 기호학'이라고 부르는 현대 기호학의 한 유파는 과학적으로 잘 정의된 용어집[1], 즉 공통의 메타언어를 보유하고 있음에도 불구하고 결코 동질적인 형태를 띠고 있지 않다. 서사기호학(Greimas), 인지기호학(Petitot), 조형기호학(Floch), 주체기호학(Coquet), 정념기호학(Greimas, Fontanille), 담화기호학(Fontanille) 등의 다양한 명칭은 비단 연구분야의 다양성뿐만 아니라 연구방식의 이질성을 대변한다. 이들이 동일한 학파의 범주로 묶인다 하더라도 우리는 이들이 갖고 있는 다양성 속에 이론적인 갈등을, 이질성 속

---

1 1979년 그레마스(Greimas)와 쿠르테스(Courtès)가 출간한 『기호학, 언어이론의 이론 사전』(*Sémiotique, dictionnaire raisonné de la théorie du langage*)은 기호학을 의미의 과학으로 확립하는 데 결정적으로 기여한다.

에 인식론적인 단절을 간과해서는 안 될 것이다. 예컨대 논리·의미론적 모델에 기초한 객체의 기호학(Greimas)이 의미의 "객관적"—나아가 보편적—구조를 천착한다면, 특히 메를로 퐁티의 현상학과 벤베니스트의 발화이론에 빚진 주체의 기호학(Coquet)은 의미의 "주관적"인 심급의 복원을 목표로 삼는다(Coquet 1997 : 147-8). 이러한 이론적 차이에도 불구하고 이들이 여전히 텍스트를 공통의 연구대상으로 삼고 있는 데 반해, 인지기호학과 조형기호학은 과감하게 텍스트 안에서 텍스트 밖—예컨대 행위나 이미지로—으로 기호학적 관심의 폭을 넓혀간다. 구조주의 시대를 거쳐 완성된 그레마스 서사기호학의 표준 모델이 "설화성"이란 개념을 "삶, 역사, 개인, 문화 등의 담론적 영속성 속으로의, 불연속의 침입"(Greimas 1983 : 46)으로 정의한다면 1990년대 이후 정식화된 정념의 기호학(Greimas, Fontanille)은 오히려 의미의 분절이 이루어지기 전 단계에 해당하는 것으로 간주되는 "영속성"에 가치를 부여한다. 표준 모델은 여기서 단지 지양된 것이 아니라 완전히 전복된다. 표준 모델에서 정념의 기호학으로의 이러한 이행은 불연속적 패러다임과 연속적 패러다임 사이에 돌이킬 수 없는 단절이란 대가를 톡톡히 치르고 나서야 이루어진다(Ablali 2003). 에노(A. Hénault)에 따르면 그레마스의 대표적인 두 저작, 즉 『구조의미론』(*Sémantique structurale*, 1966)과 『의미에 관하여』(*Du sens*, 1970, 1983) 사이에서도 "인식론적 단절"이 존재한다(Hénault 1983 : 14).

파리학파의 이러한 내적 다양성과 인식론적인 쟁점, 나아가 단절에 대한 총체적인 평가는 역사기술학에 속한 방대한 작업이다. 이 작업은 필연적으로 기호학과 구조주의와의 다양한 관계—친화적 혹은 논쟁적—에 대한 역사·인식론적인 평가를 동반한다. 우리는 여기서 이러한 비판적 평가에 필요하다고 판단되는 성찰의 한 단편만을 제공하고자 한다. 우리가 다루고자 하는 구체적인 주제는 이 글의 제목에서 제시된 의미와 설화성이다. 우리는 이 주제를 가지고 서사기호학이 무엇보다 구조주의와 맺고 있는 관계를 비판적으로 검토하고자 한다. 따라서 우리는 특히 표준 모델에 한해 논의할 것이다. 우리의 논의를 이렇게 제한한 이유는 의미와 설화성이란 이 주제가 오직 표준 모델에 한정된 주제이기 때문이 결코 아니다. 그레마스와 쿠르테스(Courtès)에 따르면 기호학은 한 마디로 "의미의 과학"(Science de la signification)이다(1979 : 345). 오늘날 이 정의에 함축된 과학주의적 이데올로기가 환상으로 탈신화화되었다 하더라도 기호학은 여전히 『의미에 대한 탐구』(*La quête du snes,* Coquet 1997)로 머물러 있다. 의미의 문제는 이처럼 기호학—비단 파리학파의 기호학뿐만 아니라[2]—의 항구적인 현안이라고 할 수 있다. 설화성은 의미가 구체적인 텍스트로 현시되는 과정에서 반드시 거쳐야 할 매개적 단계를 형성하는 것으로 고려된다. 설화성은 단지 이야기 텍스트 속에서 발현되는 특수한 범주가 아니라 모든 텍스트 속에 보편적으로 내재해 있는 매개적 심급을 형성한다. 파리학파 내에서 서사기호학이 텍스트 기호학과 거의 동의어로 통용되고 있는 것도 결코 놀라운 일이 아니다. 따라서 "의미와 설화성이 어떻게 분절되는가?"(Bres 1994 : 8)라는 질문은 파리학파 기호학의 핵심적인 과제라고 할 수 있다. 우리가 이 질문을 오직 표준 모델에 한정해서 고찰하고자

---

2 예컨대 에코(U. Eco)는 『기호학 이론』(*A theory of semiotics*)에서 소쉬르적 전통과 퍼스적 전통의 통합을 시도하면서 기호학을 "의미와 커뮤니케이션 현상에 대한 통합적 접근"으로 정의한다(1979 : 3).

하는 이유는 구조주의의 토대 위에 구축된 이 모델이 이와 관련하여 가장 급진적인—과학주의적—테제를 표방하고 있기 때문이다. 우리는 이러한 급진성이 불가피하게 전제하는 근본적 어려움에 주목하고자 한다. 요컨대 의미생성 모델은 의미와 설화성에 대한 이러한 급진적 테제에 기반한 모델로서 이 문제에 대한 가장 논리적이고 체계적인 해법 중의 하나로 제공된다. 우리는 이 모델이 상정하고 있는 구조주의적 함의를 비판적으로 고찰할 것이다.

그레마스 기호학의 표준 모델은 1966년에 발표된 『구조의미론』(*Sémantique structurale*)과 1970년과 1983년 두 차례에 걸쳐 출간된 『의미에 관하여』(*Du sens*) I 과 II를 통해 이론적으로 완결된다.[3] 따라서 우리는 주로 이 두 저작을 중심으로 논의하고자 한다. 에노가 펴낸 『기호학의 도전』(*Les enjeux de la sémiotique*) I 과 II는 서사기호학의 표준 모델에 대한 체계적인 입문서일 뿐만 아니라, 이 모델이 표방하고 있는 구조주의적 이념을 가장 극단적인 형태로 정식화한 이론서이기도 하다. 따라서 우리는 이 저작의 안내를 받을 필요가 있다. 우리의 이러한 텍스트 비평적 연구는 구조주의와 기호학과의 관계에 관한 보다 체계적인 역사기술적 접근에 필요한 자료를 제공해 줄 수 있을 것이다.

우리는 먼저 의미와 설화성의 분절방식에 대한 의미생성 모델을 비교적 상세하게 논평하고, 이 모델이 상정하고 있는 의미론적 가설

3 앞서 인용한 그레마스와 쿠르테스의 『기호학, 언어이론의 이론 사전』은 다양한 기호학적 연구에 공통의 메타언어를 제공해 준다. 전문용어집을 보유한 기호학은 고유한 과학의 영역을 확보하게 된다. 이런 점에서 『사전』의 출간은 표준이론의 완결판이라고 할 수 있다.

을 비판적으로 고찰하고자 한다. 우리가 검토하고자 하는 가설은 한편으로 의미론적 폐쇄성과 다른 한편으로 등가성에 대한 두 가지 가설이다. 전자가 의미론적 세계에 대한 내재주의를 표방한다면, 후자는 의미의 생성과정—보다 정확하게 표현해서 각 층위 간의 전이(conversion)과정—에 대한 "이론적 단일성"(monolithisme théorique, Hénault 1983 : 4)을 단언한다. 우리는 이러한 구조주의적 혹은 과학주의적 가설이 불가피하게 직면하게 될 난제들을 비판적으로 고찰하고자 한다. 우리는 다음과 같은 방식으로 논의를 전개해 나갈 것이다.

- 의미생성 모델 : 의미와 설화성
- 의미론적 우주의 폐쇄성
- 이론적 단일성

앞에서 소개한 그레마스의 대표적 저작들에 대한 우리의 이러한 비판적 독서가 지향하는 바는 의미와 설화성의 분절에 대한 구조주의적 방식의 이론화 과정 속에서 이 과정에 저항하는 탈구조주의적 요소들을 적출해내는 것이다.

2. 의미생성 모델 : 의미와 설화성

의미생성 모델은 심층층위의 의미관계가 설화성의 층위를 거쳐 텍스트로 현시되는 과정에 대한 논리적 모델이다. 먼저 두 층위 간의 "근본적 구분의 필요성"에 대해 주목하자(Greimas 1970 : 158). 여기서 두 층위란 "서술의 현시적 층위"와 "내재적 층위"를 가리킨다(*ibid.*). 이 두 층위의 구분은 주지하다시피 구조언어학의 핵심적 구분인 랑그와 파롤의 구분에 토대를 두고 있다. 소쉬르에 따르면 랑그가 잠재적 층위의 체계라면 파롤은 이러한 체계를 사용하는 개인적인 실현행위로 정의된다.[4] "현시적 층위"는 언어적으로 실현된 층위를 가리킨다. 그레마스는 이러한 층위에 "논리적으로 선재하는" "기호학적 층위"로서 잠재적 층위를 상정한다(*ibid.*). 내재층위에서 현시층위로의 생성과정이 논리적인 이유는 "설화성이 위치해 있고 조직되는"(*ibid.*) 기호학적 층위가 이처럼 언어학적 층위에 **논리적으로 선재하기** 때문이다. 이 두 층위 간의 위계가 제기하는 이러한 문제는 매우 복잡한 인식론적인 논쟁을 수반한다. 여기서 우리는 다만 폴 리쾨르(1980 : 8)와 더불어 다음과 같이 자문해 보는 것으로 만족하고자 한다. 기호학적 층위가 언어학적 층위에 **논리적으로** 선재하는 만큼 후자가 전자에 **경험적으로** 선재한다고 말할 수 있지 않을까? 어쨌든 전자에서 후자로의 발현과정은 의미생성 모델에서 철저하게 논리적 질서의 지배만을 받는다.

의미생성 모델은 기호학적 층위에 속한 의미의 기본 구조가 텍스트의 모든 구성층위에 단계적으로 분절되는 과정에 대한 모델이

---

4 소쉬르는 파롤을 다음과 같이 정의한다. "파롤을 가지고 우리는 랑그인 사회적 협약을 수단으로 그의 언어능력을 실현하는 개인적인 행위를 가리키고자 한다. (정의) 파롤 속에는 사회적 협약에 의해 허락된 것의 실현이라는 개념이 존재한다"(엥글러(Engler)의 『강의 비판본』, p. 32 II R 6).

다. 의미의 분절과정은 텍스트의 한 층위에서 다른 층위로의 '전이' 과정으로 설명된다. 이 전이는 크게 세 층위에서 이루어진다.

> 이처럼 매우 단순화해서 우리는 형상적 형태(인간적 혹은 인간화된 연기자가 임무를 수행하고 시련을 겪으며 목표에 도달하는)로 현시된 이야기를 산출할 수 있기 위해 개념적 질서에 속한 기초문법이 먼저 매개적인 기호학적 층위에서 준(準)인간적인 그러나 비(非)형상적인 표상을 부여받아야 한다(Greimas 1970 : 166).

먼저 기초문법이 위치해 있는 "개념적" 층위가 존재한다. 이 층위는 의미생성 모델의 심층층위를 형성한다. 이 층위로부터 표층의 담화층위에 속한 "형상적 형태"가 산출되기 위해서는 "매개적인 기호학적 층위", 즉 "준(準)인간적인 그러나 비(非)형상적인 표상"이 형성되는 서사층위를 반드시 거쳐야 한다. 의미의 기본 구조는 이 세 층위—심층층위, 서사층위, 담화층위—를 거친 다음 텍스트로 현시된다. 그레마스의 의미론이 기존의 단어의미론이나 문장의미론과 다른 점은 이처럼 서사적 층위에 매개적 역할을 부여함으로써 의미론적 문제틀에 텍스트적 지평을 개시한 데 있다. 각각의 층위에 대한 에노의 간략한 설명을 인용해 보자.

> 첫 번째 층위, 이른바 표층층위는 텍스트의 《문체론적 소여》 혹은 《현시》의 층위이다(텍스트 그 자체).
>
> 두 번째 층위, 여전히 표층적인 이른바 담화층위는 한 관찰자가 시냇물을 보며 눈으로 관찰할 수 있는 이채로운 물결과 같은 표층적 층위

를 구성하는 담론적 형상과 구성 사이의 구분을 실행하는 단위를 구축한다.

세 번째 층위인 《의미의 매개적 층위》는 눈으로 볼 수는 없지만 고유한 자질들로 자신의 존재감을 부과하는 실질적 총체성을 구분하게 한다. 바로 이 층위에 특히 서사적 현상이 위치한다.

끝으로 네 번째 층위는 의미론적 원자들의 기술층위이다. 이 층위는 심층 혹은 논리적 층위로 불리는데, 왜냐하면 이 층위가 전적으로 원자들을 구성하는 관계들에 대한 기술로 이루어져 있기 때문이다(Hénault 1979 : 46-7).

의미의 기본 구조가 현시되는 텍스트 층위는 의미 생성과정의 결과물에 불과하다. 중요한 것은 이러한 결과물을 산출해낸 과정이다. 왜냐하면 의미의 기본 구조가 현시되는 구체적인 이런 저런 방식은 이 구조를 기술하는 데 아무런 영향을 주지 못하기 때문이다. 구조의 자율성이란 이 테제는 구조주의의 그것에 다름 아니다. 환언하자면 설화성은 텍스트성에 독립해서 존재하는 자율적인 심급으로 존재한다. 서사기호학에서 텍스트 층위는 "문체론적 소여"가 추가되는 부수적인 층위에 불과하다. 요컨대 의미생성 모델은 텍스트 문법을 포괄하지 않는다. 반면 "의미론적 원자들"의 관계를 다루는 심층층위는 기초문법으로, 서사적 행위를 다루는 서사층위는 서사문법으로, 형상적 형태를 다루는 담화층위는 담화문법으로 각각 구성되어 있다. 텍스트 층위에 해당하는 텍스트 문법이 존재하지 않은 이유는 이 층위가 문체론적 변이만을 나타내는 개인적 차원의 파롤에, 다시 말해 랑그의 문법이 개인적으로 실현된 것에 불과한 것으로 고려되기 때문이다. 반면 텍스트성을 기술대상으로 삼고 있는 텍스트학—텍스트 문법, 텍스트 의미론, 텍스트 화용론 등—은 텍스트 층위에도 동일한 구조적 자질을 부여한다. 예컨대 텍스트 의미론에서 이러한 구조적 자질은 네 가지 의미구성부—주제부, 변증부, 변론부, 전략부—로 기술된다(Rastier 1989). 그레마스의 서사기호학이 설화성의 자율성을 담보하기 위해 텍스트성을 배제한 것은 다분히 **구조주의적**—현상에 대한 구조의 자율성이란 테제—이다. 랑그가 파롤에 대해 자율적이듯 설화성은 텍스트성에 대해 자율적이다. 랑그가 파롤에 비해 우월적이듯 잠재층위는 현시층위에 비해 우월적이다. 서사기호학의 표준 모델은 바로 이러한 구조주의적 패러다임 속에서 구축되었으며, 또한 이 패러다임에 의해 강화되었다. 오늘날 기호학적 논쟁은 이러한 구조주의적 이데올로기의 영향으로부터 자유롭다. 예컨대 주체의 기호학은 랑그의 추상적인 체계가 아니라 "발화의 기원"(instnace d'énonciation)에 주목한다(Coquet 1997 : 148). 텍스트 의미론에서 텍스트는 생성의 결과물이 아니라 해석의 대상으로 주어진다. 여기서 설화성은 랑그의 구성요소가 아니라 파롤—즉, 텍스트—의 구성요소이다. 다시 말해 설화성은 생성의 한 단계를 구성하는 것이 아니라 해석의 한 단면—예컨대 변증부(dialectique) 분석—을 보여줄 뿐이다. 구조주의 시대가 저물고 이론적 관심의 축이 랑그에서 파롤로 이동함에 따라 표준 모델에서 상대적으로 간과되었던 텍스트—문체론적이고 수사학적인—층위가 오늘날 주목을 받고 있는 것이다.

먼저 의미생성 모델의 심층층위부터 살펴보자.

심층층위에 존재하는 의미관계는 논리적 질서에 속한 관계이다.

그레마스에 따르면 "작금 의미의 문제를 다루는 유일한 방법은 지각의 차원에서 불연속성과 의미를 창조하는 이산적 간극(레비-스트로스처럼)의 존재를 단언하는" 것이다(Greimas 1966 : 18). 한 마디로 의미는 차이에 대한 **지각**으로 정의된다. 의미의 문제는 이처럼 그레마스의 개념적 기제 속에서 지각의 문제와 깊이 관련되어 있다. 그렇다면 차이를 지각한다는 것은 무엇을 뜻하는가? 이 질문에 그레마스는 의미의 기본 구조라는 가설을 제시함으로써 다음과 같이 답변한다.

> 언어학적 측면에서 《차이를 지각하다》라는 표현은 정확히 무엇을 뜻하는가?
>
> 1. 차이를 지각하는 것은 동시에 존재하는, 최소한 두 개의 대상-항을 포착하는 것이다.
> 2. 차이를 지각하는 것은 항들 간의 관계를 포착하는 것을 이런 혹은 저런 방식으로 이들을 연결시키는 것을 뜻한다.
>
> 이로부터 다른 곳에서 일반적으로 사용하는 구조 개념에 대한 첫 번째 정의가 도출된다. 즉, 두 항과 이들 사이의 관계의 존재.
>
> 이로부터 즉각적으로 두 가지 결론이 도출된다.
>
> 1. 하나의 대상-항은 의미를 지니고 있지 않다.
> 2. 의미는 관계의 존재를 전제한다. 항들 간의 관계의 출현이 의미의 필요조건이다(Greimas, 1966 : 19).

의미는 한 마디로 **관계**이다. **지시적** 관계(지시의미론)든 **추론적** 관계(화용론)든 **차별적** 관계(구조의미론)든 의미는 관계이다. 문제는 어떤 유형의 관계이냐이다. 먼저 위의 인용문에서 "두 개의 대상-항"

이 맺고 있는 의미론적 관계가 "기호와 사물" 간의 지시적 관계를 가리키는 것이 아님을 지적하자. 소쉬르의 기호 모델에서와 마찬가지로 그레마스의 의미 모델에서 지시는 철저하게 배제된다. 이러한 배제의 결과 "의미론적 우주의 패쇄성"이 보장된다.

> 의미론적 우주의 패쇄성에 대한 인식은 의미를 기호와 사물의 관계로 정의하는 언어학적 개념에 대한 거부, 특히 지시대상의 보충적 차원의 수용에 대한 거절을 함의한다(Greimas 1966 : 13).

"두 개의 대상-항"이 맺고 있는 관계는 다름 아닌 바로 이 "의미론적 우주의 패쇄성" 속에 존재하는 항들 간에 형성된 내재적 관계이다. "이런 혹은 저런 방식으로" 맺을 수 있는 비교적 유연한 이러한 관계 개념은 이후 **순수하게**—다시 말해 지시에 의해 오염되지 않은—논리적 관계로 정식화된다(Greimas 1966 : 21).

A / r(S) / B

'A'와 'B'는 "두 개의 대상-항"에 해당하고 'r(S)'는 이들이 맺고 있는 의미론적 관계를 나타낸다. 그레마스는 이 관계를 "기본 구조"로 명명한다(Greimas 1966 : 20). 의미의 이러한 기본 구조는 이후 논리적으로 잘 다듬어진 "구성적 모델"로 발전한다(Greimas 1970 : 161). 그리고 바로 이 "구성적 모델"이 의미생성의 전 과정을 지배한다.

"두 대상-항"이 맺고 있는 논리적 관계는 크게 반대, 모순, 전제 등의 관계를 가리킨다. 예컨대 '흰색'의 반대는 '검은색'이다. 모순관계는 이렇게 반대관계를 형성하고 있는 각각의 항을 부정해서 얻은 항들 간의 관계를 가리킨다. '흰색'의 모순항은 이 색을 부정해서 얻은 '비(非)흰색'이다. 마찬가지로 '검은색'의 모순항은 이 색을 부정해서 얻은 '비(非)검은색'이다. 모든 항에 모순항이 존재한다. 하지만 모든 항에 반대항이 존재하는 것은 아니다. 예컨대 '흰색'의 반대는 '검은색'이지만 '철'의 반대는 존재하지 않는다. 반면 '철'의 모순인 '비(非)철'은 얼마든지 존재한다. 예컨대 '구리'는 '비철'이다. 철저하게 배제의 논리를 따르는 모순관계는 전적으로 논리적이라고 할 수 있지만, 반대관계는 이처럼 단지 "질적 유형"의 분석결과에 지나지 않는다(Hénault 1979 : 124). 논리적 모델은 전제관계에 의해 완성된다. 이 관계는 반대관계를 형성하고 있는 두 항 중 한 항과 다른 항을 부정해서 얻은 모순항이 맺고 있는 관계를 가리킨다. 예컨대 흰색은 비검은색을 전제하고 검은색은 비흰색을 전제한다. 의미를 포착하는 것이 차이를 지각하는 것이라면, 여기서 차이는 오직 논리적으로 잘 정의된 이 세 가지 관계만을 가리킨다. 모든 텍스트의 심층층위에 존재하는 것으로 가정된 "의미론적 원자들"이 맺고 있는 이러한 논리적 관계는 주지하다시피 다음과 같은 기호 사각형의 모델로 정식화된다.

<색의 기호 사각형>

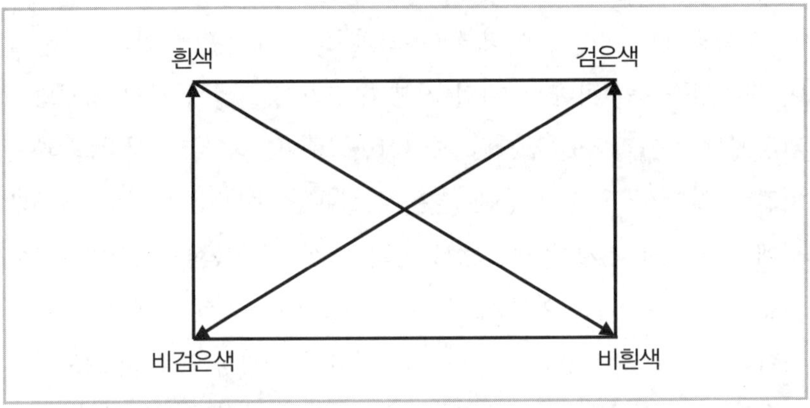

의미관계는 정적인 것이 아니라 동적인 작용이다. 바로 여기에 기호 사각형 모델의 독창적 발상이 존재한다. 위의 도표에서 화살표는 바로 이러한 동적인 작용을 시각적으로 잘 표현해 준다. 흰색에서 비흰색으로, 비흰색에서 검은색으로, 검은색에서 비검은색으로, 비검은색에서 다시 흰색으로 이어지는 화살표의 이동은 매우 단순하게 부정과 긍정의 두 수리적 조작을 통해 이루어진다. 흰색을 부정하면 비흰색이 되고 비흰색을 긍정하면 검은색이 된다. 다음의 사실에 주목하자. 순수하게 배제의 원리만을 따르는 부정과 달리 긍정은 여기서 흰색의 반대관계를 향해 작용한다. 다시 말해 부정이 순수하게 논리적 작용이라면 긍정은 에노의 용어를 빌려 표현하자면 "질적" 작용이다. 계속해서 검은색을 부정하면 비검은색이 되고 이 비검은색을 긍정하면 최초의 흰색으로 돌아간다. 부정과 긍정은 의미관계에 적용된 "연산작용"(opération)으로서 정적인 의미관계를 동적인 "연산작용"으로 만들어 준다(Greimas 1970 : 164). 의미의 기본 구조—기초 의미론—와 이러한 연산작용—기초 통사론—이 서사기호

학의 기초문법을 형성한다.

서사층위는 의미의 이러한 "논리적 성질"에 "준(準)인간적" 성질이 부과되는 층위이다. 의미의 기본 구조가 설화성에 의해 매개되는 과정에서 추가적으로 부과되는 이러한 "준인간적"이란 성질은 과연 어떤 성질인가? 먼저 다음과 같은 사실에 주목하자. 의미의 생성과정에서 반드시 거쳐야 하는 설화성의 매개는 다름 아닌 의미의 "준인간적" 표상에 다름 아니다. 의미는 추상적 · 논리적 관계에서 "준인간적" 관계로 발전한다. 의미와 설화성의 분절과정은 한 마디로 "준인간화"의 과정이다. 어떠한 방식으로 이러한 과정이 이루어지는가?

먼저 다음과 같은 변화에 주목하자. 서사층위에서 논리적인 "연산작용"—부정과 긍정—은 서사적 "행위"(faire)로 전이된다. "행위"는 기본적으로 최초 상태 A를 최종 상태 A'로 변형시키는 변형행위이다. 이 변형행위의 과정이 '서사 프로그램'(programme narratif)으로 정식화된다. 이 프로그램은 크게 상태 프로그램과 행위 프로그램으로 구성되어 있다. 앞으로 보다 자세하게 살펴보겠지만 상태(être)와 행위(faire)의 상관관계—'하게 함'(faire faire), '할 수 있음'(être de faire), '이게 함'(faire être), '존재의 진리'(être de l'être)—에 따라 '서사도식'(schéma narratif)이 단계별로 확립된다. 프로프의 민담분석을 토대로 재구성된 '행위소 모델'(modèle actanciel)은 여러 가지 서사적 행위들을 논리적으로 환원한 것에 지나지 않는다. 이 세 가지 분석의 틀이 서사층위의 서사문법을 구성한다. 좀더 구체적으로 논의해 보자.

"연산작용"에서 "행위"로의 전이가 가능한 것은 이 둘 사이에 **등가적** 관계가 성립되기 때문이다. 한 마디로 "행위"는 준인간적인 "연산작용"이다. '~이다'라는 계사는 이 두 과정이 다름 아닌 등가적임을 나타낸다. 의미생성 모델이 논리적인 이유는 의미가 생성되는 각 단계별 과정에 이러한 등가적 관계가 지속적으로 성립되기 때문이다. 『구조의미론』에서 그레마스는 이 개념이 "결코 정의된 적이 없다"고 하는 점을 환기시키면서 이를 "병치된 두 분절체에 공통된 하나의 혹은 여러 의소들의 존재에 토대를 둔" 것으로 제시한다(Greimas 1966 : 73-4). 두 분절체 사이에 발견되는 부분적인 의미론적 일치가 등가적 관계의 토대가 된다. 예컨대 부정의 연산작용은 두 주체 사이에 벌어지는 대결적인 행위와 **등가적**이다. A항이 존재한다고 하자. 이 항의 존재를 부정하는 이러한 **작용**은 투쟁적인 질서에 속한 "준인간적" **행위**로 해석 가능하다는 것이다. 작용에서 행위로의 이러한 전이는 "준인간적" 질서에 해당한다. 요컨대 행위란 논리적 연산작용이 "준인간적 작용"으로 전이된 것에 불과한 것이다.

> 따라서 행위는 이중적으로 준인간적인 작용이다. 활동으로서 그것은 주체를 전제한다. 메시지로서 그것은 객체화되며 발신자와 수신자 사이에 전달의 축을 함의한다(Greimas 1970 : 168).

위의 인용문에서 우리는 "준인간적" 성질의 또 다른 측면을 발견할 수 있다. 행위는 이 행위의 주체를 전제한다. "준인간적 성질"이란 바로 이 주체성을 함의한다. 또한 행위는 이 행위의 대상을 지향한다. "준인간적 성질"이란 이처럼 주체성과 더불어 객체성을 포괄한다. 부정과 긍정 두 수리적 연산작용으로 작동하는 의미의 기본 구조는 서사층위에서 '주체'(S)가 '대상'(O)을 추적하는, 주체와 대상

간의 '이접'(disjonction, S ∪ O)과 '연접'(conjonction, S ∩ O)이 일어나는 '준인간적' 행위로 전이된다. 주체와 대상 간의 이러한 작위적 관계는 이 층위의 기본 단위인 '서사 발화체'(énoncé narratif)를 형성한다. 그레마스는 이를 형식적으로 다음과 같이 표상한다(Greimas 1970 : 169).

EN = F (A)

'EN'은 '서사 발화체'의 약어이다. 'F'는 '서사적 행위' 혹은 기능을 나타낸다. 'A'는 이러한 행위나 기능을 수행하는 행위소(actant)를 가리킨다. '주체', '대상', '발신자', '수신자' 모두 행위소들이다. 여기에 '조력자'와 '적대자'를 추가하면 다음과 같은 초기[5] 행위소 모델이 완성된다.

<행위소 모델>

발신자 → 대상 → 수신자

↑

조력자 → 주체 ← 적대자

주체는 대상을 **욕구하고** 발신자는 수신자에게 대상을 **전달한다**. 조력자는 주체를 **돕고** 적대자는 **방해한다**. 욕구하고 전달하고 돕고 방해하는 것은 행위소들이 수행하는 여러 기능들로서 서사적 행위

5 이후 행위소 모델에서 조력자와 적대자는 주체의 양태 형성과정에 통합된다. 결과적으로 행위소는 네 가지 유형으로 환원된다.

에 해당한다.

서사적 발화체는 한편으로 주체와 대상 간의 관계—이접과 연접—와, 다른 한편으로 주체들 간의 관계—시련—를 나타내는 서사 프로그램으로 정식화된다. 가장 기본이 되는 서사 프로그램을 소개하면 다음과 같다.

$$F\ [\ S_2 \rightarrow (S_1 \cap O)\ ]$$

S_1은 상태주체이다. 상태주체는 주체(S)와 대상(O) 간의 연접(∩) 또는 이접(∪)관계를 나타낸다. S_2는 행위주체이다. 행위주체는 상태주체와 대상이 맺고 있는 관계—연접 또는 이접—를 변형시키는 역할을 한다. 위의 서사 프로그램은 '행위주체(S_2)가 상태주체(S_1)로 하여금 대상(O)과 연접관계(∩)를 맺게 한다'로 읽힌다.

서사 프로그램은 주체와 대상 간의 관계뿐만 아니라 주체들 간에 벌어지는 관계—투쟁이나 거래 등의 시련—를 표상하기도 한다. 예컨대 두 주체 간에 대결적 관계가 성립되었다고 하자. 이 관계는 다음과 같은 방식으로 표상된다(Greimas 1970 : 172).

EN_1 = F : 투쟁confrontation $(S_1 \leftrightarrow S_2)$

EN_2 = F : 지배domination $(S_1 \rightarrow S_2)$

EN_3 = F : 부여attribution $(S_1 \leftarrow O)$

대결은 하나의 가치대상을 놓고 두 주체 S_1과 S_2가 벌이는 **투쟁** $(S_1 \leftrightarrow S_2)$이라고 할 수 있다. 이러한 투쟁의 과정에서 필연적으로 한쪽이 우세한 위치를 점유하게 된다. 즉 **지배**($S_1 \rightarrow S_2$)관계가 성립한다. 한쪽이 승리하고 가치대상을 획득한다. 이 과정이 **부여**($S_1 \leftarrow O$)의 과정이다. 그레마스는 바로 이러한 대결적 관계가 "모순의 준인간적 표상"이라고 주장한다(Greimas 1970 : 172).

서사 발화체가 서사적 행위의 미시적 차원을 형성한다면 서사도식은 거시적 차원을 구성한다. 기 · 승 · 전 · 결이란 이야기의 전통적인 전개과정을 대신한 서사도식은 다음과 같이 네 단계로 나뉜다.

계약 – 능력 – 수행 – 승인

모든 이야기는 "결핍"에서 시작해서 결핍에 대한 충족으로 마무리된다(Hénault 1979 : 145). 수신자에게 결핍이 발생하고, 발신자는 이러한 결핍의 충족을 주체에게 제안한다. 계약이란 바로 이러한 제안을 가리킨다. 즉, '하게 함'(Faire faire)이 계약의 양태를 구성한다. 발신자의 제안을 받아들인 주체는 조력자의 도움을 받거나 적대자의 방해를 받아가며 계약에 의해 규정된 행위를 수행한다. 이 과정이 바로 시련의 과정이다. 시련의 과정은 크게 자격시련과 주시련, 그리고 영광시련으로 나뉜다. 자격시련이란 주시련을 수행하기 위한 자격, 즉 능력을 검증받는 단계이다. 이 단계는 주체의 양태—욕구(vouloir), 의무(devoir), 지식(savoir), 능력(pouvoir) 등—가 형성되는 단계이기도 하다. 이 단계는 한 마디로 '할 수 있음'(Etre de faire)의 양태로 이루어져 있다. 자격시련을 겪은 뒤 능력을 갖춘 주체는 가치대상을 획득하기 위해 주시련에 돌입한다. '이게 함'(Faire être)의 양태가 주시련을 구성한다. 영광시련은 가치대상을 획득한 결과에

대한 발신자의 최종 판결, 즉 '존재의 진리'(Etre de l'être) 양태가 결정되는 단계이다. 서사도식의 "준인간적" 성질은 다름 아닌 바로 이 삼중의 **시련** 개념 속에 잘 요약되어 있다. 에노에 따르면 "서사도식은 사건(어떤 성질의 사건이든)의 표상이 최대한 준인간화될 때 모든 서술에 의해 채택된 전개에 다름 아니다"(Hénault, 1983 : 77). 서사층위에서 추상적 차원의 의미론적 우주는 "인간의 얼굴을 한" 준인간적인 공간으로 전이된다(*ibid.*). 그런데 이 차원에서 "준인간적" 공간은 여전히 보편적 차원에 속한 공간으로 머물러 있다. 보편성에서 특수성으로의 이차적 전이가 이루어지는 차원은 바로 담화층위이다.

이 층위는 이상에서 소개한 "준인간적 관계"에 구체적인 형상적 형태가 가필되는 과정으로 이루어져 있다. 이 과정은 크게 의미론적 과정과 통사론적 과정으로 나뉜다. 한편으로 심층의 가치론적 구조는 이런 저런 **주제**와 구체적인 **형상**으로 표현된다. 즉, 주제화(thématisation)와 형상화(figurativisation)가 이루어진다. 예컨대 '개방성'과 '폐쇄성'의 가치론적 대립이 심층구조를 형성한다고 하자. 이 대립은 담화층위에서 '자유'와 '억압'이라는 주제로 표현되거나 '탈출'과 '추적'이라는 구체적인 형상을 띠고 전개되거나 할 수 있다. 다른 한편으로 행위자화(actorialisation), 공간화(spacialisation), 시간화(temporalisation) 등이 담화층위의 통사론을 구성한다. 행위소는 더 이상 기능에 의해 정의되는 추상적인 단위가 아니라 구체적인 단위로 형상화된다. 예컨대 주체는 구체적으로 **누군가**로 행동하기 시작하며, 가치대상은 **무엇인가**로 욕구된다. 주체가 대상을 추구하는 공간은 구체적인 **어느 곳**으로, 시간은 연대기적으로 분명한 **어느 때**로 명시된다. 이런 저런 장소는 크게 이야기 '외적 공간'(hétérotopique)과 이야기 '내적 공간'

(topique)으로 나뉘고, 이야기 내적 공간은 다시 '보조공간'(paratopique)과 '주공간'(utopique)으로 세분된다. 이야기 외적 공간은 사건이 일어나는 공간 밖의 공간이다. 비록 사건이 일어나는 공간은 아니지만 이 사건을 이해하기 위해 반드시 필요한, 전제된 공간이다. 예컨대 이태준의 「돌다리」에서 '서울'이 바로 이러한 외적 공간을 형성한다. '보조공간'은 '주공간'으로 들어가기 위해 반드시 거쳐야 하는 일종의 관문이다. 주인공 창섭이 고향 집을 가기 위해 거쳐야 하는 논과 밭이 바로 「돌다리」의 보조공간이 된다. 이야기의 핵심이 되는 사건이 발생하는 공간, 예컨대 창섭과 아버지와의 대화가 이루어지는 고향 집이 바로 주공간이다. 시간화는 사건의 연대적인 전개과정이 "유사 논리적 조직"으로 배치되는 과정이다. **선**과 **후**로 발생한 개별적인 사건들은 **원인**과 **결과**로 재현된다. 담화층위는 이처럼 보편적인 "준인간적 관계"에 "사회-문화적이고 감각적인" 특수한 성질을 부과하는 층위이다(Hénault 1983 : 121).

우리는 지금까지 의미와 설화성이란 주제로 의미생성 모델[6]의

6 의미생성 모델에 기초한 서사기호학적 분석은 어떠한 방식으로 이루어지는가? 지금까지 우리는 주로 이론적 관점에서 논의를 진행시켜 왔다. 이해를 돕기 위해 간략한 분석사례를 제시해 보자. 먼저 다음의 예문을 살펴보자(Greimas 1983 : 24).

Jean possède un pot plein d'écus d'dor
(장은 황금화폐로 가득 찬 단지를 소유하고 있다)

한 문장만으로 텍스트 분석이 이루어지는 것은 아니다. 위의 예문에서 '부'(富)라고 하는 의소가 반복적으로 출현한다. 이 의소는 잠재적 차원에서 '빈'(貧)과 대립적 관계를 형성한다. 잠재적 차원의 이러한 대립적 관계는 앞으로 전개될 이야기 속에서 역동적 형태로 발전할 수 있다. 예컨대 장은 황금단지를 잃어버리고 '빈'(貧)의 처지에 놓일 수 있다. 서사층위에서 장은 주체로서 대상인 황금단지를 소유하고 있다. 환언하자면 주체와 대상은 연접상태에 놓여 있다. 담화층위에서 주체는 구체적인 누군가로, 다시 말해 '장'이란

핵심 개념들을 살펴보았다. 심층층위의 의미구조는 텍스트로 현시되기 위해 반드시 설화성의 매개를 거친다. 이러한 매개는 한 마디로 "준인간화"의 과정이다. "준인간화"된 의미단위는 형상화의 과정을 거치면서 특수한 형태를 띠게 된다. 요컨대 의미생성 모델에서 의미와 설화성이 분절되는 방식은 다음과 같이 요약될 수 있다.

논리화(탈지시화) – 준인간화(보편화) – 형상화(특수화)

텍스트 층위는 의미의 이러한 삼중적 구성에 수사적 기법을 가미하는 층위이다. 우리는 이어지는 논의에서 구조주의 패러다임 속에서 완성된, 지금까지 살펴본 이러한 의미생성 모델이 전제하고 있는 내재주의 가설—의미론적 우주의 폐쇄성—과 이론적 단일성—등가성—의 테제를 비판적으로 고찰하고자 한다.

행위자로, 그리고 대상은 구체적인 무엇인가로, 즉 '황금화폐로 가득 찬 단지'로 형상화되어 있다. 이상의 분석을 간략한 도식으로 요약하면 다음과 같다.

심층층위 : 가치 : 의소 '富'
서사층위 : 행위소 : 주체 / 대상
담화층위 : 행위자 : 장 / 황금화폐로 가득 찬 단지

3. 의미론적 우주의 폐쇄성

『구조의미론』에서 그레마스는 "인문과학이 바로 의미에 관한 연구 속에 공통의 분모를 발견할 수 있다"고 주장한다(Greimas 1966 : 5). 우리는 다음과 같이 자문해 볼 수 있을 것이다. 기호학의 초기 야심은 인문과학의 공통분모를 전유함으로써 궁극적으로 인문과학의 공통분모가 되려는 데 있는 것이 아닐까?

그레마스에 따르면, 지각의 문제가 갖는 중요성에 대한 인식은 "20세기 인문과학"의 공통의 "인식론적 태도"를 형성한다(Greimas 1966 : 9). 앞에서 살펴보았듯이 그레마스는 바로 이 지각의 개념을 중심으로 의미를 정의한다. 한 마디로 의미는 차이에 대한 지각이다. 이 정의는 그레마스의 개념적 기제 속에서 두 가지 차원을 노정한다. 하나는 **탈지시적** 차원이다. 차이는 "두 대상-항" 간의 이산적 관계를 나타낸다. 앞에서 살펴보았듯이 "두 대상-항"이 맺고 있는 관계는 "기호와 사물" 간의 지시적 관계가 아니라 내재주의에 의해 정의된 탈지시적 관계이다. 지시의 세계로부터 단절된 의미론적 관계는 "의미론적 우주의 폐쇄성"을 형성한다(Greimas 1966 : 13). 외부로부터 단절된 이 의미론적 우주는 오직 내재적 법칙만을 따른다.

다른 하나는 "지각"의 개념과 관련된 **기호론적** 차원이다. 그레마스는 "지각"을 "의미의 포착이 이루어지는 비언어학적 장소"로 정의한다(Greimas 1966 : 8). 여기서 "비언어학적 장소"란 기호론적 층위에 다름 아니다. 이 층위는 의미론적 층위와 더불어 다음과 같이 의미론적 분석의 기본 단위인 의미소의 기본 구조를 형성한다(Greimas 1966 : 45).

의미소Sm = 핵의소Ns + 분류소Cs

의미소는 의소들의 집합으로 정의되는 의미론적 단위이다. 그레마스는 이 의미소를 구성하는 의소들을 두 가지 범주로 양분한다. 핵의소는 지각적 차원에 속한 의미의 "불변소"이다(Greimas 1966 : 44). 불변적이란 이런 저런 맥락에 따라 변하는 것이 아니라 항상 동일한 방식으로 실현된다는 것을 가리킨다. 핵의소는 이처럼 의미소의 불변적 요소를 구성한다. 반면 분류소는 이런 저런 맥락에 따라 변하는 "가변적" 요소이다(*ibid.*). 그레마스는 불변소인 핵의소 또는 형상소를 기호론적 층위에, 가변소인 분류소를 의미론적 층위에 분류한다.

> 우리가 지금부터 제안하고자 하는 일반화는 다음과 같다. 단순하든 복잡하든 형상소들은 총괄적인 기호론적 층위에 속한다. 이들은 담화 속에 투입되기 위해 준비된 특수한 분절들일 뿐이다. 반면 분류소들은 차별적 성격의 체계로 구성되어 있으며, 총괄적인 의미론적 층위에 속한다. 이들의 현시는 전언과 텍스트의 동위소를 보장한다(Greimas 1966 : 54).

"기호론적 층위"에 속한 핵의소들은 "담화 속에 투입되기 위해 준비된 특수한 분절들"로 구성되어 있다. 이들은 모두 "비언어학적 차원", 즉 지각적 차원에 속한 단위들이다. 반면 "의미론적 층위"에 속한 분류소는 "전언과 텍스트의 동위소를 보장하는" 현시적 차원, 즉 언어학적 차원에 속한 단위들이다. 의미론적 단위는 이처럼 **비언어학적**인 기호론적 범주와 **언어학적**인 의미론적 범주의 총체로 구성되어 있다. 그런데 바로 여기에 문제가 있다.

의미가 지시가 아니라 차이란 점에서 의미론적 우주는 폐쇄적 우주이다. 그런데 완전히 폐쇄적인가? 의미는 지각이다. 지각은 무엇에 대한 지각이고 이 '무엇'은 필연적으로 **비언어학적인** 외부를 함의한다. 그렇다면 의미를 지각으로 정의하는 그 순간 이미 의미의 내적 구조에 외적 요소의 개입 여지가 존재하는 것은 아닐까? 이처럼 지각적 차원에 해당하는 기호론적 구조가 의미소의 기본 구조를 형성한다면 이 의미소는 순수하게 내재적 단위가 아니라 외적 세계의 흔적을 지닌 불순한 단위가 아닐까?

> 기호론적인 것은 일반적 언어와 마찬가지로 지각의 내부에 포착 가능하며 표현의 형태로서 현시되는 외적 세계에 부정적 의미의 변별적 분절만을 빚진다(Greimas 1966 : 56).

"외적 세계"로부터 진 "빚"이라는 부정적인 표현은 다음의 인용문에서 "외부 세계의 기여"라는 긍정적인 표현으로 바뀐다.

> 지각의 과정 내부에 위치한 기호론적 범주는 말하자면 의미의 출현에 대한 외적인 면의, 외부 세계의 기여를 표상한다(Greimas 1966 : 65).

의미가 차이에 대한 지각이라면 우리는 지각된 차이의 본성에 대해 자문해 보지 않을 수 없다. 만약 이 본성이 순수하게 내적인 것이 아니라 "외부 세계의 기여"에 의해 구성된 것이라면 "의미론적 우주의 폐쇄성"이란 내재주의적 테제는 심각한 타격을 피할 수 없을 것이다. 그레마스의 내재주의 가설은 "지각된 차이의 본성"에 대한 이러한 물음을 오직 사전에 차단함으로써 보장받을 수 있는 잠정적인 가설에 지나지 않는다(Greimas 1966 : 18). 주지하다시피 주체의 기호학이나 정념의 기호학, 한 마디로 연속성의 기호학은 바로 이러한 본성에 대한 물음을 진지하게 다시 제기함으로써 기호학의 새로운 지평—현상학적·발화적·정념적·담론적—을 개시한다.

"의미론적 우주의 폐쇄성"은 결국 논리학적인 폐쇄성에 지나지 않는다. A와 −A가 형성하는 논리적인 관계가 폐쇄적인 집합을 형성한다. 논리적 관계는 **형식적** 관계이다. 그런데 이 집합에 속한 원소가 무엇이냐 하는 **내용**의 문제는 철저하게 자료체에 의해 결정된다. 예컨대 '철'과 '비철'의 모순관계가 존재한다고 하자. 이 관계는 자료체로부터 독립해서 존재하는 것이 아니라 오직 자료체에 의해 유의미한 관계로 존재하는 것이다. '비철'의 범주에 '구리'가 들어갈지 '아연'이 들어갈지 등등의 문제 역시 오직 자료체에 의해 결정된다. 우리는 앞에서 배제의 논리만을 따르는 모순관계와 달리 반대관계는 순수하게 논리적이 아닌 질적 유형의 관계에 속한다는 점을 지적하였다. 비록 '철'의 반대관계는 논리적으로 존재하지 않는다 하더라도 우리는 얼마든지 주어진 자료체 내에서 관점에서 따라 '비철'이 함의하는 '철'의 반대항을 상정해 볼 수 있다. 예컨대 주어진 맥락 안에서 약한 '나무'를 강한 '철'의 반대항으로 얼마든지 고려할 수 있다. 이러한 질적 판단은 이처럼 오직 자료체의 양적인 한계 내에서 내려질 수 있을 뿐이다. 다시 말해 의미론적 우주의 폐쇄성은 자료체의 폐쇄성에 철저하게 의존한다. 에노는 이러한 상황을 다음과 같이 기술한다.

> 무엇이든지 간에 당연히 폐쇄된 자료체를 가지고 작업할 경우 우리는 의미의 가치가 서로 간에 연동되고 폐쇄된 체계로 구성되는, 정확하고 특수한 의미의 우주에 대한 관찰 조건이 실현된다는 점을 부인할 수 없다. 이렇게 함으로써 모든 기호학적 실천, 특히 의소분석의 정상적인 조건이 실현된다(Hénault 1979 : 61).

"의소분석의 정상적인 조건"은 의미론적 우주의 논리적 폐쇄성이 아니라 자료체의 경험적 폐쇄성이다. 논리적·질적 분석의 한계는 자료체의 경험적·양적 한계이다. 환언하자면 의미론적 구조의 한계는 텍스트의 한계이다. 구조주의 테제에 입각한 서사기호학의 표준 모델은 주지하다시피 텍스트성에 대한 설화성의 자율성을 상정한다. 그런데 앞에서 지적한 대로 이 설화성의 한계를 결정짓는 것은 역설적으로 바로 텍스트성이다.

4. 이론적 단일성

그레마스는 "지각된 차이의 본성"이 아니라 구조를 천착함으로써 의미론적 차이를 오직 형식적·논리적 관점에서 기술한다. 『구조의미론』에서 『의미에 관하여』로 이동하면서 "지각의 과정 내부에 위치한" **기호론적**(sémiologique) 층위는 순수하게 논리적인 **기호학적**(sémiotique) 층위로 전환된다. 바로 이 내재적인 기호학적 층위가 현시적인 언어학적 층위에 "논리적으로 선재한다"(Greimas 1970 : 158). 의미생성 모델은 기호학적 층위에 속한 의미의 기본 구조가 서사층위를 거쳐 담화로 생성되는 과정에 대한 모델이다. '논리화'에서 '준인간화'로, '준인간화'에서 '형상화'로 의미의 분절이 이루어질 때 다음과 같은 이론적인 문제가 발생한다.

> 즉각적인 의문은 바로 여기에 군주제가 적용되는지, 구성적 모델이 혼자서 의미의 모든 분절을 지배하는지에 관한 것이다(Hénault 1983 : 14).

에노가 제기한 문제는 구성적 모델, 즉 의미의 기본 구조가 모든 매개적 층위를 거쳐 텍스트로 현시되는 과정을 "지배"하는가이다. 이 문제는 "심층층위와 서사층위 사이에", 그리고 "서사층위와 담화층위 사이에" 존재하는 "두 개의 커다란 문턱"을 넘어설 때 불가피하게 발생하는 문제이다(Hénault 1983 : 121). 이 문제는 "이론적으로 설명하기에 가장 어려운 부분 중의 하나"인 바로 "전이"의 문제이다(*ibid.*). 에노에 따르면 그레마스는 "이론적 단일성"을 표방한다(Hénault 1983 : 14). 에노는 또한 "전이가 기본 의미의 전체의 동일성을 변화시키지 않는다고 상정"한다(Hénault 1983 : 123). 사실 그레마스는 "동일성"이란 용어를 사용하지 않는다. 그는 이 용어 대신에 등가성이란 용어로 전이의 과정을 설명한다. 동일적이든 등가적이든 기호학적 층위의 언어학적 층위에 대한 논리적 선재성은 논리적 지배로 전개된다. 그런데 등가적 관계란 어떤 관계인가?

앞서 소개한 대로 그레마스는 등가적 관계를 "병치된 두 분절체에 공통된 하나의 혹은 여러 의소들의 존재"에 바탕을 둔 관계로 정의한다. 한 마디로 등가성은 "의소의 부분적 동일성"에 다름 아니다(Greimas 1966 : 115). 예컨대 은유적 관계는 이러한 등가성 개념에 기초한 관계이다. '사랑은 여행이다'란 은유적 표현이 있다고 하자. 은유적 관계란 '사랑'의 모든 의미론적 특성이 '여행'의 모든 의미론적 특성과 일치해서가 아니라 '사랑'의 이런 저런 특성이 '여행'의 이런 저런 특성과 부분적으로 일치하기 때문에 성립될 수 있는 그런 관계이다. 예컨대 사랑도 낭만적이고 여행도 낭만적이라고 하자. 바로 '낭만'이, 이들이 부분적으로 공유하고 있는 의미론적 특성이다. 이런 의미에서 '사랑'과 '여행'은 등가적이다. 그런데 이러한 등가적 판단을 내리기 위해서는 '사랑'이 무엇인지, 그리고 '여행'이 무엇인지에 대한 대화자들 간의 공통의 경험이 선재해야 하거나 아니면 이들 간에 공유할 수 있는 새로운 공통의 경험적 영역을 창조해내야 한다. 은유는 단지 언어의 문제만이 아니라 이처럼 공통의 경험에 대한 판단을 전제하는 인지적 질서에 속한 문제이다.

앞에서 살펴보았듯이 그레마스는 '투쟁'(confrontation)을 '모순'(contradiction)의 '준인간적' 표상으로 주장한다. A항을 부정하는 행위는 A항을 놓고 투쟁을 벌이는 행위와 등가적이라는 것이다. 등가성 판단이 일종의 은유적 판단이고, 은유적 판단이 공통의 경험을 전제한다면 우리는 다음과 같이 자문하지 않을 수 없다. 그레마스가

'투쟁'을 '모순'의 '준인간적' 표상으로 상정할 때 비명시적으로 그는 이러한 공통의 경험에 호소하고 있는 것은 아닐까? 모순이 순수하게 논리적 개념이라면 투쟁은 그렇지 않다. 이 두 개념이 등가적이기 위해서는 모순이 부정의 경험으로 체험될 수 있어야 한다! 투쟁을 경험하듯 우리는 부정을 경험해야 한다. 즉, 경험에서 파생된 '의미의 보충'이 발생해야 한다. 이러한 보충은 전이의 과정에 의해 충분히 통제되지 않는다. 이 과정이 함의하는 "이론적 단일성"은 오히려 이러한 텍스트 외적인, 보충적 경험의 존재를 전제한다. 그렇다면 의미생성 모델은 논리학뿐만 아니라 경험의 다양한 영역을 기술할 수 있는 다양한 학문에 호소해야 하는 것은 아닐까? 에노는 이 질문을 다음과 같이 제기하고 또한 답변한다.

> 반대로 가령 기호학의 과학성에 대한 문제를 단호하게 제기하기 위해 이러한 전이의 합리성을 결정하고자 한다면 전이의 문제 설정은 기호학이 지금까지 대화해 오고 있는 합리성의 모든 유형들, 즉 철학, 논리학, 생물학, 언어학 등이 시험되고 대결을 벌이는 도가니로 변할 수 있다. (…) 그런데 마치 물리학이 미적분의 계산(라이프니츠에서 뉴턴에 오면서 물리학은 형이상학에서 출현함)과 더불어 그러했던 것처럼 기호학이 수학화 되는 단계에 도달했다는 증거를 찬탄해마지 않는, 최근의 학제적 연구의 발전이 이러한 모든 대결을 뒤흔들고 있다고 하는 점이다(Hénault 1983 : 122).

"전이"의 문제가 "이론적으로 설명하기에 가장 어려운 부분 중의 하나"인 이유는 바로 이 문제의 장소에서 기호학이, "철학, 논리학,

생물학, 언어학 등이 시험되고 대결을 벌이는 도가니로 변할 수 있기" 때문이다. 에노는 이 어려운 문제의 해법을 다름 아닌 극단적 과학주의에서 찾는다. 그는 기호학에 인문과학에서 물리학의 역할, 즉 경험의 다양성을 수학적으로 통제할 수 있는 역할을 부여함으로써 "전이의 합리성"이 제기하는 문제의 해결을 도모한다. 그가 집필한 『기호학의 도전』은 과학적 혹은 과학주의적 도전이다. 이 도전은 의미론에 과학적 지위를 부여하려는 **구조주의적** 도전이다. 그에 따르면 의미는 크게 두 가지 관점에서 기술될 수 있다. 하나는 "언어학적 감정"(sentiment linguistique)의 관점이고 다른 하나는 "기호학적 의식"(conscience sémiotique)의 관점이다(Hénault 1979 : 8–9). 전자가 "개인적"이고 "주관적"이고 "특수한" 것에 지나지 않는다면 후자는 "사회적"이고 "객관적"이고 "공통적"이다(*ibid.*).

> 모든 기호학적 시도는 지금까지 의미의 지각 속에 지배해 온 즉각적이고 직관적인 경험론의 거부에 의해 창출된 공간 속에 위치한다. 이러한 의식과 관련되고, 또한 의미의 단위와 조직을 찾아내고, 명명하며, 열거하고, 체계적이고 객관적인 방식으로 이들을 모든 차원(구에서 텍스트로, 텍스트 너머로, 이런 저런 문화적 공동체의 공통의 지식으로)의 총체성으로 계층화하는 모든 시도는 기호학으로 불리게 될 것이다(Hénault 1979 : 17).

주관적이고 특수한 "언어학적 감정"과는 달리 "기호학적 의식"은 "공유된 지식"으로 체계성과 객관성을 보유하고 있다. 그런데 이러한 "공유된 지식"의 객관적이고 보편적인 지위는 "이런 저런 문화공동체"가 오로지 **동질적**이란 가정 하에서만, 다시 말해 사회적 · 계층적·지리적·전문가적 다양성을 사상(捨象)함으로써만 보장받을 수 있다. 에노가 주장한 "기호학적 의식"은 한 마디로 이상화된 사회의 이상화된 의식에 다름 아니다. 오직 이러한 이상화된 의식 속에서 사회성은 보편성과 동의어가 된다. **이상화된 사회에서 사회적 의미는 보편적 의미이다.** 그레마스가 예컨대 모순과 투쟁 사이에 상정한 등가성은 이러한 이상화된 사회의 이상화된 의식에 토대를 두고 있다. 의미생성 모델이 표방하고 있는 "이론적 단일성"의 테제는 공통의 경험을 이렇게 이상화함으로써 지탱 가능한 테제에 다름 아니다. 만약 의미론의 목적이 의미의 다양성을 기술하는 것이라면 우리는 사회의 내적 다양성을 고려해야 할 것이다. 사회적 의미는 보편적 의미가 아니라 규범적 의미이다. 규범은 상대적이고 특수하며 시대에 따라 변한다. 구조주의 시대에 기호학이 보편성을 지향했다면 탈구조주의 시대에 기호학은 구체적이고 가변적인 의미의 특수성을 기술대상으로 삼는다. 오늘날 바로 여기에 **기호학의 새로운 도전**이 존재한다.

5. 기호학의 새로운 도전

그레마스의 『구조의미론』(1966)과 라스티에의 『해석의미론』(1987)은 모두 차이의 의미론을 지향한다. 이들은 모두 의미는 차이에 대한 지각이라고 하는 소쉬르의 구조주의적 테제에 토대를 두고 있다. 그런데 의미론적 차이를 기술하는 방식에 있어서 이들은 차이가 난다. 전자가 **생성적** 접근을 한다면 후자는 **해석적** 접근을 시도한다. 생성적 접근은 심층구조에서 출발해서 궁극적으로 표층구조를 산출해내는 방식의 접근이다. 우리가 살펴본 의미생성 모델이 바로 이러한 접근의 모범적인 사례이다. 이 모델에서 중요한 것은 심층의 의미구조이다. 바로 이 구조가 의미생성의 전 과정을 지배하기 때문이다. 현시층위인 텍스트 층위는 생성의 결과물에 불과하며, 이론적으로 부수적인 역할만을 수행한다. 반면 해석적 접근은 텍스트에서 출발해서 콘텍스트로 나아가고 다시 콘텍스트에서 텍스트로 돌아온다. 바로 이러한 해석학적 순환과정을 거쳐 텍스트의 의미가 해석된다. 여기서 출발점이자 귀착점은 현시층위인 텍스트 층위이다. 의미론적 차이에 대한 지각의 문제를 논리적 관계에 대한 포착으로 한정할 경우, 다양한 문체론적·수사법적 차이에 대한 지각의 문제는 상대적으로 폄하될 수밖에 없다. 모든 텍스트에 공통된 보편적인 구조만을 천착하는 것은 텍스트가 전달하고자 하는 의미의 특수성을 간과하기 쉽다. 의미의 문제가 기호학의 항구적인 현안이라면 의미의 보편적 특성뿐만 아니라 특수한 자질들을 기술할 수 있어야 한다. 서사기호학의 표준 모델이 상대적으로 간과한 텍스트의 의미가 갖는 특수성에 주목한 『해석의미론』은 기호학에 새로운 도전을 제기한다.

Ⅲ부

문학 텍스트 분석

Sense Et Narrativité

제 1 장

이태준의 「돌다리」에 대한 주제부 분석

■ 「돌다리」 전문

정거장에서 샘말 십 리 길을 내려오노라면 반이 될락말락한 데서부터 샘말 동네보다는 그 건너편 산기슭에 놓인 공동묘지가 먼저 눈에 뜨인다.

창섭은 잠깐 걸음을 멈추고까지 바라보았다.

봄에 올 때 보면, 진달래가 불붙듯 피어 올라가는 야산이다. 지금은 단풍철도 지나고 누르테테한 가닥나무들만 묘지를 둘러, 듣지 않아도 적막한 버스럭 소리만 울릴 것 같았다. 어느 것이라고 집어 낼 수는 없어도, 창옥의 무덤이 어디쯤이라고는 짐작이 된다. 창섭은 마음으로 '창옥아' 불러 보며 묵례를 보냈다.

다만 오뉘뿐으로 나이가 훨씬 떨어진 누이였었다. 지금도 눈에 선—하다. 자기가 마침 방학으로 와 있던 여름이었다. 창옥은 저녁 먹다 말고 갑자기 복통으로 뒹굴었다. 읍으로 뛰어들어가 의사를 청해 왔다.

의사는 주사를 놓고 들어갔다. 그러나 밤새도록 열은 내리지 않았고 새벽녘엔 아파하는 것도 더해 갔다. 다시 의사를 데리러 갔으나 의사는 바쁘다고 환자를 데려오라 하였다. 하라는 대로 환자를 데리고 들어갔으나 역시 오진(誤診)을 했었다. 다시 하루를 지나 고름이 터지고 복막(腹膜)이 절망적으로 상해 버린 뒤에야 겨우 맹장염(盲腸炎)인 것을 알아낸 눈치였다.

그때 창섭은, 자기도 어른이기만 했으면 필시 의사의 멱살을 들었을 것이었다. 이런, 누이의 허무한 주검에서 창섭은 뜻을 세워, 아버지가 권하는 고농(高農)을 마다하고 의전(醫專)으로 들어갔고, 오늘에 이르러는, 맹장 수술로는 서울서도 정평이 있는 한 권위가 된 것이다.

'창옥아, 기뻐해 다구. 이번에 내 병원이 좋은 건물을 만나 커지는 거다. 개인병원으론 제일 완비한 수술실이 실현될 거다! 입원실 부족도 해결될 거다. 네 사진을 크게 확대해 내 새 진찰실에 걸어 노마 ….'

창섭은 바람도 쌀쌀할 뿐 아니라 오후 차로 돌아가야 할 길이라 걸음을 재우쳤다.

길은 그전보다 넓어도 졌고 바닥도 평탄하였다. 비나 오면 진흙에 헤어날 수 없었는데 복판으로는 자갈이 깔리고 어떤 목은 좁아서 소바리가 논으로 미끄러져 들어가기 십상이었는데 바위를 갈라 내어서까지 일매지게 넓은 길로 닦아졌다. 창섭은, '이럴 줄 알았더면 정거장에서 자전거라도 빌려 타고 올걸' 하였다.

눈에 익은 정자나무 선 논이며 돌각담을 두른 밭들도 나타났다. 자기 집 논과 밭들이었다. 논둑에 선 정자나무는 그전부터 있은 것이나 밭에 돌각담들은 아버지께서 손수 쌓으신 것이다.

창섭의 아버지는 근검(勤儉)으로 근방에 소문난 영감이다. 그러나 자기 대에 와서는 밭 하루갈이도 늘쿠지는 못한 것으로도 소문난 영감이다. 곡식값보다는 다른 물가들이 높아졌을 뿐 아니라 전대(前代)에는 모르던 아들의 유학이란 것이 큰 부담인데다가,

"할아버니와 아버니께서 나를 부자 소린 못 들어도 굶는단 소린 안 듣고 살도록 물려주시구 가셨다. 드럭드럭 탐내 모아선 뭘 허니, 할아버니께서 쇠똥을 맨손으로 움켜다 넣시던 논, 아버니께서 멍덜을 손수 이룩허신 밭을 더 건 논으로 더 기름진 밭이 되도록, 닦달만 해가기에도 내겐 벅찬 일일 게다."

하고 절용해 쓰고 남는 돈이 있으면 그 돈으로는 품을 몇씩 들여서까지 비뚠 논배미를 바로잡기, 밭에 돌을 추려 바람맞이로 담을 두르기, 개울엔 둑막이하기, 그리다가 아들이 의사가 된 후로는, 아들 학비로 쓰던 몫까지 들여서 동네 길들은 물론, 읍길과 정거장 길까지 닦아 놓았다. 남을 주면 땅을 버린다고 여간 근실한 자국이 아니면 소작을 주지 않았고, 소를 두 필이나 매고 일꾼을 세 명씩이나 두고 적지 않은 전답을 전부 자농(自農)으로 버티어 왔다. 실속이 타작(打作)만 못하다는 둥, 일꾼 셋이 저희 농사 해 가지고 나간다는 둥 이해만을 따져 비평하는 소리가 많았으나 창섭의 아버지는 땅을 위해서는 자기의 이해만으로 타산하려 하지 않았다. 이와 같은 임자를 가진 땅들이라 곡식은 거둔 뒤 그루만 남은 논과 밭이되, 그 바닥들의 고름, 그 언저리들의 바름, 흙의 부드러움이 마치 시루떡 모판이나 대하는 것처럼 누구의 눈에나 탐스럽게 흐뭇해 보였다.

이런 땅을 팔기에는, 아무리 수입은 몇 배 더 나은 병원을 늘쿠기 위해서나 아버지께 미안하지 않을 수 없었다. 그러나 잡히기나 해가지고는 삼만 원 돈을 만들 수가 없었고, 서울서 큰 양관(洋館)을 손에 넣기란

돈만 있다고도 아무 때나 될 일이 아니었다.

'아버지께선 내년이 환갑이시다! 어머니께선 겨울이면 해마다 기침이 도지신다. 진작부터 내가 모셔야 했을 거다. 그런데 내가 시굴로 올 순 없고, 천생 부모님이 서울로 가시어야 한다. 한동네서도 땅을 당신만치 못 거둘 사람에겐 소작을 주지 않으셨다. 땅 전부를 소작을 내어맡기고는 서울 가 편안히 계실 날이 하루도 없으실 게다. 아버님의 말년을 편안히 해드리기 위해서도 땅은 전부 없애 버릴 필요가 있는 거다!'

창섭은 샘말에 들어서자 동구에서 이내 아버지를 뵐 수가 있었다. 아버지는, 가에는 살얼음이 잡힌 찬물에 무릎까지 걷고 들어서서 동네 사람들을 축추겨 돌다리를 고치고 계시었다.

"어떻게 갑재기 오느냐?"

"네 좀 급히 여쭤 봐야 할 일이 생겼습니다."

"그래? 먼저 들어가 있거라."

동네 사람 수십 명이 쇠고삐 두 기장은 흘러내려간 다릿돌을 동아줄에 얽어 끌어올리고 있었다. 개울은 동네 복판을 흐르고 있어 아래위로 징검다리는 서너 군데나 놓였으나 하룻밤 비에도 일쑤 넘치어 모두 이 큰 돌다리로 통행하던 것이었다. 창섭은 어려서 아버지께 이 큰 돌다리의 내력을 들은 것이 아직도 기억에 남아 있다.

"너이 증조부님 돌아가시어서다. 산소에 상돌을 해오시는데 징검다리로야 건네올 수가 있니? 그래 너이 조부님께서 다리부터 이렇게 넓구 튼튼한 돌루 노신 거란다."

그 후 오륙십 년 동안 한 번도 무너진 적이 없었는데 몇 해 전 어느 장마엔 어찌 된 셈인지 가운데 제일 큰 장이 내려앉아 떠내려갔던 것이다. 두께가 한 자는 실하고 폭이 여섯 자, 길이는 열 자가 넘는 자연석 그대로라 여간 몇 사람의 힘으로는 손을 댈 염두부터 나지 못하였다. 더구나 불과 수십 보 이내에 면(面)의 보조를 얻어 난간까지 달린 한다 한 나무다리가 놓인 뒤에 일이라 이 돌다리는 동네 사람들에게 완전히 잊혀진 채 던져져 있던 것이었다.

집에 들어가니, 어머니는 다리 고치는 사람들 점심을 짓느라고, 역시 여러 명의 동네 여편네들과 허둥거리고 계시었다.

“웬일인데 어째 혼자만 오느냐?”

어머니는 손자아이들부터 보이지 않음을 물으신다.

“오늘루 가야겠어서 아무두 안 데리구 왔습니다.”

“오늘루 갈 걸 뭘 허 오누?”

“인전 어머니서껀 서울로 모셔 갈 채빌 허러 왔다우.”

“서울루! 제발 아이들허구 한데서 살아 봤음 원이 없겠다.”

하고 어머니는 땅보다, 조상님들 산소나 사당보다 손자아이들에게 더 마음이 끌리시는 눈치였다. 그러나 아버지만은 그처럼 단순히 들떠질 마음이 아니었다.

아버지는 아들의 뒤를 쫓아 이내 개울에서 들어왔다. 아들은, 의사인 아들은, 마치 환자에게 치료방법을 이르듯이, 냉정히 차근차근히 이야기를 시작하였다. 외아들인 자기가 부모님을 진작 모시지 못한 것이 잘못인 것, 한집에 모이려면 자기가 병원을 버리기보다는 부모님이 농토를 버리시고 서울로 오시는 것이 순리인 것, 병원은 나날이 환자가 늘어 가나 입원실이 부족되어 오는 환자의 삼분지 일밖에 수용 못 하는 것, 지금 시국에 큰 건물을 새로 짓기란 거의 불가능의 일인 것, 마침 교통 편한 자리에 삼층 양옥이 하나 난 것, 인쇄소였던 집인데 전체가 콘크리트여서 방화 방공으로 가치가 충분한 것, 삼층은 살림집과 직공들의 합숙실로 꾸미었던 것이라 입원실로 변장하기에 용이한 것, 각층에 수도·가스가 다 들어온 것, 그러면서도 가격은 염한 것, 염하기는 하나 삼만 이천 원이라, 지금의 병원을 팔면 일만 오천 원쯤은 받겠지만 그것은 새 집을 고치는 데와, 수술실의 기계를 완비하는 데 다 들어갈 것이니 집값 삼만 이천 원은 따로 있어야 할 것, 시골에 땅을 둔대야 일년에 고작 삼천 원의 실리가 떨어질지 말지 하지만 땅을 팔아다 병원만 확장해 놓으면, 적어도 일년에 만 원 하나씩은 이익을 뽑을 자신이 있는 것, 돈만 있으면 땅은 이담에라도, 서울 가까이라도 얼마든지 좋은 것으로 살 수 있는 것 … 아버지는 아들의 의견을 끝까지 잠잠히 들었다. 그리고,

"점심이나 먹어라. 나두 좀 생각해 봐야 대답허겠다."

하고는 다시 개울로 나갔고, 떨어졌던 다릿돌을 올려놓고야 들어와 그도 점심상을 받았다.

점심을 자시면서였다.

"원, 요즘 사람들은 힘두 줄었나 봐! 그 다리 첨 놀 제 내가 어려서 봤는데 불과 여남은이서 거들던 돌인데 장정 수십 명이 한나잘을 씨름을 허다니!"

"나무다리가 있는데 건 왜 고치시나요?"

"너두 그런 소릴 허는구나. 나무가 돌만허다든? 넌 그 다리서 고기 잡던 생각두 안 나니? 서울루 공부 갈 때 그 다리 건너서 떠나던 생각 안 나니? 시쳇사람들은 모두 인정이란 게 사람헌테만 쓰는 건 줄 알드라! 내 할아버니 산소에 상돌을 그 다리로 건네다 모셨구, 내가 천잘 끼구 그 다리루 글 읽으러 댕겼다. 네 어미두 그 다리루 가말 타구 내 집에 왔어. 나 죽건 그 다리루 건네다 묻어라 … 난 서울 갈 생각 없다."

"네?"

"천금이 쏟아진대두 난 땅은 못 팔겠다. 내 아버님께서 손수 이룩허시는 걸 내 눈으루 본 밭이구, 내 할아버님께서 손수 피땀을 흘려 모신 돈으루 장만허신 논들이야. 돈 있다고 어디가 느르지논 같은 게 있구, 독시장밭 같은 걸 사? 느르지 논둑에 선 느티나문 할아버님께서 심으신 거구, 저 사랑마당엣은행나무는 아버님께서 심으신 거다. 그 나무 밑에를 설 때마다 난 그 어룬들 동상(銅像)이나 다름없이 경건한 마음이 솟아 우러러보군 헌다. 땅이란 걸 어떻게 일시 이해를 따져 사구 팔구 허느냐? 땅 없어 봐라, 집이 어딨으며 나라가 어딨는 줄 아니? 땅이란 천지 만물의 근거야. 돈 있다구 땅이 뭔지두 모르구 욕심만 내 문서쪽으로 사 모기만 하는 사람들, 돈놀이처럼 변리만 생각허구 제 조상들과 그 땅과 어떤 인연이란 건 도시 생각지 않구 헌신짝 버리듯 하는 사람들, 다 내 눈엔 괴이한 사람들루 밖엔 뵈지 않드라."

"… "

"네가 뉘 덕으루 오늘 의사가 됐니? 내 덕인 줄만 아느냐? 내가 땅 없이 뭘루? 밭에 가 절하구 논에 가 절해야 쓴다. 자고로 하늘 하늘 허나 하늘의 덕이 땅을 통허지 않군 사람헌테 미치는 줄 아니? 땅을 파는 건 그게 하늘을 파나 다름없는 거다."

"… "

"땅을 밟구 다니니까 땅을 우섭게들 여기지? 땅처럼 응과(應果)가 분명헌 게 무어냐? 하늘은 차라리 못 믿을 때두 많다. 그러나 힘들이는 사람에겐 힘들이는 만큼 땅은 반드시 후헌 보답을 주시는 거다. 세상에 흔해 빠진 지주들, 땅은 작인들헌테나 맡겨 버리구, 떡 도회지에 가 앉어 소출은 팔어다 모다 도회지에 낭비해 버리구, 땅 가꾸는 덴 단돈 일원을 벌벌 떨구, 땅으루 살며 땅에 야박한 놈은 자식으로 치면 후레자식 셈이야. 땅이 말을 할 줄 알어 봐라? 배가 고프단 땅이 얼마나 많을 테냐? 해마다 걷어만 가구, 땅은 자갈밭이 되니 아나? 둑이 떠나가니 아나? 거름 한번을 제대로 넣나? 정 급허게 돼 작인이 우는 소리나 해야 요즘 너이 신의들 주사침 놓듯, 애꿎인 금비(藥品肥料)만 갖다 털어넣지. 그렇게 땅을 홀댈 허군 인제 죽어서 땅이 무서서 어디루들 갈 텐구!"

창섭은 입이 얼어 버리었다. 손만 부비었다. 자기의 생각은 너무나 자기 본위였던 것을 대뜸 깨달았다. 땅에는 이해를 초월한 일종 종교적 신념을 가진 아버지에게 아들의 이단적(異端的)인 계획이 용납될 리 만무였다. 아버지는 상을 물리고도 말을 계속하였다.

"너루선 어떤 수단을 쓰든지 병원부터 확장허려는 게 과히 엉뚱헌 욕심은 아닐 줄두 안다. 그러나 욕심을 부련 못쓰는 거다. 의술은 예로부터 인술(仁術)이라지 않니? 매살 순탄허게 진실허게 해라."

" … "

"네가 가업을 이어나가지 않는다군 탄허지 않겠다. 넌 너루서 발전헐 길을 열었구, 그게 또 모리지배(謀利之輩)의 악업이 아니라 활인(活人) 허는 인술이구나! 내가 어떻게 불평을 말허니? 다만 삼사 대 집안에서 공들여 이룩해 논 전장을 남의 손에 내맡기게 되는 게 저윽 애석헌 심사가 없달 순 없구 …."

"팔지 않으면 그만 아닙니까?"

"나 죽은 뒤에 누가 거두니? 너두 이제두 말했지만 너두 문서쪽만 쥐구 서울 앉어 지주 노릇만 허게? 그따위 지주허구 작인 틈에서 땅들만 얼말 곯는지 아니? 안 된다. 팔 테다. 나 죽을 임시엔 다 팔 테다. 돈에 팔 줄 아니? 사람헌테 팔 테다. 건너 용문이는 우리 느르지논 같은 건한 해만 부쳐 보구 죽어두 농군으로 태났던 걸 한허지 않겠다구 했다. 독시 장밭을 내논다구 해봐라, 문보나 덕길이 같은 사람은 길바닥에 나앉드라두 집을 팔아 살려구 덤빌 게다. 그런 사람들이 땅 임자 안 되구 누가 돼야 옳으냐? 그러니 아주 말이 난 김에 내 유언(遺言)이다. 그런 사람들 무슨 돈으로 땅값을 한몫 내겠니? 몇몇 해구 그 땅 소출을 팔아 연년이 갚어 나가게 헐 테니 너두 땅값을랑 그렇게 받어 갈 줄 미리 알구 있거라. 그리구 네 모가 먼저 가면 내가 묻을 거구, 내가 먼저 가게 되면 네 모만은 네가 서울루 그때 데려가렴. 난 샘말서 이렇게 야인(野人)으로나 죄 없는 밥을 먹다 야인인 채 묻힐 걸 흡족히 여긴다."

"…"

"자식의 젊은 욕망을 들어 못 주는 게 애비 된 맘으루두 섭섭허다. 그러나 이 늙은이헌테두 그만 신념쯤 지켜 오는 게 있다는 걸 무시하지 말어 다구."

아버지는 다시 일어나 담배를 피우며 다리 고치는 데로 나갔다. 옆에 앉았던 어머니는 두 눈에 눈물을 쭈루루 흘리었다.

"너이 아버지가 여간 고집이시냐?"

"아뇨, 아버지가 어떤 어룬이신 건 오늘 제가 더 잘 알었습니다. 우리 아버진 훌륭헌 인물이십니다."

그러나 창섭도 코허리가 찌르르하였다. 자기가 계획하고 온 일이 실패한 것쯤은 차라리 당연하게 생각되었고, 아버지와 자기와의 세계가 격리되는 일종의 결별의 심사를 체험하는 때문이었다.

***

아들은 아버지가 고쳐 놓은 돌다리를 건너 저녁차를 타러 가버리었다. 동구 밖으로 사라지는 아들의 뒷모양을 지키고 섰을 때, 아버지의 마음도, 정말 임종에서 유언이나 하고 난 것처럼 외롭고 한편 불안스러운 심사조차 설레었다.

아버지는 종일 개울에서 허덕였으나 저녁에 잠도 달게 오지 않았다. 젊어서 서당에서 읽던 백낙천(白樂天)의 시가 다 생각이 났다. 늙은 제비 한 쌍을 두고 지은 노래였다. 제 뱃속이 고픈 것은 참아 가며 입에 얻어 문 것은 새끼들부터 먹여 길렀으나, 새끼들은 자라서 나래에 힘을 얻자 어디로인지 저희 좋을 대로 다 날아가 버리어, 야위고 늙은 어버이 제비 한 쌍만 가을 바람 소슬한 추녀끝에 쭈그리고 앉았는 광경을 묘사하였고, 나중에는, 그 늙은 어버이 제비들을 가리켜, 새끼들만 원망하지 말고, 너희들이 새끼 적에 역시 그러했음도 깨달으라는 풍자(諷刺)의 시였다.

'흥!'

노인은 어두운 천장을 향해 쓴웃음을 짓고 날이 밝기를 기다려 누구보다도 먼저 어제 고쳐 놓은 돌다리를 보러 나왔다.

흙탕이라고는 어느 돌틈에도 남아 있지 않았다. 첫곬으로도, 가운뎃곬으로도 끝엣곬으로도 맑기만 한 소담한 물살이 우쭐우쭐 춤추며 빠져 내려갔다. 가운뎃장으로 가 쾅 굴러 보았다. 발바닥만 아플 뿐 끄떡이 있을 리 없다. 노인은 쭈루루 집으로 들어와 소금 접시와 낯수건을 가지고 나왔다. 제일 낮은 받침돌에 내려앉아 양치를 하고 세수를 하였다. 나중에는 다시 이가 저린 물을 한입 물어 마시며 일어섰다. 속에 모든 게 씻기는 듯 시원하였다. 그리고 수염에 물을 닦으며 이렇게 생각하였다.

'비가 아무리 쏟아져도 어떤 한정을 넘는 법은 없다. 물이 분수없이 늘어 떠내려갔던 게 아니라 자갈이 밀려 내려와 물구멍이 좁아졌든지, 그렇지 않으면, 어느 받침돌의 밑이 물살에 궁굴러 쓰러졌던 그런 까닭일 게다. 미리 바닥을 치고 미리 받침돌만 제대로 보살펴 준다면 만년을 간들 무너질 리 없을 게다. 그저 늘 보살펴야 허는 거다. 사람이란 하늘 밑에 사는 날까진 하루라도 천리(天理)에 방심을 해선 안 되는 거다….'

1. 바꿔 말하기로서의 의소분석

텍스트를 읽는다는 것은 무엇을 뜻하는가? 우리가 이 질문을 제기한 것은 그것이 피할 수 없는 본질적인 질문이기 때문이지 결코 여기서 철학적인 논의를 길게 펴고자 함이 아니다. 책 한 권의 분량을 필요로 하는 복잡한 논증의 과정을 생략한 채 우리는 이 질문에 대한 해법의 실마리를 역설적인 표현으로 제시해 보고자 한다. 즉, 텍스트를 읽는다는 것은 텍스트를 다시 쓴다고 하는 것이다. 다시 쓴다고 하는 것은 텍스트가 말하고자 하는 바를 다른 말로 바꿔 말하는 것을 가리킨다. 예컨대 우리는 스탕달의 소설 『적과 흑』에서 '적'이 다름 아니라 '군인'을 가리키고 '흑'이 '신부'를 가리킨다고 말할 수 있다. 다시 말해 우리는 '적'을 '군인'으로, '흑'을 '신부'로 바꿔 말함으로써 이들을 **다시 쓴**[1] 것이다. 이처럼 바꿔 말하는 것이 곧 해석이요, 독서의 일반적인 과정이라고 할 수 있다. 사전학자들은 사전을 편찬할 때 한 단어의 의미를 다른 단어로 바꿔 말함으로써 설명한다. 예컨대 『민중 엣센스 국어사전』에 '아버지'란 항목은 '남자인 아버지'로 정의되어 있다. 이 정의에서 우리는 '남성성'이 아버지의 정의의 한 항목으로 제시되어 있는 것을 볼 수 있다. 이처럼 한 단어의 의미를 안다는 것은 이 단어를 다른 단어로 대체할 줄 안다는 것을 뜻한다. 텍스트를 읽고 해석하는 것도 마찬가지이다. 텍스트 속에 등장하는 단어들을 텍스트가 제공하는 문맥에 맞게 다른 단어들로 대체하는 것이 곧 텍스트를 읽고 해석하는 것이다. 한 마디로 말해 텍스트를 읽는다는 것은 텍스트를 다시 쓰는 것이다. 물론 우리는 아무렇게나 다시 쓸 수 없다. 어떻게 다시 쓰느냐는 매우 중요한 문제이다. 이 문제는 우리가 앞에서 제기한 텍스트를 어떻게 읽을 것인가와 관련된 바로 그 문제이다.

우리가 지금 소개하고자 하는 방법론은 바꿔 말하기라고 하는 일반적인 해석능력에 기초한 것이다. 텍스트 읽기에서 가장 먼저 해야 하는 일은 읽을 대상을 정하는 작업이다. 즉, 중요하다고 판단되는 단어들을 선별해내는 작업이다. 그 다음으로 중요한 작업은 이 단어들을 다른 단어들로 다시 쓰는 것이다. 우리는 방금 위의 두 문장에서 '단어'라는 용어를 두 번 반복해서 사용하였다. 하지만 이들

1 텍스트 의미론에서 '다시 쓰기' 규칙은 어휘화된 의미소로부터 어휘화되지 않은 의미소를 도출해내는 것을 가리킨다. 우리가 위에서 언급한 다시 쓰기는 이러한 전문적 의미와는 다른 독서의 일반적 과정을 가리킨다.

의 이론적인 지위는 서로 다르다. 사실 단어라는 용어는 의미분석에 적합한 전문용어는 아니다. 왜냐하면 의미분석은 의미에 대한 분석인데 단어는 뜻과 소리로 이루어진 기호 전체를 가리키기 말이기 때문이다. 다시 말해 단어는 표현면—소리—과 내용면—뜻—을 모두 지닌 기호로 이루어져 있다.[2] 반면 의미론적 분석의 단위는 표현면이 아니라 내용면에 한정되어 있다. 따라서 분석대상을 정할 때 우리는 단어가 아니라 이 단어의 내용면만을 취해야 한다. 우리는 표현면과 내용면을 모두 지닌 단어를 이중괄호《 》로 표기하고자 한다. 예컨대 《사람》이라고 하면 [sa : ram]이라는 표현면과 인간이라고 하는 내용면을 모두 지닌 단어를 가리킨다. 반면 이를 한따옴표, 즉 '사람'이라고 표기하면 이 단어의 내용면만을 가리킨다. 의미론적 분석이라고 하는 것은 바로 《사람》이라고 하는 단어의 내용면인 '사람'에 대한 분석을 가리킨다. 이러한 단어의 내용면을 텍스트 의미론의 관행에 따라 의미소(意味素)라고 부르도록 하자. 텍스트 분석을 위해 우리가 선별해야 할 읽기의 대상은 다름 아니라 바로 이 의미소인 것이다. 우리는 이 의미소를 적절하게 다시 씀으로써 그 의미를 해석해내야 한다. 이렇게 다시 쓴 것을 텍스트 의미론에서는 의소(意素)라고 부른다. 의소는 슬레시로 표기한다. 예를 들어 '사람'이 무엇이냐라고 묻는 물음에 우리는 그냥 사람은 /인간/이라고 대답할 수 있다. 비록 이 대답이 철학적인 대답은 아니더라도 주어진 어느 한 상황 속에서 얼마든지 가능한 대답이다. 예컨대 우리는 한

2 소쉬르의 전통에 따르면 기호는 시니피앙과 시니피에의 결합으로 정의된다. 옐름슬레우는 이러한 전통 속에서 시니피앙을 표현으로 시니피에를 내용으로 재정의하였다. 텍스트 의미론의 방법론은 이러한 전통 속에서 발전한 것이라고 할 수 있다.

국어를 배우는 외국인에게 사람은 인간을 뜻한다고 말할 수 있다. 우리는 '사람'을 /인간/으로 바꿔 말함으로써 '사람'의 의미를 제시한 것이다. 바로 이 /인간/이 의소인 것이다. 의미소가 단어의 내용면을 가리킨다면 의소는 이러한 내용면을 채우고 있는 의미론적인 요소라고 할 수 있다. 이 요소가 물리학적 단위인 원소처럼 의미의 가장 작은 단위일 필요는 전혀 없다. 다만 주어진 상황 속에서 가급적 가장 경제적으로 의미소의 내용을 표현해 주는 것이기만 하면 된다. 어떤 맥락에서 '사람'이 도무지 /인간/ 같지 않고 /짐승/ 같은 경우가 있을 수도 있다. 이 경우 우리는 '사람'을 얼마든지 /짐승/으로 바꿔 말할 수 있다. 우리가 약술한 이러한 방법론을 의소분석이라고 부른다. 참고로 의소들의 품사와 관련하여 아무런 제약이 없다고 하는 사실을 부연하자. 우리는 /인간/이란 명사를 선호할 수도 있고 필요에 따라 /인간적/이란 형용사를 선호할 수도 있다. 바꿔 말하기로서의 의소는 일종의 언술(énoncé)로서 메타언어적인 단위로 존재한다고 볼 수 있다.

우리는 이상에서 의소분석의 대강을 소개하였다. 일반적으로 말해 의소분석은 바꿔 말하기의 방식을 텍스트 분석에 적용한 것이라고 할 수 있다. 우리는 앞에서 간단한 분석사례만을 제시하였다. 하지만 의소분석은 좀더 복잡한 과정을 통해 이루어진다. 먼저 의소가 의미소들의 관계로 정의된다고 하는 점을 지적하도록 하자.[3] 여기서 관계라고 하는 것은 동일성과 차별성의 관계를 가리킨다. 즉, 의소

3 라스티에(F. Rastier 1987)는 의소를 다음과 같이 정의한다. "의소는 의미소들 간의 관계에 의해, 통합적인 차원과 계열적인 차원에 의해 정의된다"(p. 29).

는 의미소들 간의 동일성과 차별성을 표현해 주는 메타언어라고 할 수 있다. 의소분석을 제대로 수행하기 위해서는 의미소들의 목록을 제대로 작성할 줄 알아야 한다. 의소분석이란 바로 이러한 목록을 가지고 이루어지는 것이기 때문이다. 앞에서 우리는 스탕달의 『적과 흑』을 예로 들었다. 예컨대 '적'과 '흑'이라는 의미소 목록이 있다고 하자.

{ '적', '흑' }

곧이어 제기되는 문제는 이 둘의 공통점과 차이점이 무엇인가 하는 점이다. 이 둘은 모두 색깔이라는 의미론적 범주로 묶일 수 있는 의미소들이다. 여기서 색깔이 바로 이들의 공통점을 표현해 주는 의소가 된다. 텍스트 의미론에서는 이러한 의소를 가리켜 종속의소(種屬意素)라고 부르고, 이를 이중 슬레시를 사용하여 //색깔//이라고 표기한다. 이들의 차이점은 '적'이 붉은색이요, '흑'이 검은색이라는 것이다. /붉은색/과 /검은색/은 의미소들 간의 차이를 나타내 주는 의소로서 텍스트 의미론에서는 이를 종차의소(種差意素)라고 부른다. 이를 도표로 나타내면 다음과 같다.

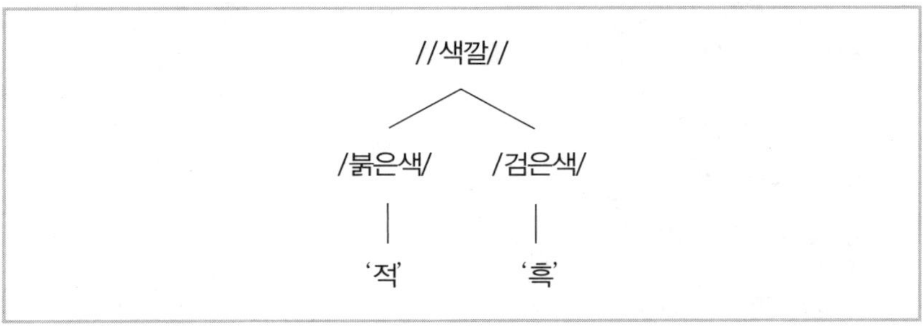

'적'을 /붉은색/으로, '흑'을 /검은색/으로 바꿔 말하는 것이 동어반복적인 것 같지만 사실은 그렇지 한다. 이렇게 바꿔 말하는 것은 다만 '적'과 '흑'에 내재적인 자질을 밝히 드런낸 것에 불과하다. 텍스트 의미론에서 이러한 내재적 자질을 표현하는 의소를 내재의소(內在意素)라고 부른다. 내재의소는 언어의 기능적인 체계 속에 존재하는 것이다. 즉, '적'이 /붉은색/이요, '흑'이 /검은색/인 것은 한국어의 기능적인 체계 속에서 그러하다는 것이다. 의소결정의 방식은 이처럼 언어의 기능적인 체계를 참조로 해서 이루어지기도 하고 사회적 규범이나 개인의 언어습관을 통해 결정되기도 한다. 예컨대 '적'은 /붉은색/뿐만 아니라 우리 사회의 규범에 따라 이데올로기적인 관점에서 /공산주의/를 뜻할 수도 있다. 《적화사상》의 '적'이 바로 그러한 경우이다. /붉은색/과 /공산주의/는 모두 '적'의 의소이지만 이들이 결정된 과정은 각기 다르다. 전자가 언어의 기능적인 체계에 의해 결정된 것이라면 후자는 사회문화적 규범을 참조해서 얻어진 것이다. 이 두 방식 외에 개인적인 언어습관 역시 의소의 결정요인으로 작용할 수 있다. 이 경우 '적'은 특정인에게 특정한 의미만을 지니게 된다. 의소의 결정과정에서 개입하는 참조의 틀은 다음과 같다.[4]

- 언어의 기능적 체계
- 사회문화적 규범
- 개인적인 언어습관

---

4 F. Rastier(1987), p. 40 참조.

위의 세 틀은 기호학적인 용어로 모두 계열적 관계를 형성한다. 즉, 광의의 의미에서 이들은 체계로 존재하는 것들이다. 의소는 이러한 체계의 도움뿐만 아니라 구체적인 맥락에서 결정되기도 한다. 이러한 맥락은 기호학적인 용어로 말하자면 통합적 관계를 형성하는 것이다. 스탕달의 소설로 되돌아가자. 이 소설에서 '적'과 '흑'은 단지 색깔의 범주로만 묶일 수 있는 의미소들이 아니다. 이들은 또한 상징적으로 직업의 부류를 나타내기도 한다. 즉, 이들은 모두 특정한 직업을 상징한다. 다시 말해 직업은 이 두 의미소들의 공통점을 표현하는 종속의소라고 할 수 있다. 직업의 관점에서 '적'은 /군인/을, '흑'은 /신부/를 나타낸다. 이렇게 해서 우리는 위의 도표와는 전혀 다른 아래의 도표를 얻을 수 있다.

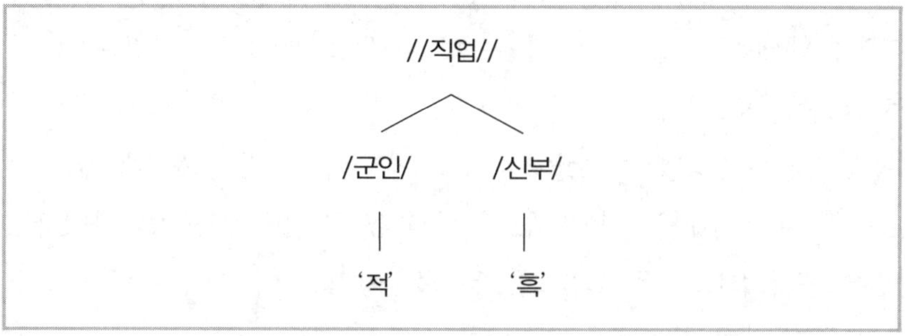

'적'과 '흑'을 //직업//의 관점에서 각각 /군인/과 /신부/로 환언하는 것은 언어의 기능적인 체계에 의해서가 아니라 스탕달의 소설이라고 하는 맥락에 의해서 가능한 것이다. 의소의 결정이 내재적인 방식이 아니라 이처럼 외부—소설의 맥락—로부터 내려진 것이라는 의미에서 텍스트 의미론에서는 이러한 의소들을 가리켜 외래의소(外來意素)라고 부른다.

우리는 앞에서 종속성과 종차성, 내재성과 외래성 등의 개념을 가지고 의소들의 종류를 분류하였다. 이 두 구분은 서로 배타적인 것이 아니라 결합 가능한 것이다. 이들의 가능한 결합형태는 다음과 같다.

- 종속내재의소
- 종차내재의소
- 종속외래의소
- 종차외래의소

//색깔//은 '적'과 '흑'에 내재하는 의소로서 종속의소에 해당한다. 이를 종속내재의소라고 부른다. /붉은색/과 /검은색/은 '적'과 '흑'에 내재하는 의소로서 이 두 의미소들을 서로 구분시켜 주는 종차의소이기도 하다. 이를 종차내재의소라고 한다. 반면 //직업//이란 종속의소는 스탕달의 소설이라고 하는 맥락에서만 통용되는 외래의소로서 종속외래의소가 된다. /군인/과 /신부/는 종차적인 외래의소로서 종차외래의소들이다. 의소분석은 이처럼 네 가지 유형의 의소들을 구별하고 정의하는 작업이라고 할 수 있다.

이상에서 약술한 내용을 간략하게 정리해 보자. 의소는 의미소들 간의 관계를 표현해 주는 기술적인 단위이다. 의소는 물론 바꿔 말하기의 일종이다. 그런데 우리는 아무렇게나 바꿔 말할 수 있는 것이 아니다. 더욱이 직관에만 의존하여 바꿔 말할 수 있는 것도 아니다. 의소분석을 하기 위해 우리는 먼저 분석대상인 의미소들을 해당 텍스트로부터 선별해내고 이들의 목록을 작성해야 한다. 목록을 작성하는 작업은 텍스트의 독서 가설을 세우는 작업이라고 할 수 있다. 우리는 분석의 목적과 필요에 따라 분석 가설을 세운다. 바로 이러한 가설에 입각해서 의미소들의 목록이 만들어지는 것이다. 의소분석은 이렇게 작성된 목록을 가지고 이루어진다. 의미소들 간의 동일성과 차이성을 나타내 주는 적합한 표현들을 찾는 것이 바로 의소분석의 핵심이라고 할 수 있다. 우리가 지금까지 살펴본 기호, 의미소, 의소 등은 텍스트 의미론에서 사용되는 전문용어들이다. 우리는 이들이 표기법상 구분된다고 하는 점을 앞에서 지적하였다. 다시 한 번 텍스트 의미론의 표기관행을 요약해 보자.

- 《적》 : 기호
- '적' : 의미소
- //색깔// : (종속)의소
- /붉은색/ : (종차)의소

2. 주제화 그래프

의소분석을 통해 도출된 의소들은 고립된 방식으로 존재하는 것이 아니라 서로 간에 긴밀한 관계를 형성한다. 텍스트 의미론에서는 이 관계를 주제화 그래프를 통해 표상한다. 이 그래프가 어떻게 작성되는지를 살펴보자. 아래의 공식이 있다고 하자.

[A] → (R) → [B]

A와 B는 개념 그래프의 절점으로서 곽괄호를 사용하여 표시한다. 우리가 앞에서 분석한 의소들이 절점에 해당한다. R은 절점들의 관계를 표시하는 것으로 원괄호를 사용하여 표시한다. 위의 그래프를 개념 그래프라고 부르는 이유는 이러한 관계가 개념적인 성격을 띠고 있기 때문이다. 라스티에는 '개념'이란 용어 대신에 '의미'란 용어를 사용하는데, 전자가 인지적 차원의 보편성을 지향하고 있는 데 반해 후자는 언어적 차원의 특수성을 반영할 수 있기 때문이다. 의미 그래프를 주제화 그래프라고 부르는 이유는 의미관계가 텍스트의 특정한 주제와 관련되기 때문이다. 화살표는 관계의 방향을 가리키는 것으로 위의 그래프는 "A의 R은 B이다"라고 읽힌다. 이를 함수관계로 표시하면 R(A) = B가 된다. 예를 들어 다음과 같은 개념 그래프가 있다고 하자.

['땅'] → (속성) → [/비타산적/]

위의 그래프는 "땅의 속성은 비타산적이다"라고 읽힌다. 여기서 속성이란 관계는 오직 맥락에 의해 정의되는 관계이다.

이상에서 소개한 텍스트 의미론의 분석방법론을 가지고 앞에서 전문을 인용한 이태준의 「돌다리」를 분석하고자 한다. 의소분석이 텍스트 분석에 적용될 때 이를 주제부 분석이라고 한다. 따라서 의소는 주제라는 용어로 대체된다. 물론 이러한 대체는 자동적으로 이루어지는 것이 아니다. 의소가 주제가 되기 위해서는 텍스트 속에서 반복 출현하는 동위소여야 한다. 엄밀하게 말해 주제부 분석은 의소 분석이라기보다 동위소 분석이라고 할 수 있다. 이 점을 염두에 두고 분석에 들어가도록 하자.

3. 「돌다리」

"아버지와 자기와의 세계가 격리되는 일종의 결별의 심사를 체험하는"(p. 147) 과정을 그린 이태준의 「돌다리」는 서로 대립되는 두 세계 간의 갈등을 주요 모티브로 삼고 있다. 의사인 아들과 농군인 아버지가 겪게 되는 세대 간의 갈등, 이들의 서로 다른 세계관이 빚어내는 충돌은 일제 강점기 속에서 급격한 근대화를 경험해야 했던, 우리 앞선 세대들의 삶의 동요를 잘 대변해 준다. 작가는 이러한 동요를 예의 토속적인 필체로 맛깔스럽게 담아내고 있다. 그는 땅을 두고 첨예화된, 아들과 아버지와의 세계관의 갈등이 단순히 역사적인 우연의 산물이 아니라 보편적인 주제임을 농군인 아버지의 입을 통해 강변한다. 우리는 이 논문에서 라스티에(1987, 1989)의 텍스트 의미론의 방법론으로 이러한 대립의 의미론적 구조를 분석하고자 한다.

우리는 이 단편에서 크게 //의료//와 //농사//라는 두 종속주제[5]

를 별 어려움 없이 발견할 수 있다. 전자는 서구적 가치를, 후자는 전통적 가치를 각각 대변한다. 라스티에의 텍스트 의미론에서 종속주제는 일종의 범주적 기능을 수행한다. 즉, 다양한 의미소[6]들을 하나의 범주로 묶어주는 공통분모로서 작용한다. 인지의미론에서는 이러한 범주적 역할을 인지적 개념화와 관련하여 설명한다. 인지적 개념화의 과정 속에서 전형의 개념은 매우 중요한 역할을 담당한다.[7] 요컨대 사람들은 전형적인 사례를 중심으로 개념화를 수행한다. 의미부류, 의미범주, 의미공간 등은 이러한 전형을 중심으로 중심과 주변으로 구조화된다. 예컨대 참새가 새의 전형이라면 날개는 있으되 날지 못하는 타조는 새의 의미영역에서 경계에 위치한다. 우리는 이러한 인지적 개념화 대신에 여기서 담론적 개념화라는 새로운 개념을 제안하고자 한다. 인지적 개념화는 맥락, 즉 텍스트와 무관한 과정으로 이루어져 있다.[8] 인지 모델에서 텍스트의 이러한 부재는 인

---

5 텍스트 의미론에서 주제부 분석은 종속주제(種屬主題, thème générique) 분석과 종차주제(種差主題, thème spécifique) 분석으로 양분된다. 전자는 일종의 의미부류(classe sémantique)로서 의미소들 간의 공통점을 표현하는 의소이다. 반면 후자는 의미소들 간의 차이점을 표현한다. F. Rastier(1989, pp. 54−65)와 최용호(2004, pp. 116−123) 참조.

6 텍스트 의미론에서 의미소(sémème)는 형태소의 내용면으로 정의된다. 의미소는 의소(sème)들의 집합으로 이루어져 있다. 의소는 의미소들 간의 관계—계열적 관계와 통합적 관계—에 의해 결정된다. Rastier(1987, p. 36)와 최용호(2004, pp. 57−92) 참조.

7 『전형의미론』(*La sémantique du prototype*)에서 Kleiber(1990)는 필요충분조건에 의해 한 단어의 의미를 정의하는 전통적인 의미론을 비판한다. 그는 인지심리학의 성과를 참조하면서 한 단어의 의미는 그 사례의 전형성에 따라 정의된다고 주장한다.

8 예컨대 Langacker(1987)의 인지문법은 전통적인 품사분류를 인지심리학적 관점에서 재해석한 것이라고 볼 수 있다. Badir(2001)에 따르면 이 문법이론에서 기호—보다 정확히 표현하자면 상징—개념이 매우 중요한 역할을 수행한다(p. 8). 라스티에(2001)에 따르면 텍스트는 "기호학적 행위의 진행과정(cours d'action sémiotique)으로서 상징의 연쇄를 뛰어넘는" 개념이다(p. 45). 이런 점에서 인지 모델은 여전히 기호의 패러다임에 속한 것으로 평가해 볼 수 있다. 반면 라스티에는 기호 패러다임에서 텍스트 패러다임으

지적 과정의 담론적 측면을 간과하는 결과를 초래하였다.[9] 인지심리학에 토대를 둔 인지의미론이 비록 형식논리에 바탕을 둔 초기의 인지주의 모델을 극복한 경험적 모델이기는 하지만, 여전히 단어와 문장 중심의 전통적인 문법 모델에서 벗어나지 못하고 있는 이유는 바로 여기에 있다.[10] 우리는 텍스트에 기초한 개념화의 과정을 인지의 중요한 형태로 제시하고자 한다. 라스티에가 제안한 종속주제는 주어진 한 텍스트 속에서 작동하는 개념화의 과정을 잘 예시해 준다. //의료//와 //농사//는 「돌다리」라는 소설 텍스트 속에서 고유한 방식으로 개념화된다. 이 두 영역은 예컨대 //의료행위//나 //농경행위//와 관련된 부류와 이러한 행위의 //주체//, //대상//, //도구//, //공간// 등의 하위 부류들로 세분화된다. 이러한 영역의 세분화는 인지적인 재구조화에 다름 아니다. 담론적 개념화는 텍스트를 고려하지 않은 채 화자의 인지적 구조만을 염두에 둔, 인지의미론에서 주장하는 개념화와는 별도의 다른 개념이다. 인지적 과정은 다양한 층위에서 진행되는 복잡한 과정이라고 할 수 있다. 이러한 과정을 총체적으로 기술하기 위해서는 인지의 논리적 · 사회적 · 문화적 측면과 더불어 담론적 측면을 고려해야 한다. 우리는 이태준의 「돌다리」를 읽어가면서 텍스트 층위에서 이루어지는 담론적 개념화의 과정을 살펴보고자 한다. 우리는 보다 구체적으로 //의료//와 //농사//라는 두 의

로 전환할 것을 제안한다. 2001(pp. 36−38).

9 Rastier(1997)는 텍스트의 부재를 현대 언어학의 "문헌학적 결핍"이란 주제로 비판한다. 또 다른 비판은 역사적 전망의 결여이다(pp. 125−130).

10 일반적으로 인지주의 패러다임은 크게 상징주의(symboique) 패러다임과 하위 상징주의(sub−symbolique) 패러다임으로 대별된다. 전자가 전통적 인지주의에 속한다고 한다면 후자는 연결주의와 관련되어 있다.

미 영역이 어떻게 개념화되는지를 분석하고자 한다.

(1) 주제부 분석

1) //의료//

읍내 의사의 오진으로 누이동생 창옥을 "허무하게"(p. 141) 잃은 창섭은 의사가 될 결심을 하고 의전에 들어간다. 졸업 후 양의가 된 창섭은 의사로서 더 성공하기 위해 자신의 병원을 확장하기로 결심하고 아버지에게 도움을 청한다. 평생을 농군으로 살아온 아버지는 땅을 팔아달라는 아들의 이러한 요구를 단호하게 거절한다. 그에게 땅은 "종교적 신념"(p. 146)과 같은 것으로 사고팔 수 있는 것이 아니었기 때문이다. 창섭의 계획 속에 주로 출현하는, //의료//의 영역에 속한 의미소들은 다양한 분포를 보여준다. 우리는 앞서 소개한 대로 //의료행위//를 중심으로 이러한 행위의 //주체//, //대상//, //도구//, //공간// 등을 세분하여 다양한 의미소들의 체계적인 목록을 작성하였다. 의료의 영역이 개념적으로—혹은 담론적으로—분화되는 과정을 앞에서 소개한 의미 그래프[11]로 표상하면 다음과 같다.

---

11 의미 그래프는 앞에서 소개한 소아의 개념 그래프를 의미기술에 적용한 모델이다. 라스티에는 개념 그래프라는 용어 대신에 의미 그래프라는 용어를 사용하고 있는데, 그 이유는 그의 모델이 개념적 차원이 아니라 의미적 차원에 속해 있기 때문이다.

//의료//의 의미 그래프

[//도구//]

↑

(도구격)

↑

[//주체//] ← (능격) ← [//행위//] → (대격) → [//대상//]

↓

(처소격)

↓

[//장소//]

각각의 의미부류에 해당하는 의미소들의 목록이 정해지고 나면 이들의 차이점들을 기술해야 한다. 텍스트 의미론에서는 이러한 분석을 종차주제[12] 분석이라고 한다. 의미소들 간의 차이점은 정해진 목록 안에서만 이루어지는 것이 아니라 목록 간에 이루어지기도 한다. 앞으로 살펴보겠지만 //의료//의 영역이 예컨대 /타산적인/ 반면에 //농사//의 영역은 /비타산적인/ 것으로 개념화되어 있다. 종차주제의 목록을 한정하고 보다 경제적으로 기술하기 위해서는 이처럼 다차원적인—동일한 의미부류에 속한 의미소들 간의 관계뿐만 아니라 서로 다른 의미부류에 속한 의미소들 간의 관계까지도 고려한—분석이 필요하다.

---

12 종차주제와 관련하여 주 2 참조.

① 분석

A. //행위//

//행위//는 치료행위와 관련된 모든 의미소들을 포괄한다. 누이동생 창옥의 "허무한" 죽음을 초래한 읍내 의사의 무책임한 치료행위는 /무성의한/ 것으로 해석될 수 있다. 창섭은 서양의 의술을 /기술적인/ 지식으로 인식하고 있는 반면에, 아버지는 의술이란 "예로부터 활인하는 인술"(p. 146)이어야 한다는 믿음을 갖고 있다. 우리는 아버지의 이러한 전통적인 의식 속에서 의술이 /인간적/이어야 함을 읽어낼 수 있다. /기술적/과 /인간적/이란 이 두 의소는 아들과 아버지의 서로 다른 시각을 예시해 준다. 기술만이 강조되는 의술은 "인술"의 관점에서는 /비인간적/인 것으로 볼 수 있다. 읍내 의사의 /무성의한/ 의료행위는 앞으로 살펴보겠지만 농군의 /정성스런/ 농경행위와 대조를 이룬다. 전자의 의소대립이 종속주제 내적—//(의료)행위//—대립이라면 후자의 대립은 종속주제 간—//의료//와 //농사//—의 대립이라고 할 수 있다.

'놓-', '오진', '알-' 등을 /무성의한/ 의료행위로 평가한 것은 이러한 행위의 결과가 동생의 허무한 죽음을 초래했기 때문이다. 즉 "허무한"이란 맥락에서 주사놓는 행위나 진찰하는 행위 등은 모두 /무성의한/ 행위라고 할 수 있다. 물론 우리는 /무성의한/이란 표현 대신에 얼마든지 다른 표현들을 생각해 볼 수 있다. 그럼에도 불구하고 우리가 이 의소를 정한 이유는 앞에서도 지적했듯이 종속주제 간의 대립적 관계, 즉 /정성스런/ 행위로 묘사되어 있는 //농경행위//와의 대립적 관계를 고려했기 때문이다. 비록 강화(saillance)되어 있지는 않지만 의술로서 '맹장수술'과 '치료방법' 속에 /기술적/이란 의소가 현동화되어 있다. 이 의소는 '인술'과 '활인하－' 등의 의미소 속에 강화된 /인간적/이란 의소와 대립적 관계를 형성한다.

//행위// 종차주제 분석

	/무성의한/	/기술적/	/인간적/	설명
'놓－'	+(a)			"주사를 놓고 들어갔다" 등에 등장하는 주사를 놓는 행위를 가리킴. 무성의한 치료행위로 결국 동생이 "허무한" 죽음을 맞이함
'오진'	+(a)			오진으로 인해 결국 동생이 "허무한" 죽음을 맞이함
'알－'	+(a)			"겨우 맹장염인 것을 알아낸 눈치" 등에서 볼 수 있는 무성의한 진찰행위임
'맹장수술'		+(i)		의료기술을 가리킴
'치료방법'		+(i)		"마치 환자에게 치료방법을 이르듯이" 등에서 볼 수 있듯이 치료방법은 기술적 지식을 가리킴
'놓－'	+(a)			"너이 신의들 주사침 놓듯"에 등장하는, 무성의하게 주사놓는 행위를 가리킴
'의술'			+(a)	"의술은 예로부터 인술이라지 않니?"에서 볼 수 있듯이 인술의 맥락에서 의술은 인간적임
'인술'			+(i)	인간적 의소가 내재적으로 존재함
'활인하－'			+(i)	인간적 의소가 재재적으로 존재함

B. //주체//

이 의미부류에 속한 주된 의미소는 '의사'이다. 우리는 이 의미소와 더불어 '의사'의 속성을 표현하는 의미소들을 목록으로 작성하였다. 바쁘다는 핑계로 응급환자를 병원으로 직접 오게 하고, 결국에는 오진으로 환자의 허무한 죽음에 직접적인 원인을 제공한 읍내의 '의사'는 /우월적/이고 /타산적/이며 /무성의한/ 사람으로 묘사되어 있다. 이 의소들은 모두 외래의소이며, 오로지 이태준의 「돌다리」라는 맥락 속에서 현동화된 의소들이다. 병원의 확장계획을 설명하면서 아버지를 마치 환자 대하듯 한 아들 창섭의 태도 속에서도 우리는 의사로서의 /우월적/인 자세를 엿볼 수 있다.[13] 이러한 태도를 /불효/의 관점에서 기술할 수도 있겠지만 이 소설의 주제와 관련해서 고려해 볼 때 이 관점이 그렇게 중요한 역할을 하는 것은 아니다.

//주체//에 대한 종차주제 분석

	/우월적/	/타산적/	/무성의한/	설명
'의사'(7)	+(a)	+(a)	+(a)	"바쁘다"는 의사를 "청하고", "데려와야" 함. 이러한 의사는 우월적이고 타산적임
'창섭'	+(a)	+(a)		의사로서 권위를 지닌 창섭은 우월적인 지위를 지니고 있음
'권위'	+(i)			권위는 우월성을 표현함
'아들'	+(a)			아버지를 환자를 대하듯 하는 아들은 우월적인 모습을 지니고 있음
'냉정히'	+(a)	+(a)		우월적인 태도에서 비롯됨
'차근차근히'	+(a)	+(a)		우월적인 태도에서 비롯됨
'신의'			+(a)	"너이 신의들 주사침 놓듯"에서 신의는 무성의한 의사로 묘사됨

C. //대상//

치료의 주체가 의사라면 치료의 대상은 환자이다. 좀더 구체적으로 표현하자면 환자가 앓고 있는 병이다. 우리는 환자의 부류와 병

13 예컨대 우리는 다음과 같은 문구를 읽어볼 수 있다. "아들은, 의사인 아들은, 마치 환자에게 치료 방법을 이르듯이 냉정히 채견채견히 이야기를 시작하였다"(p. 144).

의 부류를 각각 /인간적/과 /물질적/이란 의소의 대립으로 기술하고자 한다. 병원을 확장하려는 계획을 지닌 창섭은 환자를 사람이 아니라 숫자로 보려는 /타산적/인 생각을 보인다.[14] '환자'와 '땅'을 두고 벌어지는 아들과 아버지와의 갈등은 요컨대 /타산적/과 /비타산적/이란 대립의 형태로 전개된다. 병은 내재적으로 /불행감/(dysphorie)를 표현한다. '밤새도록', '절망적으로' 등의 의미소들은 이러한 불행감의 /강도/(intensité)를 표현한다. /불행감/은 가지런히 정돈된 논과 밭의 풍경이 전달해 주는 /행복감/과 대조적이다.[15]

//대상//에 대한 종차주제 분석

	/인간적/	/물질적/	/타산적/	/불행감/	/강도/	설명
'창옥'	+(i)					창섭의 동생으로 환자임
'복통-'				+(i)		통증은 불행감을 표현함
'뒹굴-'				+(i)	+(a)	통증의 강도를 표현함
'밤새도록'					+(a)	통증의 강도를 표현함
'열'		+(i)				물질적 현상임
'내리지 않-'		+(a)				물질적 현상임
'아파하-'				+(i)		통증은 불행감을 표현함
'더하'					+(i)	통증의 강도를 표현함
'환자1'(3)	+(i)					환자의 인간적/은 병의 /물질적/과 대립됨

14 예컨대 우리는 다음과 같은 문구를 읽을 수 있다. "병원은 나날이 환자가 늘어가나 입원실이 부족되어 오는 환자의 삼분지 일밖에 수용 못하는 것"(p. 145). 환자를 숫자로만 계산하고 있는 아들 창섭의 태도는 분명히 /타산적/이라고 할 수 있다.

15 시골 풍경이 전해주는 /행복감/은 다음과 같은 문맥 속에 현동화되어 있다. "… 그 바닥들의 고름, 그 언저리들의 바름, 흙의 부드러움이 마치 시루떡 모판이나 대하는 것처럼 누구의 논에나 탐스럽게 흐뭇해 보였다"(p. 143).

'고름'		+(i)				물질적 현상임
'터지-'		+(a)				물질적 현상임
'복막'		+(i)				물질적 현상임
'절망적으로'				+(i)	+(i)	불행의 강도를 표현함
'상하-'		+(i)		+(i)		물질적 현상임
'맹장염'		+(i)				물질적 현상임
'환자2'(2)			+(a)			환자를 인간적/이 아닌 숫자로 바라보는 창섭의 시각임

D. //도구//

이 의미부류에 속한 의미소는 '주사', '기계', '완비', '주사침' 등 모두 4개뿐이다. 이들은 모두 /물질적/인 도구들이다. 반면 '소바리', '쇠똥', '거름', 등 //농기구//는 모두 /자연적/인 대상들이다. /물질적/과 /자연적/의 대립은 서로 다른 의미부류, 즉 //의료기구//와 //농기구//에 속한 의미소들 간의 대립에서 비롯된 것이다. 앞에서 여러 차례 지적했듯이 의미소들 간의 관계가 동일한 의미부류에 속한 의미소들 간의 관계로 제한될 필요는 없다. 해석학적 과정이란 텍스트 전체에 걸쳐 이루어지는 것이기 때문에 우리는 서로 다른 의미부류에 속한 의미소들 간의 관계까지도 고려해야 한다. 이런 점에서 맥락이란 텍스트 전체를 가리킨다는 라스티에의 주장[16]은 해석학적인 근거를 지닌다.

16 F. Rastier(1987, p. 73) 참조.

//도구//에 대한 종차주제 분석

	/물질적/	/강도/	설명
'주사'	+(i)		물질적 도구임
'기계'	+(i)		물질적 도구임
'완비'		+(i)	물질적 도구가 완벽하게 갖추어짐을 뜻함
'주사침'	+(i)		물질적 도구임

E. //공간//

창섭은 병원을 확장할 계획을 가지고 고향을 찾는다. 아버지의 반대로 이 계획은 무산된다. 우리는 아버지와 아들의 이러한 갈등이 구체적으로 공간적인 문제를 중심으로 전개되는 것을 볼 수 있다. 다른 의미부류에 비해 //공간//에 속한 의미소들이 많이 등장하는데, 이는 이 문제가 이 소설에서 매우 중요하게 다루어지고 있기 때문이다. 우리는 대략 40여 개의 의미소들을 찾아볼 수 있었다. 의미소의 목록을 철저하게 작성하는 것은 매우 중요한 일이다. 하지만 텍스트 차원에서 진행되는 의소분석의 목적이 반복 출현하는 동위소들을, 다시 말해 라스티에가 의소분자[17]라고 부르는 것을 규정하는데 있기 때문에 우리는 경제성의 원리에 입각해서 분석의 양적 수위를 얼마든지 조절할 수 있다. 해석학적 원리가 충족시켜야 하는 조건은 필요충분조건이 아니라 충분조건이기 때문이다. 해석가는 자신이 말하고자 하는 바를 말한 것으로 충분하게 자신의 소임을 다했다고 말할 수 있다. 다시 말해 모든 분석은 분석의 목적에 따라

17 라스티에는 텍스트 속에서 반복 출현하는 종차의소들의 집합을 의소분자(molécule sémique)로 정의한다. Rastier(1989, p. 279)와 최용호(2004, p. 245) 참조.

분석의 한계가 선(先)결정된다.

//공간//에 대한 종차주제 분석

	/타산적/	/확장적/	/도시의/	/서양의/	/단절적/	/강도/	설명
'의전'				+(a)	+(a)		"전대에 모르던" 아들의 유학이 이루어진 서양의 교육기관임
'병원'(7)	+(a)	+(a)	+(a)	+(a)			병원이 묘사되는 시각을 모두 고려한 것임
'건물'	+(a)	+(a)					건물의 시각에서 병원을 묘사함
'커지-'	+(a)	+(i)					확장의 강도 표현함
'개인병원'	+(a)	+(a)					개인병원을 세우려는 계획은 타산적이며 확장적인 시각에서 묘사됨
'제일'						+(i)	강도를 표현함
'완비한'						+(i)	강도를 표현함
'수술실'(2)	+(a)	+(a)					부족한 수술실에 대한 묘사임
'입원실'(3)	+(a)	+(a)					부족한 입원실에 대한 묘사임
'새'(2)		+(a)					건물 확장의 계획을 표현함
'진찰실'	+(a)	+(a)					부족한 진찰실에 대한 묘사임
'늘쿠-'	+(a)	+(i)					건물 확장의 계획을 표현함
'양관'				+(i)			서양 건물을 뜻함
'서울서'			+(i)				병원의 공간을 도시적 시각에서 묘사함
'큰'	+(a)	+(i)				+(i)	큰 건물에 대한 선호는 타산적이며 확장적임
'수용'	+(a)	+(a)					점증하는 환자에 대한 수용의 문제는 타산적이며 병원의 확장과 관련된 문제임

'양옥'				+(i)			서양적인 건물을 뜻함
'가격'	+(a)						타산적 시각임
'염하-'	+(i)						타산적 시각임
'팔-'	+(a)						병원을 사고 파는 것은 타산적 시각임
'일만 오천 원'	+(a)						타산적 시각을 표현함
'집'	+(a)						타산적 시각에서 묘사됨
'고치는'		+(a)					병원의 확장 계획을 표현함
'집값'	+(a)						타산적 시각을 표현함
'삼만 이천 원'	+(a)						타산적 시각을 표현함
'확장하-'	+(a)	+(i)					병원의 확장 계획을 표현함
'욕심'	+(a)	+(a)				+(i)	병원을 확장하려는 타산적 계획을 강도 높게 표현함
'계획하-'	+(a)	+(a)					병원의 확장 계획은 타산적임

'병원'을 비롯해서 의료공간을 나타내는 '수술실', '입원실', '진찰실' 등이 오로지 건물의 확장 계획과 관련해서 논의되고 있다. '일만오천 원', '삼만이천 원' 등 구체적인 가격의 언급은 이러한 계획이 지극히 /타산적/임을 보여준다. "내가 시굴로 올 순 없고 천생 부모님이 서울로 가시어야 한다"(p. 143)는 주장에서 볼 수 있듯이 병원의 위치는 서울, 즉 도시이다. 이러한 /도시적/이란 의소는 //농사//의 /전원적/ 풍경과 대조를 이룬다. '양관'에 새롭게 지을 병원의 건물이 /서양적/이라면 조상 대대로 물려받은 땅은 /전통적/이라고 할 수 있다. 우리는 창섭이 유학한 '의전'에 /단절적/이란 의소를 부여하였다. 이러한 해석이 인접 맥락에서 곧바로 결정되는 것은 아니

다. 우리는 원격 맥락에서 "전대에 모르던 아들의 유학"(p. 142)이란 표현을 찾아볼 수 있는데, 바로 이 표현이 /단절적/이란 의소를 현동화시킨다고 말할 수 있다. 반면 대대손손 물련받은 '땅'은 /연속적/이다. 해석적 과정(parcours interprétatif)은 이처럼 인접 맥락뿐만 아니라 멀리 떨어져 있는 원격 맥락—나아가 텍스트 전체—을 고려해서 이루어져야 한다.

② 담론적 개념화

우리는 앞에서 //의료//라는 의미영역이 이태준의 「돌다리」라는 소설의 맥락 속에서 어떠한 방식으로 구조화되어 있는가를 살펴보았다. 우리가 5가지 유형으로 제시한 //의료//의 하위 부류들과 의소들은 이러한 구조화의 과정을 잘 보여준다. 우리는 앞에서 이러한 의미영역의 구조화를 담론적 개념화라고 부를 것을 제안하였다. 우리는 //의료//영역에 대한 사람들의 의식구조를 분석한 것이 아니라 이태준의 소설 「돌다리」 속에 표상된 //의료//영역에 대한 개념적 구조를 분석하였다. 이러한 구조를 담론적이라고 명명한 이유는 우리의 분석이 철저하게 텍스트에 의존해 있기 때문이다. 라스티에는 이러한 텍스트의 의미 구조를 의미론적 지각(perception sémantique)의 대상으로 설명한다.[18] 의미론적 지각이란 일반 지각과 마찬가지로 배경(fond)과 형태(forme)로 이루어져 있다. 요컨대 우리가 어떤 형태

18 라스티에의 이론 속에서 의미론적 지각은 매우 중요한 방법론적인 역할을 수행한다. 라스티에는 의미론적 지각을 구성하는 배경과 형태를 각각 종속동위소와 종차동위소로 설명한다(2001, p. 48). 텍스트 분석에서 동위소는 주제와 상응하는 개념이다. 따라서 종속주제가 배경에, 종차주제가 형태에 각각 해당한다고 볼 수 있다. 이러한 지각이 결합하여 최종적으로 텍스트가 구성하는 "지시적 인상"을 만들어낸다(p. 18).

를 지각한다는 것은 항상 어떤 배경 하에서 그 형태를 지각한다는 것을 가리킨다. 텍스트 의미론에서 종속주제가 배경에 해당된다면 종차주제는 형태를 표현한다. 담론적 개념화는 의미론적 지각의 관점에서 배경과 형태의 분화과정으로 설명될 수 있다. //의료//영역의 담론적 개념화 과정을 도표로 정리하면 다음과 같다.

//의료//의 담론적 개념화 도식

배경		형태
//의료//	//행위//	/무성의한/(4)
		/기술적/(2)
		/인간적/(3)
	//주체//	/무성의한/(2)
		/우월적/(6)
		/타산적/(4)
	//대상//	/인간적/(2)
		/물질적/(7)
		/타산적/(1)
		/불행감/(5)
		/강도/(4)
	//도구//	/물질적/(3)
		/강도/(1)
	//공간//	/타산적/(20)
		/확장적/(15)
		/도시의/(2)
		/서양의/(4)
		/단절적/(1)
		/강도/(4)

우리는 위의 도표에서 //의료//영역에 대한 /타산적/(25) 시각이 지배적임을 확인할 수 있다. 아버지의 땅을 팔아 병원을 확장하려고 한 아들의 계획은 타산적일 수밖에 없다. 의소분석은 우리의 이러한 인상—의미론적 지각—을 경험적으로 증명해 준다.

2) //농사//

//의료//영역과 마찬가지로 우리는 //농사//영역에 속한 의미소들을 //행위//, //주체//, //대상//, //도구//, //공간// 등의 하위 부류들로 나누어 분석하고자 한다. 경작지로서 '논'과 '밭'이 농경행위의 주된 대상이 된다. 논과 밭에서 거두어들인 소출 역시 대상의 부류로 묶을 수 있다. 물론 보다 세부적인 분석을 위해서는 농경행위의 결과나 목적을 새로운 의미부류로 정하고 소출을 별도로 분리해낼 수 있을 것이다. 하지만 우리는 이러한 세분화가 이 소설의 분석에 불필요한 군더더기에 지나지 않은 것으로 판단하였다. 반면 우리는 농경행위가 이루어지는 공간으로 '땅'을 별도로 설정하였다. 농사짓는다는 것이 땅을 경작하는 행위이기 때문에 '땅' 역시 '논'이나 '밭'과 마찬가지로 농경행위의 대상이라고 볼 수 있다. 비록 그렇다 하더라도 이 소설에서 다루어지는 '땅'의 비중을 고려해 볼 때 우리는 이 항목을 별도로 설정하는 것이 해석학적 관점에서 필요하다고 판단하였다. 특히 의료공간으로서 '병원'과 '땅'과의 대비가 이 소설의 주요 테마가 되고 있는데, 이 문제가 주로 공간적인 시각에서 다루어지고 있음에 주목하였다. 이러한 관점에서 우리는 //의료//에서와 마찬가지로 //농사//에서도 //공간//이란 하위 의미부류를 설정하고

자 한다.

//농사//의 의미 그래프

[//도구//]
↑
(도구격)
↑
[//주체//] ← (능격) ← [//행위//] → (대격) → [//대상//]
↓
(처소격)
↓
[//공간//]

우리는 //의료//와 //농사// 두 의미영역이 위상학적으로 동형적 구조를 이루고 있음을 확인할 수 있다. 비록 그렇다 하더라도 의미론적 관점에서 이들이 특성화—혹은 개념화—되는 방식은 전혀 다르다. 우리는 종차주제 분석을 통해 과연 어떻게 다른지를 보다 구체적으로 살펴보고자 한다.

① 분석

A. //행위//

농사는 아버지의 아버지의 아버지로 이어지는 '가업'으로 묘사되어 있다. 이러한 세대 간의 /연속성/은 /전통적/ 가치를 부여한다. 양의가 되기 위해 아들 창섭은 "전대에는 모르던 유학"의 길에 올라야 했다. 아들의 대에 이르러 이러한 단절이 발생한 것에 대해 아버지는 내심 못마땅하게 생각하지만 "의술이 활인하는 인술이라" 굳이 말리지는 않았다. /연속적/과 /단절적/이란 이 두 의소 간의 대립은 //농사//와 //의료// 두 영역 사이에 발생하는 대립이라고 볼 수 있다. 특히 //농사//의 하위 의미부류들은 긍정적인 시각과 부정적인 시각으로 양분된다. 예컨대 자농은 긍정적으로 타작은 부정적으로 그려진다. 농사짓는 행위는 손수 정성을 다해 해야 하는 행위임에도 불구하고 소농을 두고 서울에서 생활하는 지주들은 아무런 노력도 기울이지 않은 채 소득만을 탐하는 자로 묘사되어 있다. 농경행위는 본질적으로 /전통적/이요 /연속적/이요 /자율적/이요 /정성스런/ 행위여야 하는데 이들의 행위는 전혀 그렇지 못하기 때문이다.

//행위//의 종차주제 분석

	/연속적/	/전통적/	/자율적/	/타율적/	/정성스런/	/무성의한/	/베푸는/	/인색한/	설명
'움켜-'					+(a)				농사짓는 모습임
'널-'					+(a)				농사짓는 모습임
'손수'(2)			+(i)						자율적 행위임
'이룩하-'(2)			+(a)		+(a)				손수 정성을 다해 이룩함
'들이-'					+(a)				일꾼을 들여서까지 정성을 다함
'비뚠'					+(a)				농사짓는 모습임
'바로 잡-'					+(a)				농사짓는 모습임
'돌을 추리-'					+(a)				농사짓는 모습임

'담을 두르-'					+(a)				농사짓는 모습임
'매-'					+(a)				농사짓는 모습임
'자농으로'			+(i)						자율적인 태도임
'버티-'			+(a)						자율적인 태도를 고수함
'타작'				+(i)		+(a)			소작을 둠
'농사하'						+(a)			자기 이윤만을 취하는 행위로 묘사됨
'거두-'					+(a)				농사짓는 행위임
'손수'			+(i)						자율성 표현
'맡-'				+(i)					전답을 맡기는 행위는 타율적임
'팔-'						+(a)			땅을 파는 행위는 땅에 대해 무성의한 행위임
'낭비하-'						+(a)			땅의 소출을 낭비하는 행위는 땅에 대해 무성의한 행위임
'떨-'								+(a)	땅에 돈을 쓰는 것을 벌벌 떠는 행위는 땅에 인색한 행위임
'가꾸-'					+(a)		+(a)		땅을 보살피는 행위
'홀대하-'								+(i)	땅을 홀대하는 행위는 땅에 인색한 행위임
'걷-'						+(a)			농사 소출만을 거두는 이기적인 행위임
'가업'	+(a)	+(i)							전통적 가치를 대변함

B. //주체//

//주체//는 한편으로 자농으로 가업을 이어온 아버지, 아버지의 아버지, 아버지의 할아버지, 그리고 용문, 문보, 덕길 등 천부적인 농군과, 다른 한편으로 작인에게 전답을 맡긴 지주로 대별된다. 전자의 부류는 /비타산적/으로 /정성스럽게/ 농사일을 돌보지만 후자의 부류는 /타산적/으로 행동하고 땅에 대해 /무성의한/ 태도를 보인다.

//주체//에 대한 종차주제 분석

	/연속적/	/정성스런/	/무성의한/	/비타산적/	/타산적/	/강도/	설명
'아버지'(2)	+(a)						세대 간의 연속성 표현함
'근검으로'		+(i)		+(a)			정성스러운 태도임
'소문난'						+(i)	강도를 표현함
'자기 대'	+(a)						세대 간의 연속성 표현함
'할아버지'	+(a)						세대 간의 연속성 표현함
'여간'						+(a)	강도를 표현함
'근실한'		+(i)		+(a)			정성스런 태도임
'소작'(3)			+(a)				소작을 두는 것은 불성실한 태도로 묘사됨
'일꾼'			+(a)				일꾼을 두는 것은 불성실한 태도로 묘사됨
'세 명씩'(2)						+(a)	불성실한 태도의 강도를 나타냄
'지주'(3)			+(a)		+(a)		지주는 무성의하고 타산적인 것으로 묘사됨
'작인'			+(a)				작인을 두는 것은 불성실한 태도로 묘사됨

'야인'				+(a)			야인으로 산다는 것은 비타산적인 삶임

C. //대상//

할아버지와 아버지께서 물려주신 전답은 정성을 다해 돌봐야 할 대상이다. 이러한 전답에 대한 아들의 시각은 /타산적/이다. 하지만 아들의 눈에조차 가지런히 정돈된 전답은 /행복감/을 불러일으킨다. 앞서 지적한 대로 이 /행복감/은 '병'이 주는 /불행감/과 대조를 이룬다.[19]

//대상//에 대한 종차주제 분석

	/연속적/	/비확장적/	/정성스런/	/행복감/	/타산적/	설명
'논'(8)	+(a)	+(a)				물려받은 유산으로 늘리지는 못함
'밭'(9)	+(a)	+(a)				물려받은 유산으로 늘리지는 못함
'논둑'(2)				+(a)		시골의 논둑은 행복감을 표현함
'물려주-'	+(a)					세대 간의 연속성을 표현함
'기름지-'				+(a)		행복감 표현
'논배미'	+(a)	+(a)				물려받은 유산으로 늘리지는 못함
'전답'	+(a)	+(a)				물려받은 유산으로 늘리지는 못함
'바닥'			+(a)	+(a)		정성스럽게 돌본 전답의 모습
'고름'			+(a)	+(a)		정성스럽게 돌본 전답의 모습
'언저리'			+(a)	+(a)		정성스럽게 돌본 전답의 모습
'바름'			+(a)	+(a)		정성스럽게 돌본 전답의 모습
'흙'				+(a)		부드러운 흙은 행복감을 표현

19 주 12 참조.

'부드러움'				+(a)		행복감 표현
'탐스럽게'				+(a)		행복감 표현
'흐뭇하-'				+(a)		행복감 표현
'농토'					+(a)	아들은 농토를 타산적 시각으로 바라봄
'느르지논'(3)	+(a)		+(a)			물려받은 유산으로 정성스럽게 돌보아야 함
'독사장밭'(2)	+(a)		+(a)			물려받은 유산으로 정성스럽게 돌보아야 함
'전장'	+(a)		+(a)			물려받은 유산으로 정성스럽게 돌보아야 함

D. //도구//

의료기구들이 모두 /물리적인/ 대상이라면 이 소설에 등장하는 농기구들은 모두 /자연적인/ 대상으로 등장한다. '소바리', '쇠똥', '품', '거름' 등이 이에 해당하는 의미소들이다. 우리는 오로지 /자연적/이란 의소만을 고려하고자 하는데, 이 의소는 의료기구의 /물리적/인 의소와 대립적 관계를 형성한다.

//도구//에 대한 종차주제 분석

	/자연적/	/강도/	설명
'소바리'	+(i)		자연적 대상임
'쇠똥'	+(i)		자연적 대상임
'맨손'	+(i)		자연적 대상임
'품'	+(i)		일꾼을 가리키는 말로 역시 자연적 대상임
'몇씩'		+(a)	강도 표현
'소'	+(i)		자연적 대상임

‘두필’		+(a)	강도 표현
‘쇠고삐’	+(i)		자연적 대상임
‘거름’	+(i)		자연적 대상임

E. 공간

농사짓는 행위가 이루어지는 공간은 땅이다. 땅은 /타산적/ 시각과 /비타산적/ 시각으로 각각 나뉘어 기술된다. 전자의 시각은 아들과 지주의 시각이요, 후자의 시각은 아버지의 시각이다. 이 두 의소 간의 대립 외에 /자율적/과 /타율적/, /가치 있는/과 /무가치한/ 등의 대립이 땅의 개념을 특성화하고 있다. 우리는 분석의 편의를 위해 아버지의 시각에서 본 땅을 ‘땅1’로, 아들과 지주의 시각에서 본 땅을 ‘땅2’로 구별하고자 한다.

우리는 다음의 도표에서 땅에 대한 상반된 견해를 확인해 볼 수 있다.

//공간//에 대한 종차주제 분석

	/비타산적/	/타산적/	/자율적/	/타율적/	/가치 있는/	/무가치한/	/연속적/	설명
‘땅1’	+(a)		+(a)		+(a)		+(a)	아버지의 시각
‘땅2’		+(a)		+(a)		+(a)		아들과 어머니 그리고 지주의 시각

② 담론적 개념화

//농사//영역은 서로 상반된 시각으로 구조화되어 있어 의미소들 간에 대립적 관계가 //의료//영역보다 복잡한 양상을 띠고 있다. 지금까지의 분석을 토대로 //농사//영역의 개념화 과정을 도표로 정리

하면 다음과 같다.

//농사//의 담론적 개념화

배경		형태	
//농사//	//행위//	A	/연속적/(1)
			/전통적/(1)
			/자율적/(5)
			/정성스런/(11)
			/베푸는/(1)
		B	/타율적/(3)
			/무성의한/(3)
			/인색한/(2)
	//주체//	A	/연속적/(3)
			/정성스런/(2)
			/비타산적/(3)
			/강도/(3)
		B	/무성의한/(4)
			/타산적/(1)
	//대상//	A	/연속적/(8)
			/비확장적/(4)
			/정성스런/(7)
			/행복감/(10)
		B	/타산적/(1)
	//공간//	A	/비타산적/(8)
			/자율적/(1)
			/가치 있는/(8)
			/연속적/(1)
		B	/타산적/(6)
			/타율적/(2)

<table>
<tr><td rowspan="3"></td><td></td><td></td><td>/무가치한/(11)</td></tr>
<tr><td rowspan="2">//도구//</td><td colspan="2">/자연적/(7)</td></tr>
<tr><td colspan="2">/강도/(2)</td></tr>
</table>

//도구//를 제외한 모든 하위 부류에서 //농사//영역은 다시 A의 관점과 B의 관점으로 나뉜다. A의 관점은 아버지의 관점을, B의 관점은 아들과 어머니 그리고 지주의 관점을 대변한다. A의 관점에서는 /정성스런/(20)이란 의소가 지배적인 반면에 B에서는 /무가치한/(11)이란 의소가 지배적이다. 우리는 땅을 두고 벌어지는 세대 간의, 나아가 세계관 간의 갈등의 골이 심화되어 있는 모습을 확인할 수 있다.

(2) 의미구조

텍스트 의미론의 기본 가설은 의미는 차이에서 비롯된다고 하는 것이다. 우리는 의소분석을 통해 이태준의 「돌다리」에 나타난 의미의 대립적인 구조를 분석하였다. 의미소들 간의 대립적 관계는 한 종속주제 안에서 발생하기도 하고 종속주제 간에 발생하기도 한다. 이를 도표로 나타내면 다음과 같다.

“A”와 “B”는 우리가 앞서 분석한 //의료//와 //농사// 두 영역을 나타낸다. “p”와 “q”는 해당 영역에 속한 의미소들을 가리킨다. “s”는 이러한 의미소들 간의 관계를 토대로 추출된 의소들을 가리킨다. “si”가 주어진 한 영역, 예컨대 //의료//영역의 내적 관계를 통해 결정

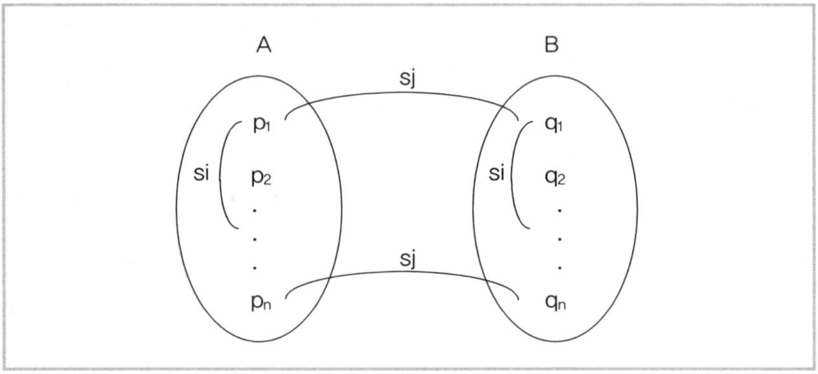

된 의소라고 한다면 "sj"는 이 영역과 다른 한 영역, 즉 //농사//영역 간의 상호관계를 토대로 결정된 의소라고 할 수 있다. 다시 말해 "si"는 주어진 한 영역 내에서 의미소들이 맺고 있는 차별적 관계를 표현하고, "sj"는 이러한 의소들 가운데 두 영역 간의, 예컨대 "A"와 "B"와의 차별적 관계를 고려해서 추출해낸 것이다. 이 모델에 따라 앞서 분석한 내용을 정리하면 다음과 같다.

<종속주제 간의 대립>

//의료//	//농사//
/무성의한/	/정성스런/
/타산적/	/비타산적/
/물질적/	/자연적/
/불행감/	/행복감/
/확장적/	/비확장적/
/도시적/	/전원적/
/서양적/	/전통적/
/단절적/	/연속적/

<종속주제 내적 대립>

//농사//	
/비타산적/	/타산적/
/전원적/	/도시적/
/자율적/	/타율적/
/베푸는/	/인색한/
/가치 있는/	/무가치한/

//의료//	
/인간적/	/기계적/(/비인간적/)

의소가 반드시 대립적 관계에 의해 정의되는 것은 아니다. 예컨대 총 27번 출현한 /강도/가 /무(無)강도/와 대립적 관계를 이루고 있는 것은 아니다. 물론 특별히 강조된 부분은 그렇지 않은 부분과 구분될 수 있다. 그러나 강조되지 않았다 하여 /무(無)강도/라는 의소를 따로 설정할 필요는 없다. 이처럼 의소가 대립적인 형태로만 존재하는 것은 아니다 하더라도 의소분석의 타당성과 객관성을 높이기 위해서는 그럼에도 불구하고 대립적인 관계에 주목할 필요가 있다. 우리가 제시한 대부분의 의소들은 바로 이러한 대립적 관계를 참조로 해서 결정된 것들이다. 그레마스가 주장한 의미의 기본 구조도 바로 이러한 이원적 대립에 기초해 있다.

우리는 이태준의 「돌다리」를 읽어가면서 //의료//와 //농사// 두 영역이 어떻게 개념화되는가를 살펴보았다. 이 두 영역은 모두 //행위//, //주체//, //대상//, //도구//, //공간// 등 5가지 세부 영역으로 분화된다. 우리가 분석해낸 의소들은 이 세부 영역을 채우고 있는 의미론적 요소들이다. 이들은 서로 대립적 구조를 이루고 있는데, 우리는 이 대립을 바탕으로 급격한 근대화를 겪으면서 우리의 앞선 세대들이 겪었던 세대 간의, 나아가 세계관 간의 갈등을 의미론적 시각에서 규명해 볼 수 있었다. 물론 이러한 갈등의 유형은 소설이라는 장르에 의해 영향을 받는다. 예컨대 '땅'이라는 주제가 소설에서 표상되는 방식과 시에서 표상되는 방식은 서로 다를 것이다. 장르가 의미활동—의미산출과 의미해석—에 어떠한 영향을 미치는가? 이 문제는 매우 흥미 있는 주제이다. 이 문제를 해결하기 위해서는 문장 중심의 종전의 의미론을 벗어나서 적극적으로 텍스트를 의미분석의 대상으로 삼아야 한다. 이런 점에서 라스티에의 텍스트 의미론은 매우 유용한 인식론적 · 방법론적 지침을 제공해 준다.

(3) 의소와 해석

우리는 이태준의 「돌다리」에서 가장 중요한 '돌다리'의 의미분석을 지금까지 미루어 왔다. 아들 창섭은 샘말에 들어서자마자 아버지와 동네 사람들이 "살얼음이 잡힌 찬물에 무릎까지 걷고 들어서서"(p. 143) 돌다리를 고치고 있는 모습을 발견한다. "동네 복판"을 가로지르고 있는 개울에 놓인 돌다리는 아버지께로부터 전해 들은 "내력"을 지니고 있는 다리이다(*ibid.*).

> 너이 증조부님이 돌아가시어서다. 산소에 상돌을 해오시는데 징검다리로야 건네올 수가 있니? 그래 너이 조부님께서 다리부터 이렇게 넓구 튼튼한 돌루 노신 거란다(*ibid.*).

"자연석 그대로"(p. 144) 옮겨다 놓은 이 돌다리는 "몇 해 전 어느 장마엔 어찌 된 셈인지 가운데 제일 큰 장이 내려 앉아 떠내려갔고" (p. 143) 대신에 "면에 보조를 얻어 난간까지 달린 한다한 나무다리가"(*ibid.*) 놓이게 되었다. 아버지는 바로 "잊혀진"(p. 144) 이 돌다리를 동네 사람들과 함께 재건하고 계신 것이다.

상돌을 옮기기에 '징검다리'가 /나약한/ 다리라면 넓고 튼튼한 '돌다리'는 /견고한/ 다리이다. 할아버지대로부터 내력을 지닌, "자연석을 그대로" 옮겨다 놓은 '돌다리'가 /연속적/이고 /자연적/이라면 "면의 보조로 난간까지 달린" 새롭게 지은 '나무다리'는 돌다리를 "잊혀지"게 했다는 점에서 /단절적/이고 또한 /인위적/이다. 우리는 여기에 한 가지 의소를 추가해 볼 수 있다. 먼저 소설의 말미에 등장하는 아버지의 독백을 인용해 보자.

> 물이 분수없이 늘어 떠내려갔던 게 아니라 자갈이 밀려 내려와 물구멍이 좁아졌든지, 그렇지 않으면, 어느 받침돌의 밑이 물살에 궁굴러 쓰러졌던 그런 까닭일 게다. 미리 바닥을 치고 미리 받침돌만 제대로 보살펴 준다면 만년을 간들 무너질 리 없을게다. 그저 늘 보살펴야 허는 거다(p. 148).

/정성스럽게/ '돌다리'를 보살핀다면 돌다리는 /견고한/ 모습 그대로 "만년을 간들 무너지지" 않을 것이라는 것이 아버지의 확신이다. 우리가 분석한 내용을 도표로 정리하면 다음과 같다.

	/견고한/	/나약한/	/연속적/	/단절적/	/자연적/	/인위적/	/정성스런/	설명
'돌다리'	+		+		+		+	내력을 지닌 자연석으로 만든 돌다리는 정성스럽게 보살펴야 한다.
'징검다리'		+						상돌을 옮기기에 징검다리는 허약하다.
'나무다리'				+		+		돌다리를 잊혀지게 한 나무다리는 단절적이고 읍내의 보조로 난간까지 단가공된, 인위적인 다리이다.

/견고한/이란 의소를 제외한다면 /연속적/, /자연적/, /정성스런/ 등은 모두 '땅'에서 찾아볼 수 있는 의소들이다. 우리는 '땅'의 의미의 장과 '다리'의 의미의 장이 의미론적으로 동형적 구조를 지니고 있다고 말할 수 있다. 잊혀진 다리를 다시 복원한다는 것은 결과적으로 땅의 가치를 회복시킨다는 것이다. 그리고 땅의 가치란 우리의 문화요 전통에 다름 아니다.

우리가 지금까지 분석한 주제의 전개과정을 선적인 순서로 열거해 보자. 창섭은 병원 확장의 계획을 가지고 고향을 방문한다.(의료) 샘말에 들어서기까지 논밭으로 이루어진 고향의 풍경에 잠시 빠진다.(농사) 샘말 입구에 들어서자마자 돌다리 공사를 하고 계신 아버지를 발견한다.(돌다리) 아버지가 잠시 집에 들르자 자신의 계획을 조리 있게 설명한다. 땅을 팔아 병원을 신축해야 한다는 것이 의사인 아들의 요구이다.(의료) 아버지는 즉답을 피하고 다시 돌다리 공사 현장으로 떠난다.(돌다리) 공사를 마치고 돌아온 아버지는 아들의 요구를 단호하게 거절한다. 우리는 여기서 땅에 대한 아버지의 신념을 읽을 수 있다.(농사) 소설은 돌다리에 대한 아버지의 성찰로 끝을 맺는다.(돌다리) 이 과정을 도식적으로 표현하면 다음과 같다.

의료－농사－돌다리－의료－돌다리－농사－돌다리

주제의 선적 진행과정을 분석해 보면 우리는 돌다리의 역할이 매개적임을 발견할 수 있다. 즉, 돌다리는 우리가 앞에서 분석한, 대립적인 의미의 구조를 서로 연결시켜 주는 연결고리로서 작용한다. 뿐만 아니라 이야기의 전개과정 속에서도 매우 중요한 연결고리로서의 역할을 수행한다. 아들의 계획을 듣고 나서 즉답을 피하고 돌다리 공사 현장으로 간 아버지는 공사를 마치고 돌아와서야 자신의 견해를 피력한다. 다시 말해 돌다리가 복원된 뒤에야 비로소 아버지는 아들에게 땅의 가치를 강변한 것이다. 의료가 타산적인 현대적 가치를 대변한다면 농사는 순리를 중시하는 전통적인 가치를 대변한다. 돌다리가 영문 모르게 무너진 것은 전통적 가치의 붕괴를 뜻한다. 이 다리를 재건한 것은 바로 이 붕괴된 전통적 가치의 복원을 뜻한다. 아버지의 독백으로 마무리되는 이 소설에서 우리는 이해타산보다 천리를 중시했던 전통적 가치를 발견하게 된다. "사람이란 하늘 밑에 사는 날까진 하루라도 천리를 방심을 해선 안 되는 거다 …"(*ibid.*).

제 2 장

신화의 진리존재 양태 : 윤대성의 『신화 1900』

■ 줄거리

김기창은 무죄이다. 유괴살인 사건의 용의자로 한때 사형선고까지 받았으나 그는 대법원의 무죄판결로 석방되었다. 그러나 이 사건이 완전히 종결된 것은 아니다. 진범이 아직까지 잡히지 않았기 때문이다. 그는 그 뒤 정신적인 충격으로 정신병원에 입원하게 된다. "타인에 의해 살인자가 된(윤대성 1984 : 237)" 그는 심각한 피해망상증에 시달리고 있다. 의사는 그의 치료를 위해 심리극을 구상하고 한 작가에게 도움을 청한다. 심리극의 형식으로 사건과 재판을 재구성하여 환자의 입을 열게 함으로써 치료하겠다는 의도이다. 의사, 간호사, 환자 등 병원 관계자들이 모두 직간접적으로 심리극에 참여한다. 이제 병원은 법정이 된다. 이러한 공간의 변형은 현실에서 허구로의 변형이다. 때때로 환자들은 이러한 변형을 혼동하여 문제를 일으키기도 한다. 기자와 형사, 검사와 변호사, 증인과 피고 사이에 치열한 법정 공방이 오고 간다. 우여곡절 끝에 판사의 역을 맡은 의사는 자신의 역을 피고인인 김기창에게 넘겨주고 스스로 판결을 내리도록 한다. 무죄선고가 내려지고 심리극은 성공적으로 막을 내린다. 그러나 아직 극이 완전히 끝난 것은 아니다. 심리극의 진행에 도움을 주었던 한 남자 간호사가 무죄 판결에 불만을 품고는 실제로 사형을 집행한다. 그가 보기에 김기창은 유죄이기 때문이다. 비극적인 결말을 목전에서 맞이한 의사와 작가는 아연실색한다.

1. 텍스트 의미론과 변론부 분석

극중극의 형식으로 꾸며진 윤대성의 『신화 1900』의 줄거리이다. 우리는 텍스트 의미론의 관점에서 이 극의 진리존재 양태를 분석하고자 한다. 텍스트 의미론은 의미의 문제를 단어나 문장의 차원이 아니라 텍스트의 차원에서 논의한다는 점에서 기존의 의미론과는 다른 분석방법론을 보여준다. 우리는 텍스트 차원에서 이루어지는 명제분석의 방식을 구체적으로 살펴보고자 한다.

텍스트 의미론에서 양태분석은 변론부(dialogique)에서 이루어진다.[1] 변론부는 행위자(acteur)의 우주(univers)와 세계(monde)를 다루

1 텍스트 의미론에서 텍스트 분석은 주제부(thématique), 변증부(dialectique), 변론부(dialogique), 전략부(tactique) 등 모두 네 가지 의미구성부를 중심으로 진행된다. 주제부는 주제를 다루고 변증부는 행위자와 이 행위자가 수행하는 기능을 다룬다. 변론부는 양태적 시점을 다루고 전략부는 의미단위의 선적 전개를 다룬다(Rastier 1994, p. 40 참조). 우리가 이 글에서 다루고자 하는 의미구성부는 양태적 시점을 다루는 변론부이다.

는 의미구성부이다.[2] 기호학자 모리스(Morris)에 따르면 의미론은 언어단위—단어나 문장—와 이 단위가 지시하는 대상과의 관계를 다루는 기호학의 한 분야라고 할 수 있다.[3] 지시의미론에서는 이러한 관계를 지시관계로 정의한다.[4] 기호로서 언어단위는 언어단위가 아닌 다른 무엇인가를 지시한다. 이 다른 무엇인가가 존재하는 세계가 또한 반드시 존재해야 한다. 지시의미론에서는 이러한 세계를 지시세계라고 부른다. 이처럼 지시의미론은 지시관계와 지시세계에 관한 이론이라고 할 수 있다. 지시세계는 지시대상이 실제로 존재하는 것이냐 아니면 상상 속에 존재하는 것이냐에 따라 실제세계와 가능세계[5]로 나뉘어진다. 텍스트 의미론에서는 이 두 세계 외에 거짓세계[6]를 상정한다. 거짓세계는 실제세계의 진리와 반대되는 진리가 언표

2 "변론부는 양태와 관련되어 있다. 모든 양태는 우주(의미 그래프의 자율적 총체)와 세계(한 우주 속에 양태화된 그래프의 총체)와 관련되어 있다. 또한 모든 우주와 모든 세계는 최소한 하나의 행위자와 관련된다"(Rastier, 1989, p. 82). 다시 말해 변론부는 행위자의 우주와 세계의 양태성에 대한 분석이라고 할 수 있다.

3 Peirce 기호학의 전통 속에서 Morris는 기호, 발화자, 대상 간의 관계 유형에 따라 기호학의 세 분야를 나눈다. 기호와 기호의 관계를 다루는 영역은 통사론에 해당하며, 기호와 발화자와의 관계를 다루는 영역은 화용론에 해당한다. 나머지 한 분야인 의미론은 기호와 대상 간의 관계를 다룬다(Morris C., 1971).

4 모든 의미의 문제는 기호 개념을 전제하고 있다는 점에서 의미론과 기호학은 상호 의존관계에 있다고 말할 수 있다(이 문제와 관련하여 Yong Ho Choi 2001, pp. 75−83 참조). 전통적인 기호 개념은 표상(représentation) 개념에 토대를 두고 있다. 우리가 여기서 비판하고자 하는 지시의미론도 이러한 전통 속에 위치한다. 반면 텍스트 의미론은 18세기 동의어주의자들과 소쉬르에 기초한 차이(différence)의 개념에 토대를 두고 있다.

5 Leibniz, Hintikka, Kripke 등에 의해 고안, 개발된 가능세계 의미론은 오늘날 여러 의미이론가들에 의해 발전하였다. 프랑스어권에서 발전한 모델로 우리는 R. Martin이 1983년에 펴낸 『의미의 논리학을 위하여』(*Pour une logique du sens*)를 찾아볼 수 있다.

6 실재세계(monde factuel)와 거짓세계(monde contre−factuel)는 논리적으로 서로 적대적인 관계에 있는 세계이다. 실제세계의 진리값이 참이면 거짓세계의 진리값은 거짓이 된다. F. Rastier 1989, p. 84 참조.

되는 세계라는 점에서 가능세계와 구별된다. 텍스트 의미론에서 이 세계를 가정하는 이유는 진리를 놓고 서로 다른 입장들 간의 진리 공방이 이루어질 수 있기 때문이다. 우리가 행위자들을 고려해야 하는 이유는 바로 여기에 있다. 행위자들은 서로 다른 진리를 주장하는 서로 다른 입장들을 대변한다. 텍스트 의미론에서 세계 개념 외에 우주를 고려하는 이유는 언어단위가 지시하는 대상의 세계뿐만 아니라 서로 다른 입장들을 대변하는 행위자들의 거주공간이란 개념이 필요하기 때문이다. 우주는 곧 행위자들의 우주를 가리킨다. 이 우주는 실제세계와 거짓세계 그리고 가능세계로 구성되어 있다.[7] 텍스트 의미론에서 다루는 이러한 세계들은 지시의미론의 지시세계와는 달리 주어진 한 텍스트 속에서 재구성된 세계들이다. 이런 점에서 텍스트 의미론의 존재론적 지위는 라스티에(2001 : 18)가 적절하게 표현한 것처럼 '탈존재론적'(dé-ontologique)이라고 할 수 있다. 주어진 한 텍스트 속에 등장하는 모든 행위자들의 우주를 상정우주(univers d'assomption)라고 한다.[8] 이 상정우주는 텍스트를 산출한, 전지전능하며 무소 부재한 존재로서의 작가의 우주, 다시 말해 내포작가(auteur impliqué)[9]의 우주에 의해 반박 가능한 우주이다. 텍스트 의미론에서는 이러한 우주를 텍스트의 지시우주라고 하고 행위자들의 우

---

7 *Ibid.*

8 "지시우주를 제외한 모든 우주가 상정우주이다. 상정우주는 발화체나 표상된 발화의 행위자에 부여된 명제들로 구성된 의미론적 우주의 부분이다"(L. Hébert 2001, pp. 158-161).

9 페트릭 오닐(2004)은 『담화의 허구』에서 8명의 "서사적 배우들"(p. 189)을 상정한다. 이들은 실제작가, 내포작가, 서술자, 인물들, 피서술자, 내포독자, 실제독자 등이다. 내포작가는 "본질적으로 추론을 통해 도출된 작가의 태도"라고 할 수 있다(p. 121).

주인 상정우주와 구별한다. 상정우주가 행위자들의 우주라고 한다면 텍스트의 지시우주는 이들의 진리값을 결정하기 위해 반드시 참조해야 하는 우주이다.[10] 텍스트 의미론이든 지시의미론이든 의미론은 의미와 세계에 대한 이론이라고 할 수 있다. 이 두 의미론의 차이점을 요약하면 다음과 같다.

<텍스트 의미론과 지시의미론>

<table>
<tr><th>의미론</th><th>우주</th><th>세계</th><th>존재적 지위</th></tr>
<tr><td rowspan="6">텍스트 의미론</td><td rowspan="3">지시우주
(텍스트의 우주)</td><td>실제세계</td><td rowspan="6">탈존재론
(텍스트)</td></tr>
<tr><td>거짓세계</td></tr>
<tr><td>가능세계</td></tr>
<tr><td rowspan="3">상정우주
(행위자들의 우주)</td><td>실제세계</td></tr>
<tr><td>거짓세계</td></tr>
<tr><td>가능세계</td></tr>
<tr><td rowspan="3">지시의미론</td><td colspan="2">세계</td><td rowspan="3">존재론
(초월적 세계)</td></tr>
<tr><td colspan="2">실제세계</td></tr>
<tr><td colspan="2">가능세계</td></tr>
</table>

변론부 분석이란 행위자의 우주와 세계에 대한 분석이다.[11] 이 우주와 세계는 명제들의 집합으로 정의된다. 변론부의 구체적인 분석 단위는 바로 이러한 명제들이다. 변론부는 해당 명제들이 각각의 우

10 그 이유는 바로 지시세계가 텍스트의 진리를 구축하기 때문이다. Hébert(2005)는 이러한 지시우주의 기능을 다음과 같이 요약한다. "지시세계가 텍스트 속에서 참된 진리를 인식하게 한다"(p. 139).

11 주 3 참조.

주와 세계에서 어떤 양태로 유표화(marqué)되는가를 다루는 의미구성부라고 할 수 있다. 변론부에서 다루는 양태를 간략하게 예시하면 다음과 같다.[12]

<양태>

양 태	사 례
존 재 ontique	사실적(factuel), 비현실적(irreel) 혹은 불가능한(impossible), 가능한(possible) 등
진 리 véridictoire	참된(vrai), 거짓된(faux) 등
양 상 aléthique	필연성(necessité), 가능성(possibilité), 불가능성(impossibilité), 우연(contingence) 등
인 식 épistemique	확실한(certain), 확증된(établi), 입증된(demontré), 배제된(exclu), 개연적인(plausible), 이론의 여지가 있는(contestable), 미확정적인(indécis), 알려진(connu), 알려지지 않은(inconnu) 등
의 무 déontique	의무적인(obligatoire), 허용된(permis), 금지된(interdit), 수의적인(facultatif) 등
욕 구 boulestique	욕망(désir), 희망(souhait), 의지(vonlonté) 등
평 가 évaluatif	긍정적(positif), 부정적(negatif), 상위의(supérieur), 하위의(inférieur) 등
기 호 semiotique	사실적(de re), 언술적(de dicto) 등

허구적 공간이 법정에서 이루어지는 진리 공방을 주요 소재로 삼고 있는 『신화 1900』에서 우리가 다루고자 하는 주요 양태는 진리존재 양태이다.

12 우리는 Hébert(2001, pp. 141-142)를 참조하여 위의 도표를 작성하였다.

2. 분석단위와 층위

윤대성의 『신화 1900』은 “타인에 의해 살인자가 된” 한 인간의 억울한 삶을 아이러니의 방식으로 표현한 희곡이다. 법정에서 이루어지는 재판의 과정을 재현하고 있는 이 희곡에서 참과 거짓의 문제, 즉 진리양태가 중요하게 다루어진다. 또한 이러한 진리 공방이 심리극이라는 허구의 세계 속에서 이루어진다는 점에서 현실과 비현실을 다루는 존재양태도 중요한 역할을 수행한다. 우리가 이 희곡에서 분석하고자 하는 양태는 이 두 양태를 결합한 진리존재 양태이다. 보다 구체적으로 우리는 ‘김기창은 유죄이다’라는 명제의 진리존재 양태를 분석하고자 한다. 이 희곡에서 이루어지는 모든 법정 공방이 바로 이 명제를 중심으로 이루어지고 있기 때문이다. 우리는 이 명제의 진리존재 양태가 각각의 행위자들에게서 어떻게 유표화되는지를 분석하고자 한다.

먼저 우리는 각각의 행위자들에 대한 우주와 세계를 구분해야 한다. 희곡 텍스트는 등장인물들 간의 대화로 이루어진 텍스트이기 때문에 등장인물들이 곧 행위자들이 된다. 우리가 분석하고자 하는 상정우주들은 다음과 같다.

<상정우주>

병원에서의 역할	법정에서의 역할
작가	판사/피고
서박사	변호사
간호사	간호사
환자 1	검사
환자 2	수사관
환자 3	기자
김한돌, 정한범,이동욱	공범
이진홍, 유인옥, 운전수	증인
박혜숙	김기창의 애인

상정우주들은 텍스트의 지시우주에 의해 언제든지 반박 가능한 우주이다. 극중극의 형식으로 꾸며진 이 희곡은 이중의 지시구조로 이루어져 있다. 이를 간단한 도표로 나타내면 다음과 같다.

지시우주	무대	상정우주	양태
텍스트 1	병원	환자, 간호사, 의사, 작가	사실적
텍스트 2	법정	피고인, 증인, 검사, 변호사, 판사	허구적

결국 우리는 이 희곡에서 병원을 무대로 삼고 있는 텍스트 1과 법정을 무대로 삼고 있는 텍스트 2의 지시우주를 각각 별도로 상정해야 한다. 이들의 존재론적 지위는 서로 다르다. 전자가 사실적이라면 후자는 허구적이다.

우리는 분석의 편의를 위해 텍스트의 시간격(intervalles temporels)[13]

을 아래와 같이 나누고자 한다. 1장에서 6장까지는 각 장이 독립된 시간격을 구성한다. 이야기가 반전에 반전을 거듭하는 7장은 네 개의 시간격으로 세분된다.

<시간격에 따른 텍스트 분할>

시간격	핵심 내용
T1(1장)	도입부 : 의사와 작가와의 대화
T2(2장)	기자의 증언
T3(3장)	현장검증–공범과 증인들의 진술
T4(4장)	현장검증 : 공범의 증언
T5(5장)	김기창과 작과의 대화, 작가와 서박사의 대화
T6(6장)	김기창 애인 박혜숙의 증언
T7–1(7장)	판결 1
T7–2(7장)	판결 2(판결 1의 번복)
T3–3(7장)	의외의 결과
T4–4(7장)	작가의 내레이션

13 시간격은 텍스트를 시간의 흐름에 따라 나눈 간격을 가리킨다. 희곡 텍스트의 경우 각 장마다 사건이 다르게 전개되기 때문에 장을 시간격으로 설정할 수 있다. 시간격에 따른 분석 사례는 Hébert(2001), pp. 188–193 참조.

3. 분석

각각의 시간격에 따른 변론부 분석을 소개하면 다음과 같다.

(1) T1의 양태분석

의사는 작가에게 자신의 환자인 김기창에 대해 소개한다. 피해망상증 환자인 김기창은 침묵 속에서 살아간다. 의사는 그의 입을 열게 하기 위해 심리극을 구상하고 작가에게 도움을 청한다. 이야기의 도입부에 해당하는 T1에서는 병원을 무대로 한 오직 실제세계만이 존재한다. 다시 말해 이 세계의 진리치에 반대하는 거짓세계가 존재하지 않는다. 이 세계에서 '김기창은 유죄다'라는 명제의 진리치는 거짓이거나 비관여적이다. 진리값이 모든 우주의 실제세계에서 동일하기 때문에 우주와 세계의 구분이 사실상 필요 없어진다. T1의 존재진리 양태를 도표로 정리하면 다음과 같다.

우주	존재론적 지위	세계	의미단위	진리치
지시우주 1	실제적	실제세계	김기창은 유죄다	F
서박사	실제적	실제세계	김기창은 유죄다	F(irrelevant)
작가	실제적	실제세계	김기창은 유죄다	F(irrelevant)

(2) T2의 양태분석

T2에서 극중극으로 무대가 바뀜에 따라 지시우주 1에서 지시우주 2로의, 다시 말해 변론부 간의 전이(transfert interdialogique)가 이루어진다. 이러한 전이는 현실(réel)에서 가상(fictif)으로의 전이이다. 그런데 이러한 전이가 완벽하게 이루어지는 것은 아니다. 왜냐하면 간호원은 새로운 무대에서도 여전히 간호원으로서 환자들을 돌보는 역할을 수행하고 있기 때문이다. 지시우주를 비롯하여 피고의 우주와 변호사의 우주가 동일한 진리치를 보여준다. 반면 피고와 논쟁적 관계에 있는 검사의 우주는 수사관의 우주와 동일한 진리치를 보여준다. 기자의 경우 가능세계의 진리치가 참으로 제시되어 있다. 기자와 수사관은 진리란 무엇인가라는 문제를 놓고 논쟁을 벌인다. 이 두 행위자의 대립은 진리치가 결정되는 세계 간의 대립으로 발전한다. 전자에게는 가능세계만이 중요하고 후자에게는 실제세계가 중요하다. 다시 말해 기자의 경우 '김기창이 유죄'라는 명제가 참일 수 있다는 개연성 그 자체가 중요한 반면에, 수사관의 경우에는 실제로 이 명제가 참인가 하는 문제가 중요하다. 기자의 변명을 인용해 보자.

> 기자는 기다릴 수가 없는 겁니다. 우리는 느낌과 확신만 있으면 써야되요! 기자라고 다 사실을 파헤칠 수는 없어요! 기자는 사실을 해결하는 수사관도 진리를 탐구하는 학자도 아닙니다. 사실의 신속한 전달, 이것만이 기자의 임무요! 특종을 놓치는 것보다 차라리 오보를 내는게 기자에겐 낫소!(윤대성 1984 : 237)

법정무대에서도 여전히 환자들을 돌봐야 하는 여자 간호사는 텍스트의 지시우주 2에 대한 변론부 외적(extradialogique) 행위자라고 할 수 있다.

우주	존재론적 지위	세계	의미단위	진리치
지시우주 2	허구적	실제세계	김기창은 유죄다	F
		거짓세계	김기창은 유죄다	T
피고의 우주	허구적	실제세계	김기창은 유죄다	F
		거짓세계	김기창은 유죄다	T
검사의 우주	허구적	실제세계	김기창은 유죄다	T
		거짓세계	김기창은 유죄다	F
기자의 우주	허구적	가능세계	김기창은 유죄다	Probable(T)
수사관의 우주	허구적	실제세계	김기창은 유죄다	T
		거짓세계	김기창은 유죄다	F
변호사의 우주	허구적	실제세계	김기창은 유죄다	F
		거짓세계	김기창은 유죄다	T
판사의 우주	허구적	가능세계	김기창은 유죄다	indeterminate
여간호사의 우주	실제적(외적)	실제세계	김기창은 유죄다	irrelevant

(3) T3의 양태분석

법정에 공범들이 등장하고 현장검증이 시작된다. 공범들은 김기창이 유죄라고 주장한다. 이 주장은 T7-2에서 위증으로 밝혀진다. T3에서 이들이 주장하는 명제의 진리치는 검사와 수사관의 그것과 동일하다. 즉 '김기창은 유죄다'라는 명제가 이들의 실제세계에서 참인 진리값을 부여받는다. 공범들과는 달리 증인들의 우주 속에는 오직 가능세계만이 존재한다. 이 가능세계 속에서 김기창이 범인일 가능성은 매우 높게 나타난다. 즉, 우리는 기자의 우주분석과 동일한 결과를 얻게 된다. 다만 여기서 개연성은 기자의 경우처럼 확신으로 발전하지 않는다. 증인들에게는 '김기창은 유죄다'라는 명제가 그저 참인 것 같아 보일 뿐이다. 판사의 우주 역시 가능세계만이 존재하는데, 이 세계에서 진리치는 미(未)결정적이라고 할 수 있다.

우주	존재론적 지위	세계	의미단위	진리치
지시우주 2	허구적	실제세계	김기창은 유죄다	F
		거짓세계	김기창은 유죄다	T
피고의 우주	허구적	실제세계	김기창은 유죄다	F
		거짓세계	김기창은 유죄다	T
검사의 우주	허구적	실제세계	김기창은 유죄다	T
		거짓세계	김기창은 유죄다	F
수사관의 우주	허구적	실제세계	김기창은 유죄다	T
		거짓세계	김기창은 유죄다	F
김한돌의 우주	허구적	실제세계	김기창은 유죄다	T
		거짓세계	김기창은 유죄다	F
정순범의 우주	허구적	실제세계	김기창은 유죄다	T
		거짓세계	김기창은 유죄다	F
이동욱의 우주	허구적	실제세계	김기창은 유죄다	T
		거짓세계	김기창은 유죄다	F
유인옥의 우주	허구적	가능세계	김기창은 유죄다	Probable(T)
이진홍의 우주	허구적	가능세계	김기창은 유죄다	Probable(T)
운전수의 우주	허구적	가능세계	김기창은 유죄다	Probable(T)

변호사의 우주	허구적	실제세계	김기창은 유죄다	F
		거짓세계	김기창은 유죄다	T
판사의 우주	허구적	가능세계	김기창은 유죄다	indeterminate

(4) T4의 양태분석

T4는 주로 증인들의 증언으로 구성되어 있다. 우리는 앞의 분석과 동일한 결과를 확인할 수 있다. 환자들의 우주는 변론부 내적(intradialogique) 단위를 형성하고 있는 반면에 여기서 등장하는 남자 간호원의 우주는 변론부 외적(extradialogique) 단위로 존재한다. 하지만 이 둘 모두 허구의 지시우주가 아니라 현실의 지시우주 속에 살고 있다. 다만 전자는 정신병자이기 때문에 허구와 현실의 구분을 내리지 못할 뿐이다.

우주	존재론적 지위	세계	의미단위	진리치
지시우주 2	허구적	실제세계	김기창은 유죄다	F
		거짓세계	김기창은 유죄다	T
피고의 우주	허구적	실제세계	김기창은 유죄다	F
		거짓세계	김기창은 유죄다	T
김한돌의 우주	허구적	실제세계	김기창은 유죄다	T
		거짓세계	김기창은 유죄다	F
정순범의 우주	허구적	실제세계	김기창은 유죄다	T
		거짓세계	김기창은 유죄다	F
이동욱의 우주	허구적	실제세계	김기창은 유죄다	T

이동욱의 우주	허구적	거짓세계	김기창은 유죄다	F
검사의 우주	허구적	실제세계	김기창은 유죄다	T
		거짓세계	김기창은 유죄다	F
기자의 우주	허구적	가능세계	김기창은 유죄다	Probable(T)
환자들의 우주	허구적	실제세계	김기창은 유죄다	T
		거짓세계	김기창은 유죄다	F
남자 간호원의 우주	실제적(외적)	실제세계	김기창은 유죄다	irrelevant

(5) T5의 양태분석

T5는 막간에 해당하는 부분이다. 장소는 법정에서 다시 병원으로 옮겨진다. 존재양태 역시 허구적 양태에서 실제적 양태로 바뀐다. 작가와 서박사에게 김기창의 유죄 여부는 비관여적인 문제이다. 현실인 지시우주에서 김기창에 대한 무죄판결이 이미 나 있기 때문이다. 피해망상증 환자인 김기창은 이미 판결이 난 결과에 대해 법정무대 밖에서도 여전히 자신을 위해 변론한다.

우주	존재론적 지위	세계	의미단위	진리치
지시우주 1	실제적	실제세계	김기창은 유죄다	F
		거짓세계	김기창은 유죄다	T
김기창의 우주	실제적	실제세계	김기창은 유죄다	F
		거짓세계	김기창은 유죄다	T
작가의 우주	실제적	실제세계	김기창은 유죄다	irrelevant
서박사의 우주	실제적	실제세계	김기창은 유죄다	irrelevant

(6) T6의 양태분석

다시 법정공방이 시작된다. 이번에는 김기창의 애인이 증인으로 등장한다. 김기창 애인인 박혜숙의 우주에는 기자와 증인의 우주에서와 마찬가지로 가능세계만이 존재한다. 그러나 이 가능세계에서 김기창이 유죄일 가능성은 희박하다. 기자와 증인들과는 달리 김기창 애인에게 김기창은 살인을 저지를 만한 그런 사람이 아니다.

우주	존재론적 지위	세계	의미단위	진리치
지시우주 2	허구적	실제세계	김기창은 유죄다	F
		거짓세계	김기창은 유죄다	T
피고의 우주	허구적	실제세계	김기창은 유죄다	F
		거짓세계	김기창은 유죄다	T
검사의 우주	허구적	실제세계	김기창은 유죄다	T
		거짓세계	김기창은 유죄다	F
피고 애인의 우주	허구적	가능세계	김기창은 유죄다	Probable(T)
변호사의 우주	허구적	실제세계	김기창은 유죄다	F
		거짓세계	김기창은 유죄다	T
판사의 우주	허구적	가능세계	김기창은 유죄다	indeterminate

(7) T7-1의 양태분석

판사의 우주는 지금까지 모든 판결이 유보된 가능세계였다. 그런데 여러 가지 정황들을 살펴본 결과 김기창이 유죄라는 사실이 입증되었다. 결과적으로 김기창은 유죄로 판명된다. 반면 공범들은 사형집행을 목전에 두고 자신들의 주장을 번복한다. 죽음의 공포 앞에서 더 이상 자신의 주장이 위증임을 숨길 수 없었던 것이다. 결과적으로 공범들의 우주 속에 실제세계의 진리치가 참에서 거짓으로 바뀐다.

우주	존재론적 지위	세계	의미단위	진리치
지시우주 2	허구적	실제세계	김기창은 유죄다	F
		거짓세계	김기창은 유죄다	T
검사의 우주	허구적	실제세계	김기창은 유죄다	T
		거짓세계	김기창은 유죄다	F
김한돌의 우주	허구적	실제세계	김기창은 유죄다	F
		거짓세계	김기창은 유죄다	T
김순범의 우주	허구적	실제세계	김기창은 유죄다	F
		거짓세계	김기창은 유죄다	T
이동욱의 우주	허구적	실제세계	김기창은 유죄다	F
		거짓세계	김기창은 유죄다	T
판사의 우주	허구적	실제세계	김기창은 유죄다	T
		거짓세계	김기창은 유죄다	F
환자들의 우주	허구적	실제세계	김기창은 유죄다	T
		거짓세계	김기창은 유죄다	F

(8) T7-2의 우주

공범들의 자백과 더불어 다시 판결이 이루어진다. 그런데 이번 판결은 김기창 자신에 의해 이루어진다. 즉, 김기창이 피고의 역할에서 판사의 역할로 역할 전이를 한다. 이러한 전이는 변론부 내적 전이(transfert intradialogique)이다. 이러한 전이가 가능한 것은 법정 무대가 근본적으로 허구적이기 때문이다. 이러한 전복은 허구에 의한 실제의 전복이라고 할 수 있다. 즉, 상징적 놀이를 통한 실제적인 치유이다. 김기창은 이 상징적인 놀이를 통해 피해망상증이라고 하는 고통에서 실제로 놓일 수 있게 된다.

우주	존재론적 지위	세계	의미단위	진리치
지시우주 2	허구적	실제세계	김기창은 유죄다	F
		거짓세계	김기창은 유죄다	T
피고의 우주(작가)	허구적	실제세계	김기창은 유죄다	F
		거짓세계	김기창은 유죄다	T
판사의 우주(김기창)	허구적	실제세계	김기창은 유죄다	F
		거짓세계	김기창은 유죄다	T
검사의 우주	허구적	실제세계	김기창은 유죄다	T
		거짓세계	김기창은 유죄다	F
환자들의 우주	허구적	실제세계	김기창은 유죄다	T
		거짓세계	김기창은 유죄다	F

(9) T7-3의 양태분석

지금까지 허구의 무대에서 변론부 외적 단위였던 남자 간호사가 갑자기 돌변해서 변론부 내적 단위로 전환한다. 그는 판결에 불만을 품고 김기창에 대한 사형을 집행해 버린다. 남자 간호사의 이러한 태도의 변화는 T2에서 이루어졌던 변론부 간의 전이(transfert interdialogique)라고 할 수 있다. 바로 앞에서 이루어진 전복이 허구에 의한 실제의 전복, 다시 말해 심리극에 의한 정신병의 치료라고 한다면, 이번에 이루어진 전복은 실제에 의한 허구의 전복, 즉 사형집행을 통해 허구의 판결을 뒤집는 것이다. 남자 간호사는 허구적인 인물을 실제로 살해하고 만다. 전자의 전이가 변론부 내적 전이(transfert intradialogique)라고 한다면, 후자의 전이는 변론부 간의 전이(transfert interdialogique)라고 할 수 있다.

우주	존재론적 지위	세계	의미단위	진리치
지시우주 1	실제적	실제세계	김기창은 유죄다	irrelevant
작가의 우주	실제적	실제세계	김기창은 유죄다	irrelevant
서박사의 우주	실제적	실제세계	김기창은 유죄다	irrelevant
남자 간호사의 우주	허구적(내적)	실제세계	김기창은 유죄다	T
		거짓세계	김기창은 유죄다	F

4. 현대의 신화

변론부 분석을 마무리하면서 우리는 다음과 같은 질문을 제기하고자 한다. 『신화 1900』에서 신화의 의미는 무엇인가? 사실 이 희곡에서 다루어진 진리의 문제는 어쩌면 그렇게 중요한 문제가 아닐 수도 있다. 즉, 지금까지 우리가 계산한 진리치가 신화의 의미를 결정하는 데 중요한 역할을 하는 것은 아니다. 오히려 중요한 것은 진리가 문제되는 자리이다. 우리는 이 자리가 현실과 비현실이 맞물린 자리임을 T7-3에서 확인할 수 있었다. 레비-스트로스에 따르면 신화란 반대항의 공존으로 정의된다. 이런 점에서 사실과 허구의 혼동을 극적으로 묘사한 윤대성의 『신화 1900』은 신화적이다. 그런데 보다 중요한 문제는 공존의 양식에 있다. 레비-스트로스의 신화가 궁극적으로 대립항들의 행복한 공존의 양식을 지향한다면, 우리가 분석한 윤대성의 『신화』는 이와는 정반대로 현실과 허구의 비극적인 공존으로 막을 내린다. 사실 이런 점에서 윤대성의 『신화』는 반신화적(contre-mythologique)이라고 할 수 있다. 반대항의 공존은 화해가 아니라 오히려 파괴를 부른다. 작가의 마지막 절규는 우리의 이러한 결론을 뒷받침해 준다. "오늘의 신화는 파괴의 신화일 뿐입니다"(윤대성 1984 : 271).

제 3 장

『연금술사』 분석

■ 줄거리 요약

『연금술사』는 크게 1부와 2부 그리고 에필로그로 구성되어 있다. 1부와 2부는 다시 각각 14개와 27개의 에피소드들로 이루어져 있다. 1부는 양치기 산티아고가 피라미드에 묻혀 있는 보물을 찾기 위해 고향을 떠나 이집트로 여행하는 과정을 담고 있다. 교회 성물 보관소 앞 무화과나무 밑에서 두 차례 똑같은 꿈을 반복해서 꾼 산티아고는 꿈속에서 한 어린 아이가 알려준 보물에 대해 호기심을 갖게 된다. 살렘의 왕을 만나 자아의 신화에 관한 신비로운 이야기를 듣게 된 산티아고는 마침내 굳은 결심을 하고 자신의 꿈을 이루기 위해 여행을 떠난다. 그런데 여비를 마련하기 위해 양을 팔아 번 돈을 사기꾼에게 모두 빼앗기고 낯선 땅 이집트에서 빈털터리가 되고 만다. 시련이 시작된 것이다. 2부는 산티아고가 크리스털 가게 주인의 도움으로 시련을 극복하고 큰 돈을 벌어 다시 여행을 떠나는 장면에서 시작된다. 사막을 여행하며 영국인을 만나 연금술에 대해 알게 되고, 오아시스에서 한 여인과 사랑에 빠지기도 하며, 연금술사를 만나 바람으로 변하는 신비한 체험을 하기도 한다. 전쟁으로 인해 죽을 고비를 여러 차례 겪으며 산티아고는 자신도 모르는 사이에 점차 자아의 신화를 이루어 간다. 마침내 피라미드에 다다른 산티아고는 놀랍게도 보물이 그곳이 아니라 자신이 꿈을 꾼 교회 성물보관소 무화과나무 밑에 묻혀있다는 사실을 알게 된다. 고향으로 돌아와 보물을 손에 넣은 산티아고는 자신을 믿고 보내준 사막의 여인 파티마에게로 다시 떠난다.

1. 변증부 분석층위

변론부가 사건의 양태를 다룬다면 변증부는 사건의 상적인 진행과정을 기술한다. 주제부 분석의 기본 단위가 의미소, 즉 문장의 하위 단위에 국한되어 있고, 변론부 분석이 명제를 기본 단위로 삼고 있는 데 반해, 변증부의 분석단위는 이야기의 논리에 따라 텍스트의 상이한 층위에서 각기 다른 방식으로 재구되는 사건이라고 할 수 있다. 사건은 "행동"으로 구성되어 있다(마이클 J. 툴란 1995 : 36). 우리는 논리적으로 이 행동의 주체를 상정해 볼 수 있다. 한 마디로 변증부는 행위와 이 행위의 주체인 행위자에 대한 분석이 이루어지는 의미구성부라고 할 수 있다. 사건은 텍스트 속에 단순히 주어진 단위가 아니라 해석을 통해 재구된 단위이다. 재구되는 방식은 분석층위에 따라 각기 다른 형태를 띠며, 추상성의 정도 역시 다르게 나타난다. 텍스트 의미론에서 변증부 층위는 크게 세 층위, 즉 사건층위, 연기층위, 상위변증 층위로 삼등분된다. 상위변증 층위는 상위주제 층위에 상응하는 매우 추상적인 분석층위이다. 주제부 분석이 선행되지 않은 상황에서 상위변증 층위에 대한 분석은 불가능하다. 따라서 우리는 오직 사건층위와 연기층위의 관점에서 『연금술사』의 변증부를 분석하고자 한다.

(1) 사건층위

사건층위에서는 행위자와 이 행위자가 수행하는 역할과 기능에 대한 분석이 이루어진다. 먼저 가장 기본적인 문장단위에서 논의를 시작해 보자.

> "나는 살렘의 왕일세"(p. 46).

사건은 문장층위가 아니라 텍스트 층위에 속하는 단위이기 때문에 단순히 한 문장만 가지고 사건의 상적인 진행과정을 분석할 수는 없다. 이 문장이 속한 텍스트의 콘텍스트 속으로 들어갈 때 우리는 변증부의 진정한 분석대상을 만날 수 있다. 이에 앞서 먼저 주제화 그래프를 이용해 이 문장의 의미구조를 기술해 보자.

[나] → (속격) → [살렘의 왕]

위 그래프는 '나의 속성—속격—은 살렘의 왕이다'라고 읽힌다. '나'와 '살렘의 왕'은 주제화 그래프의 절점에 해당하고 곽괄호로 표상한다. '속격'은 이들이 맺고 있는 관계의 유형을 표현하는 일종의 메타언어로서 원괄호로 표상한다. 화살표는 관계의 방향을 가리키는데, 바로 이 방향이 이 그래프를 읽는 순서를 결정한다. 위의 문장에서 '나'와 '살렘의 왕'은 계사 '-이다'에 의해 연결된 정의적 관계를 맺고 있다. 즉, '나'는 '살렘의 왕'이다. 텍스트 의미론의 용어법상 이들은 모두 행위소(actant)[1]들이다.

또 다른 다음의 문장을 보자.

> 노인이 말했다(p. 46).

먼저 위의 문장을 주제화 그래프로 표상하면 다음과 같다.

[노인] ← (능격) ← [말하다]

'노인'이 행위소라면 '말하다'라는 동사는 단순히 정의적 관계를 나타내는 계사와는 달리 이 '노인'이 행하는 행위를 가리킨다. 이 두 절점은 능격이라는 격 관계로 연결되어 있다. 즉, '말하는' 행위의 주체는 '노인'이다.

우리는 문장층위에서 변증부 단위의 가장 기초적 형태인 행위소

---

1 행위소란 이 용어는 문장의 구조를 분석하기 위해 프랑스의 언어학자 테니에르(L. Tesnière)가 처음으로 사용한 용어이다. 그는 동사를 중심으로 문장의 구조를 분석한다. 행위소는 한 문장 속에서 동사가 취하는 일종의 논항이라고 할 수 있다.

와 행위를 구분해낼 수 있다. 그런데 텍스트 의미론의 분석대상이 텍스트이기 때문에 하나의 문장이 독자적인 분석층위를 형성하지는 못한다. 비록 그렇다 하더라도 변증부의 분석단위를 정의하기 위해서는 이와 같은 문장층위의 분석이 선행되어야 한다. 다시 말해 행위소와 행위는 변증부 분석에 필요한 기초 단위들이 된다.

위의 두 문장을 포함하고 있는 보다 긴 다음의 문구를 살펴보자.

> "나는 살렘의 왕일세."
>
> 노인이 말했다.
>
> "어째서 왕께서 양치기와 더불어 이야기하십니까?"
>
> 너무도 놀라 당황하고 들뜬 기색을 숨기지 못한 채 산티아고가 물었다.
>
> "이유가 많지. 그러나 정작 중요한 것은, 자네가 자아의 신화를 이룰 수 있게 되었다는 걸세."
>
> 산티아고는 '자아의 신화'가 무엇을 의미하는지 알 수 없었다(p. 46).

문장에서 텍스트로 분석층위를 옮기는 순간 우리는 하나의 우발적인 행위소나 행위가 아니라 이야기의 논리적인 전개에 필연적으로 수반되는, 일군의 행위소와 일련의 행위들을 만나게 된다. 우리는 동일한 행위소들의 목록을 작성해야 하며, 이들이 행하는 다양한 행위의 상이한 형태들을 보다 일반적인 범주로 묶어야 한다. 이러한 작업은 해석학적 주행(parcours interprétatif)에 의해 지속적으로 재평가될 수 있다. 이 과정에서 부차적인 행위소와 행위는 제거되거나 아니면 보다 일반적인 형태로 통합될 수 있다.[2]

먼저 위의 텍스트 속에 등장하는 행위소들의 목록을 작성해 보

자. 우리는 앞에서 '나'와 '살렘의 왕'이 속격의 관계로 이루어진 동일한 행위소임을 살펴보았다. 이어지는 다음 문장 속에 등장하는 '노인'이란 표현은 앞의 두 행위소와 어휘적인 조응관계를 맺고 있다. 세 번째 문장의 '왕' 역시 마찬가지이다. 주어 인칭대명사인 '나'를 제외하면 이들은 모두 어휘적 조응관계를 맺고 있다. 결론적으로 우리는 다음과 같은 행위소들의 목록을 만들어 볼 수 있다.

나 = 살렘의 왕 = 노인 = 왕

그런데 세 번째 문장 속에 또 다른 행위소인 "양치기"가 등장한다. 그가 누구인지는 다음 문장 속에서 명확하게 밝혀진다. 그는 이 소설의 주인공인 "산티아고"이다. 다섯 번째 문장 속에 등장하는 "자네"라는 인칭대명사는 양치기인 산티에고와 대명사 조응관계를 맺고 있다. 요컨대 우리는 위의 텍스트 속에서 서로 다른 두 부류에 속한 행위소들의 목록을 다음과 같이 작성해 볼 수 있다.

<행위소와 행위자>

A	B
'나' '살렘의 왕' '노인' '왕'	'양치기' '산티아고' '자네' '산티아고'

2 바르트(R. Barthes 1977)는 플롯의 구조상 중요한 '기능'과 그렇지 않은 '지표'들을 구분한다. 전자가 이야기의 논리적인 전개에 핵심적인 역할을 하는 반면에, 후자는 작중인물의 심리적인 상태나 분위기만을 표현한다. 전자가 목적론적이라면 후자는 우연적이라고 할 수 있다. 해석학적 주행은 목적론적인 판단에 따라 이루어지는 해석행위라고 할 수 있다.

이처럼 우리는 대명사화, 어휘적 조응, 명칭, 정의 등의 관계를 바탕으로 텍스트 층위에서 동일한 행위소들의 목록을 작성할 수 있다. 텍스트 의미론에서는 이렇게 하나의 목록으로 작성된 행위소들의 집합, 즉 'A'와 'B'를 행위자(acteur)라고 부른다. 위의 텍스트 속에 모두 여덟 개의 행위소들이 등장하지만 행위자는 오직 둘뿐이다. 우리는 행위소들을 행위자들로 환원함으로써 보다 경제적인 방식으로 텍스트의 변증구조를 분석할 수 있다.

행위자는 이처럼 행위소들 간의 문법적 관계로부터 도출된다. 반면 이들이 수행하는 행위의 상이한 형태들을 분석하기 위해서는 보다 거시적인—목적론적인—관점에서의 접근이 필요하다. 두 행위자와 연결된 행위의 목록을 작성하면 다음과 같다.

<행위>

A : 노인	B : 산티아고
'말하다' '이야기하다'	'놀라다' '당황하다' '들뜨다' '숨기지 못하다' '묻다' '이루다' '알지 못하다'

노인의 두 행위는 일종의 전달행위이다. 노인은 자신이 "살렘의 왕"이라고 하는 사실과 산티아고가 앞으로 "자아의 신화"를 "이루게" 될 것이라는 비밀을 전달한다. 이 모든 사실을 전해들은 산티아고는 "놀라고 당황하고 들뜬" 기색을 "숨기지 못한다." 그는 궁금한 점을

"묻지만" 정확하게 그 사실이 무엇을 뜻하는지는 "알지 못한다." 산티아고의 행위는 모두 노인으로부터 전해들은 사실에 대한 정념적이고 인지적인 반응으로 이루어져 있다. 그런데 이러한 즉각적인 반응이 이야기의 논리적 전개에 중요한 역할을 하는 것은 아니다. 바르트(1977)의 용어를 빌려 표현하자면, 이들은 **지표**에 속하는 것들에 불과하며, 이야기의 목적론적 단위인 **기능**에 속하는 것들은 아니다. 대신 우리는 A의 행위를 중심으로 위의 텍스트를 요약해 볼 수 있다. 요컨대 위의 텍스트는 A가 B에게 C, 즉 비밀을 전달하는 내용을 담고 있다. 이러한 관계를 주제화 그래프로 표상하면 다음과 같다.

[A] ← (능격) ← [전달하다] → (대격) → [C]

↓ ↓

(수혜격) → [B] ← (여격)

위의 그래프 속에 등장하는 격 관계는 행위자들이 수행하는 역할이라고 할 수 있다. 즉 A는 B에게 C를 전달하는 발신자의 역할을 수행하고 있다. B는 C에 대한 수신자의 역할뿐만 아니라 수혜자의 역할을 하고 있다. 역할은 주제화 그래프에서 표상되는 격 관계에 기초한 상호작용의 유형이다. 다시 말해 위의 그래프에서 '전달하다'는 '말하다'와 '이야기하다'라고 하는 사례(occurance)의 유형(type)이라고 할 수 있다. 행위와 역할의 관계는 이처럼 사례와 유형의 관계에 상응한다. 물론 이 관계는 독서의 가설에 따라 얼마든지 다른 형태를 띨 수 있다. 예컨대 우리는 상이한 관점에 따라 '말하는 행위'나 '이야기하는 행위'를 '전달행위'보다 상위에 속한 행위로 규정할 수 있다. 물론 이러한 판단은 한 문장에 대한 문법적인 분석이 아니라 이야기의 전개과정에 대한 '목적론적인' 관점에서 내려져야 한다(Barthes 1977). 우리가 전달행위를 이야기 행위와 언어행위의 상위 행위로, 즉 이들의 유형으로 상정한 이유는 앞으로 보다 더 자세하게 논의하겠지만, 『연금술사』 속에서 바로 이 행위가 이야기의 전개에 필수적인 한 계기를 형성하고 있기 때문이다.

그런데 이 전달행위는 친화적 관계를 구성하는 전형적인 상호작용이기도 하다. 이러한 전형적인 상호작용을 텍스트 의미론에서는 기능이라고 부른다. 역할이 격 관계를 토대로 한 유형화된 상호작용이라면 기능은 사회문화적인 맥락 속에서 규범화된 상호작용이라고 할 수 있다.[3] 바꿔 말해 전자가 의미론적이라면 후자는 화용론적이다. 텍스트의 구조분석이 필연적으로 내재주의를 표방한다 하더라도 이 내재주의가 필연적으로 텍스트 내재주의를 의미할 필요는 없다. 텍스트의 의미는 텍스트에 내재하는 것이 아니라 한편으로 사회문

---

3 텍스트 해석행위는 필연적으로 한 문화권 속에서 통용되는 해석모델을 바탕으로 이루어진다. 규범화된 상호작용은 바로 이러한 모델을 가리킨다. 이 문제와 관련해서 마이클 J. 툴란의 주장을 인용해 보자. "어떤 텍스트 해석행위도 백지상태에서 혼자 그 텍스트에 개인적인 질문을 던지는 가운데 이루어지는 것이 아니다. 텍스트들과 독자들 모두 그들에 선행하는 (그러나 고정되거나 영원하지는 않는) 중요한 것, 두드러진 것에 대한 문화적 함축들에 의해 운명적으로 형태지어지고 틀지워진다. 바르트가, 어떤 특정 이야기에 접근하기도 전에 우리는 우리들 내부에 '일종의 플롯 언어'를 가지고 있다고 말한 이유는 우리가 서사물들과 관련을 맺는 모든 경우에 있어 문화적 의미와 특이성이라는 이러한 관련 상황(문맥)이 항상 존재하기 때문이다"(1995 : 52-3). 비록 이러한 '플롯의 언어'가 텍스트에 초월적이라 하더라도 문화에 초월해서 존재하는 것은 아니다. 그것은 한 문화권 내에 내재적이라고 할 수 있다. 구조주의 분석이 여전히 내재주의를 표방할 수 있는 것은 텍스트적 전망이 아니라 문화적 전망 속에서이다.

화적 규범에, 다른 한편으로 해석행위에 내재적이라고 할 수 있다 (Rastier 1987).

문화인류학적 측면에서 라스티에는 인간 상호작용의 전형적인 형태를 크게 친화적 기능과 대결적 기능으로 대별한다. 주고받는 전달행위가 전형적인 친화적 기능을 나타낸다면 치고받는 공격행위는 전형적인 대결적 기능을 표현한다. 이 두 기능은 각각 친화적 통합체와 대결적 통합체로 이루어져 있다. 친화적 관계는 A가 B에게 α를 제안하고 B가 이를 수용하는 계약행위에서 출발한다. α, 즉 계약의 내용에 따라 계약 당사자들 간에 주고받는 교환행위가 뒤따른다. 우리가 앞에서 살펴본 왕과 양치기와의 대화는 전자가 후자에게 비밀을 전달하는 행위로 이루어져 있다. 곧 이어지는 이야기 속에서 양치기는 비밀을 전달받은 대가로 왕에게 양의 십분의 일을 바친다. 친화적 관계는 이처럼 재화의 재분배로 귀결된다. 요컨대 친화적 관계를 구성하는 통합체는 계약, 교환, 재분배로 구성되어 있다. 반면 대결적 관계는 A가 B에게 도전하고 B가 이에 응하는 도전과 응전이라는 통합체로부터 시작한다. 곧이어 A의 공격과 B의 반격이 뒤따른다. 그 결과 어느 한쪽의 승리로 끝을 맺는다.

이야기 속에서 행위자들이 수행하는 모든 기능이 이 두 기능으로 환원되는 것은 물론 아니다. 우리는 사회문화적인 규범에 따라 전형적인 상호작용의 여러 형태들을 분류해낼 수 있다. 인지과학이나 인공지능에서 논의되는 패턴, 스키마, 시퀀스 등의 개념은 바로 이러한 전형적인 상호작용을 표현하는 용어들이다. 예컨대 식당에서 이루어지는 '들어가기', '안내받기', '주문하기', '계산하기', '나가기' 등도 전형적인, 다시 말해 규범적인 상호작용이라고 할 수 있다. 텍

<인간 상호작용의 전형적인 형태>

친화적 통합체	친화적 기능	대결적 기능	대결적 통합체
계약	제안	도전	대립
	(가능성 t1)	(가능성 a1)	
	수용	응전	
	(가능성 t2)	(가능성 a2)	
교환	전달	공격	투쟁
	(가능성 t1)	(가능성 a1)	
	전달	반격	
	(가능성 t2)	(가능성 a2)	
결말	재분배	승인	결말

스트의 변증부를 효과적으로 분석하기 위해서는 이러한 규범화된 상호작용의 사례들을 조사하고 이들을 통합체의 형태로 분류해야 한다. 위의 도표에서 제시한 인류학적인 기능은 매우 일반적인 성격의 상호작용이라고 할 수 있다. 비록 이 기능만으로 모든 것을 설명할 수는 없다 하더라도 독서의 가설을 세우는 데 이는 매우 유익한 지침을 제공해 준다. 왕과 양치기와의 대화 속에서 바로 이러한 지침을 발견할 수 있는데, 우리는 이를 바탕으로 『연금술사』 속에 등장하는 다양한 상호작용의 형태들을 유형화하고 체계화할 수 있다.

(2) 연기층위

연기층위는 사건층위보다 심층층위에 해당하는 분석층위로서, 이 층위에서 연기자와 시퀀스에 대한 분석이 이루어진다. 행위자가 행위소들의 집합으로 구성되어 있는 것과 마찬가지로 연기자는 행위자들의 집합으로 구성되어 있다. 행위소로부터 행위자가 도출되듯이 행위자로부터 연기자가 도출된다. 물론 도출되는 방식은 서로 다르다. 행위소와 행위자와의 관계가 비교적 문법적으로 잘 정의된 관계—대명사화, 어휘적 조응, 명칭, 정의 등—로 이루어진 것에 반해, 행위자와 연기자는 시퀀스 속에서 할당받은 역할에 의해 정의되는 보다 추상적인 차원의 관계를 형성한다. 시퀀스는 이야기 텍스트 속에서 반복적으로 등장하는 유형화된 상호작용의 패턴이라고 할 수 있다. 여기서 중요한 개념은 바로 패턴이다. 상호작용의 특정한 형태가 하나의 패턴을 형성하면서 반복 출현할 때 우리는 이를 시퀀스로 분리해낼 수 있다. 한 이야기 속에는 한 가지 이상의 시퀀스가 존재할 수 있다. 동일한 시퀀스에 출현하는 상이한 행위자들은 모두 동일한 연기자로 분류된다. 『연금술사』에서 비단 '늙은 왕'뿐만 아니라 '크리스털 가게 주인', '영국인', '연금술사' 모두 산티아고에게 전달행위를 수행하는 발신자로서 등장하는데, 이들은 각기 다른 행위자들이지만 동일한 연기자라고 할 수 있다. 행위소들을 행위자들로 환원하고 다시 행위자들을 이렇게 연기자들로 환원함으로써 우리는 매우 경제적인 방식으로 텍스트 분석에 임할 수 있게 된다.

이 연기자란 개념은 그레마스 기호학에서 언급하는 행위소 개념과 유사하다. 라스티에의 모델에서 행위소가 문장층위, 즉 표층층위에 속하는 단위라면 그레마스의 모델에서 행위소는 심층층위에 속하는 추상적인 단위이다. 이 단위에 구체적인 성격과 역할이 부여되면 표층층위의 단위에 해당하는 행위자가 된다. 결론적으로 라스티에는 용어법상 그레마스를 거꾸로 재해석하고 있다. 그의 모델에서 문장층위, 즉 표층층위에 등장하는 행위소는 그레마스 모델에서 가장 심층층위에 등장하고, 반복적인 환원의 과정을 거쳐 심층층위에서 도출된 행위자와 연기자는 표층층위에 등장한다. 용어법상의 이러한 차이를 제외한다면 텍스트 의미론의 변증부는 그레마스 기호학의 기호-설화층위에 상응하는 의미구성부라고 할 수 있다.

이상에서 약술한 변증부의 분석과정을 요약하면 다음과 같다.

<변증부 분석층위>

분석층위	행위주체	행위유형	분석단위
문장층위	행위소	격 관계	문장
사건층위	행위자	역할과 기능	사건
연기층위	연기자	시퀀스	사건의 패턴

2. 『연금술사』의 변증부 분석

(1) 행위자 분석

서사이론에서 인물에 대한 연구는 매우 중요한 부분을 차지한다. 발(Mieke Bal)에 따르면 "인물은 행위 속에서의 기능, 정체성, 성격, 이야기, 다른 인물들과의 관계 등과 관련된 모든 것에 의해 정의된다"(1984 : 31). 즉 인물분석은 "누구인가?"라는 물음과 관련되어 있다. 툴란(Toolan M.)은 변별적 자질분석이 이 질문에 대한 효과적인 답변이 될 수 있다고 지적한다(1995 : 146). 보다 자세한 설명을 인용해 보자. "변별적인 자질이나 유형분석에 근거하기 위해 우리는 단지 그 페이지에서 발췌한 작중인물들의 목록과 그 페이지 이면에서 추출해낸 특성들의 목록을 작성하고 그 결과에 주목하거나, 그렇지 않으면 그 각각의 작중인물들의 개별적인 특성에 주목할 필요가 있다"(Toolan, 1995 : 157). 서사이론에서 인물은 텍스트 의미론에서 행위자에 해당한다. 행위자가 "누구인가?"라는 질문에 대답하기 위해서는 이 행위자가 구체적인 행위의 주체로 등장하는 행위소들의 목록을 작성하고 이들의 특성—기능, 정체성, 성격, 등—을 분류해야 한다. 먼저 『연금술사』에 등장하는 행위자들의 목록을 작성해 보자.

보물을 찾기 위해 사막을 횡단하는 과정에서 온갖 죽을 고비를 넘긴 산티아고는 마침내 피라미드를 눈앞에 두고 그동안 만났던 사람들을 떠올린다.

> 마침내 모래 언덕에 올라섰을 때, 그는 뛰는 가슴을 억누를 길이 없었다. 보름달과 사막의 순결한 흰 빛으로 환히 빛나는, 신성하고 장엄한 이집트의 피라미드가 눈앞에 모습을 드러냈던 것이다. 그는 그 자리에 무릎을 꿇고 주저앉아 울음을 터뜨렸다. 자아의 신화를 믿게 되고, 늙은 왕, 크리스털 상인, 영국인 그리고 연금술사를 만날 수 있었던 것에 신께 감사했다. 그리고 무엇보다도 사랑은 결코 자아의 신화와 결별하는 것이 아님을 깨닫게 해준, 사막의 여인을 만날 수 있었던 것에 대해 감사했다(p. 255).

우리는 위에서 이 소설 속에 등장하는 중요한 행위자들의 목록을 얻을 수 있다. 우리는 이 목록에 '노파'와 '젊은이' 그리고 '파티마'

를 추가하고자 한다. 노파는 산티아고의 꿈을 해몽한 집시이며, 젊은이는 산티아고의 여비를 훔쳐 달아난 이집트인이고, 사막의 여인 파티마는 산티아고의 연인이다. 앞으로 보다 자세하게 살펴보겠지만 이들은 모두 산티아고와 친화적인 상호작용의 관계를 맺고 있다.

행위자	행위소
산티아고	양치기 산티아고가, 그는, 산티아고는 등
노파	노파는, 나는, 집시 노파 등
늙은 왕	한 노인이, 노인은, 영감님은, 내가, 나는, 살렘의 왕, 멜기세덱, 늙은 왕 등
젊은이	젊은이, 이 아랍인, 새로운 친구, 친구가 등
크리스털 가게 주인	크리스털 가게의 상인은, 그는, 상점 주인은, 주인은, 나는 등
영국인	영국인은, 나는, 그는 등
연금술사	연금술사가, 신비한 기사, 가사가, 연금술사가, 연금술사의 등
파티마	한 처녀가, 처녀는, 그녀의 검은 눈동자와, 그녀의 입술, 아가씨에게, 파티마, 예언자의 따님 이름, 아름다운 아가씨는, 그녀를 등

텍스트 의미론에서 행위자는 행위소들의 집합으로 정의된다. 예컨대 I부 에피소드 1에 등장하는 산티아고의 행위소 목록은 다음과 같다.

> 양치기 산티아고가 … 그는 … 산티아고는 … 그는 … 산티아고는 … 산티아고가 … 자신과 … 내게 … 내 … 산티아고는 … 산티아고 자신이 … 산티아고는 … 산티아고는 … 자신의 … 자신이 … 산티아고는 … (pp. 19-21).

한국어의 특성상 주어가 생략된 문장이 많은데 우리는 이들을 위의 목록에서 제외하였다. 위의 목록은 대부분 고유명사와 인칭대명사로 이루어져 있다. '양치기'는 어휘적 한정을 보여주는 유일한 사례이다. 우리는 특별히 한정기술에 주목할 필요가 있는데, 왜냐하면 이들이 "예민하게 평가적이기" 때문이다(Toolan 1995 : 148). 우리는 이 목록을 바탕으로 행위자의 속성을 종합적으로 기술할 수 있다. 예컨대 '산티아고'는 다음과 같이 기술된다.

[산티아고] → (속격) → [양치기]

산티아고가 양치기로서의 삶을 살기로 결심하게 된 동기는 "더 넓은 세상을 알고 싶었기" 때문이다(p. 27). 그레마스에 따르면 "이야기의 전형적인 공식에 따르면 최초의 욕망은 결핍에 대한 확인에 그 토대를 두고 있다"(1976 : 117). 다시 말해 이야기는 결핍으로부터 시작해서 이 결핍을 충족시켜 주는 것으로 종결된다. 『연금술사』에서 지식의 결핍은 이야기를 이끌어 가는 핵심적인 모티브로 작용한다. 지식을 얻기 위해 산티아고는 "이미 익숙해져 있는 것"을 버리고 "가지고 싶은 것"을 찾아 떠난다(p. 55). 우리는 그의 이러한 성격을 /적극적/이라고 말할 수 있다. 이 의소는 산티아고의 행동과 태도에 반복적으로 출현하는 동위소이다. 한 마디로 산티아고는 적극적인 성격의 소유자이다.

[산티아고] → (속격) → [적극적]

꿈을 이루기 위해 모험을 감수하고자 하는 산티아고가 /적극적/이라면, 꿈을 꿈으로만 간직하고 살고자 하는 크리스털 가게의 주인은 /소극적/이라고 할 수 있다.

> 자네는 양이나 피라미드에 대한 꿈을 가지고 있고 그걸 실현하길 원하지. 그런 점에서 자넨 나와 달라. 나는 오직 메카만을 꿈으로 간직하고 싶어. 마음속으로는 벌써 수천 번 사막을 가로질러 성스러운 반석이 있는 광장에 도착하고, 율법에 따라 그 바위를 만지기 전에 광장을 일곱 바퀴 돌고 있는 나 자신을 눈앞에 그려보았지. 나는 이미 내게 일어날 일이며 내 앞에 기다리고 있는 일, 그리고 함께 나눌 대화와 기도까지 상상해보았어, 다만 내게 다가올지도 모르는 커다란 절망이 두려워 그냥 꿈으로 간직하고 있기로 한 거지(pp. 94-5).

위의 문구 속에서 기술된 크리스털 가게 주인의 성격은 다분히 /소극적/이다. 이 의소는 '나', '다르-', '꿈-', '간직하-', '마음속', '두려워', '그냥', '꿈', '간직하-', '있-' 등의 의미소 속에서 현동화되어 있다.

[크리스털 가게 주인] → (속격) → [소극적]

우리는 이처럼 문장 차원의 분석을 통해 행위소에 부여되는 갖가지 속성과 술어들을 바탕으로 행위자의 자질들을 목록으로 작성해 볼 수 있다. 이러한 목록이 구조적으로 의미를 가지기 위해서는 행위자들의 자질들이 가급적 대립적인 관점에서 기술되어야 한다. /적

극적/과 /소극적/의 대립은 이처럼 행위자의 자질을 기술하는 데 필요한 구조적인 대립이다.

꿈을 품고 살아가는 산티아고와 크리스털 가게 주인은 모두 진실된 태도로 삶을 살아간다. 반면 산티아고의 보물—즉, 타인의 꿈—을 탐낸 노파는 그렇지 않다. 노파는 해몽의 대가로 산티아고가 찾게 될 보물의 십분의 일을 요구한다. 점쟁이인 이 노파는 집시이다. 우리는 먼저 다음과 같은 그래프를 작성해 볼 수 있다.

[노파] → (속격) → [집시]

『연금술사』 속에서 집시에 대한 평가는 대단히 부정적이다. 몇 가지 사례만을 인용해 보자.

떠도는 말로는 집시들은 끊임없이 남을 속인다고 한다(p. 37).

집시들은 교활하지(p. 51).

세상을 떠돌아 다녀서 그런지 집시들은 정말 약삭빠르단 말이야(p. 265)!

'속이-', '교활하-', '약삭빠르-' 등의 의미소 속에서 '집시'는 진실하지 못한 /교활한/ 사람으로 그려진다. 이러한 문구들—일종의 지표인—에 의거해서 우리는 위의 그래프를 다음과 같이 수정, 보완할 수 있다.

[노파] → (속격) → [교활한]

산티아고가 찾게 될 보물의 십분의 일을 요구한 '노파'나 산티아고가 양을 팔아 여비를 마련한 뒤 아프리카 대륙에 도착하자마자 그에게 다가와 그의 돈—즉, 꿈을 이루기 위한 수단—을 훔쳐 달아난 '젊은이'는 모두 /교활한/ 성격의 소유자들이다. 이들을 제외하면 『연금술사』 속에 등장하는 대부분의 행위자들은 모두 /진실된/ 사람들이다.

/적극적/과 /소극적/의 대립과 마찬가지로 /진실된/과 /교활한/의 이러한 대립은 행위자들의 자질을 구조적으로 기술해 주는 대립들이다. 우리는 또 다른 유형의 대립을 찾아볼 수 있다. 살렘의 왕인 '늙은 왕'과 200년이 넘도록 사막에서 살아온 '연금술사'는 /초월적/인 존재로서 산티아고가 자아의 신화를 이루어 갈 수 있도록 도와준다. 반면에 대부분의 다른 행위자들은 /현실적/이다. 물론 사막에서 바람으로 변한 '산티아고'나 꿈을 해몽한 '노파', 그리고 금속을 금으로 변하게 한 '영국인' 등은 모두 어느 정도 초월적이며 어느 정도 현실적이다. 그러나 이들은 모두 세상에 속한 사람들이며, 초월적인 신비로운 존재는 아니다. 이 이야기 속에 등장하는 파티마는 유일하게 /여성/ 행위자이다. 보물을 찾아 떠나는 여행 이야기는 보물을 찾은 뒤 연인을 찾아 다시 떠나는 사랑 이야기로 끝을 맺는다. 비록 유일한 사례에 불과하지만 /여성/으로서 파티마는 자아의 신화를 완성한 단계에서 일종의 보상으로 주어지는 주변적인 역할을 수행한다.

지금까지 분석한 의소 대립에 기초하여 『연금술사』에 등장하는 주요 행위자들의 자질들을 도표로 체계화하면 다음과 같다.

	남성	여성	초월적	현실적	적극적	소극적	진실 된	교활한
산티아고	+			+	+		+	
노파	+			+				+
늙은 왕	+		+				+	
사기꾼	+			+				+
크리스털 가게 주인	+			+		+	+	
영국인	+			+	+		+	
연금술사	+		+				+	
파티마		+		+		(+)	+	

우리는 또 다른 대립에 기초하여 여러 가지 자질들을 열거할 수도 있겠지만 의소분석이 경제성을 지향하기 때문에 여기서 위의 분석만으로 만족하고자 한다. 우리는 위의 도표를 통해 '늙은 왕'과 '연금술사'가 동일한 방식으로 특성화되어 있음을 확인할 수 있다. 이들은 모두 초월적인 존재로서 산티아고에게 자아의 신화에 대한 꿈을 일깨워 준다. 반면 자신만의 방식으로 자신만의 꿈을 찾아 떠나는 영국인과 산티아고는 또 다른 시각에서 동일한 유형의 인물로 묘사된다. /남성/과 /여성/의 자질 대립을 제외하면 산티아고로 하여금 자아의 신화를 이루도록 도움을 준 크리스털 가게 주인과 파티마 역시 유사한 방식으로 특성화될 수 있다. 끝으로 산티아고의 보물과 재물을 탐낸 노파와 젊은이는 모두 교활한 인물들로 유사한 인물군을 형성한다. 자질분석은 이처럼 유사한 인물의 유형을 분류하는 데 유용한 지침을 제공한다.

(2) 이야기 분석

『연금술사』의 주된 이야기는 친화적인 상호작용에 바탕을 두고 있다. 친화적 상호작용은 앞에서 살펴보았듯이 계약, 교환, 재분배 등의 통합체로 구성되어 있다. 계약은 A가 B에게 α를 제안하고 B가 이를 수용하는 것으로 이루어져 있다. α는 A가 B에게 C를 전달하고 B가 A에게 D를 전달하는 것이다. 이렇게 해서 가치의 재분배가 이루어진다. 『연금술사』는 이러한 친화적 통합체에 두 가지 단계를 추가한다. 즉, A가 B를 만나는 단계와 A가 B를 떠나는 단계이다. 이러한 두 과정은 A가 여행하는 중에 이루어진다. 친화적 상호작용은 이처럼 여행의 이야기의 한 과정으로 등장한다. 좀더 자세하게 논의해 보자.

① 여행 이야기

여행은 이 소설의 핵심 테마를 형성한다. "겉옷이 나름의 의미를 지니는 것처럼 산티아고에게도 자신의 존재의미가 있었다. 바로 여행이었다"(p. 27). 주제화 그래프를 사용해 여행의 도식을 간략하게 표현하면 다음과 같다.

[산티아고] ← (능격) ← [여행하다]

물론 여행 그 자체가 목적은 아니다. "그는 언제나 새로운 길을 찾아 여행을 다녔다"(p. 31). 새로운 길에서 그는 언제나 새로운 것

을 알게 된다. 여행의 목적은 다름 아닌 바로 새로운 지식이며, 이 지식이 그에게 "삶의 빛과 의미"를 제공해 준다(p. 27).

[산티아고] ← (능격) ← [여행하다] → (목적격) → [지식]

그런데 지식을 얻기 위해 여행하는 것은 특정한 어느 한 지역에 국한된 지엽적인 여행이 아니다. 그것은 세상을 여행하는 것이다. "그리고 무엇보다 중요한, 가슴에 품어온 큰 꿈을 매일 실현하는 것, 바로 세상을 여행하는 일이었다"(p. 30). 우리는 보다 완성된 여행의 도식을 아래와 같이 작성해 볼 수 있다.

[산티아고] ← (능격) ← [여행하다] → (목적격) → [지식]
↓
(처소격)
↓
[세상]

이러한 일반적인 여행의 도식은 소설이 전개되면서 아래와 같이 구체적인 형태를 띠게 된다.

[산티아고] ← (능격) ← [여행하다] → (목적격) → [보물]
↓
(처소격)
↓
[사막]

'보물'은 이 소설에서 '자아의 신화'라고 하는 실존적 가치를 구현하기 위한 도구적 가치에 지나지 않는다. 이 소설은 사막을 여행하면서 일어나는 여러 가지 일들을 에피소드로 소개하고 있다.

② 친화적 상호작용

주인공인 산티아고는 여행하면서 많은 사람들과 만나고 또한 헤어진다. 이들과의 관계는 앞서 언급한 대로 대부분 친화적 관계의 성격을 띠고 전개된다. 예를 들어 산티아고가 집시인 노파를 찾아가 그에게 교회 앞 무화과나무 밑에서 그가 꾼 꿈에 대한 해몽을 부탁하는 내용의 에피소드를 살펴보자.

산티아고는 먼저 노파를 찾아간다. 그는 그에게 자신이 꾼 꿈의 해몽을 요구하고 이 요구를 들어준다면 충분히 사례하겠다고 약속한다. 꿈의 내용을 다 듣고 난 노파는 산티아고에게 새로운 제안을 한다. 그것은 해몽을 해줄 테니 이제 곧 찾게 될 보물의 십분의 일을 달라고 하는 것이다. 산티아고는 이 제안을 허무맹랑한 제안으로 생각하지만 이를 곧바로 수용한다. 꿈이 현실이 아닌 다음에야 자신이 곧 보물을 찾게 될 것이라고 아무도 장담할 수 없을 뿐만 아니라 공짜로 해몽까지 들을 수 있는 기회라고 생각했기 때문이다. 점쟁이는 보물이 피라미드 밑에 숨겨져 있으니 지금 당장 그 보물을 찾아나서라고 권한다. 그런데 이 해몽은 산티아고가 꾼 꿈의 내용을 문자 그대로 해석한 것, 다시 말해 꿈의 내용을 그대로 다시 말한 것에 지나지 않는다. 산티아고는 오히려 자신이 속았다고 생각하고 점쟁이를 떠난다. 친화적 관계는 재화의 재분배로 마무리되는 것이 일반적이지만 이 에피소드의 경우 재분배는 꿈이 실현된 다음으로 당분간 연기된다. 주제화 그래프로 지금까지 약술한 내용을 도식적으로 표상하면 다음과 같다.

<이동>

① [산티아고] ← (능격) ← [찾아가다] → (대격) → [노파]

<산티아고의 제안>

② [산티아고] ← (능격) ← [제안하다] → (대격) → [③]
↓
(여격)
↓
[노파]

③ [노파] ← (능격) ← [해몽하다] → (여격) → [산티아고]

④ [노파] ← (능격) ← [수용하다] → (대격) → [③]

⑤ [산티아고] ← (능격) ← [이야기하다] → (대격) → [⑥]
↓
(여격)
↓
[노파]

⑥ [아이] ← (능격) ← [계시하다] → (대격) → [⑦]
↓ ↓

(처소격) (여격)
↓ ↓
[꿈] [산티아고]

⑦ [보물] → (처소격) → [피라미드]

<노파의 새로운 제안>

⑧ [노파] ← (능격) ← [제안하다] → (대격) → [⑨/⑩]
↓
(여격)
↓
[산티아고]

⑨ [노파] ← (능격) ← [전달하다] → (대격) → [해몽]
↓ ↓
(수해격) → [산티아고] ← (여격)

⑩ [산티아고] ← (능격) ← [전달하다] → (대격) → [보물의 1/10]
↓ ↓
(수해격) → [노파] ← (여격)

⑪ [산티아고] ← (능격) ← [수용하다] → (대격) → [⑨/⑩]

<이동>

⑫ [산티아고] ← (능격) ← [떠나다]

찾고 떠나는 과정을 나타내는 ①과 ⑫는 세상을 알기 위해 세상으로 떠나는 산티아고의 여행 이야기의 한 부분을 형성한다. <산티아고의 제안>과 <노파의 새로운 제안>은 모두 친화적인 상호작용으로 이루어져 있다. 다만 전자가 후자에 비해 불완전한 형태를 띠고 전개될 뿐이다. 왜냐하면 제안과 수용의 과정이 성공적으로 이루어진 반면에 그 다음 과정인 교환의 과정은 갑자기 중단되었기 때문이다. 산티아고가 자신의 꿈을 이야기하자마자 노파가 새로운 제안을 한다. 그 결과 <산티아고의 제안>은 파기되고 <노파의 새로운 제안>이 효력을 발휘하게 된다. 산티아고는 이 새로운 제안을 받아들인다. 이 제안에 따르면 해몽의 대가로 산티아고는 보물의 십분의 일을 전달해야 한다. 그리고 바로 이 과정이 마무리될 때 비로소 친화적 관계는 재화의 재분배로 종결될 것이다. 이 소설은 산티아고가 보물을 찾아나서는 데에서 시작해서 보물을 찾는 것으로 끝이 난다. 따라서 ⑩은 소설의 결말 부분에 가서야 찾아볼 수 있을 뿐이다.

> 그때 타리파에서 만났던 집시 노파와의 약속이 머리에 떠올랐다. 보물의 십분의 일을 노파에게 주기로 했었던 것이다(p. 265).

실제로 보물의 십분의 일을 전달했는지의 여부는 이 소설에서 명확하게 기술되어 있지 않다. 하지만 여러 가지 정황—예컨대 산티아고의 성실성과 진실성—에 비추어 우리는 충분히 약속이 이행되었을 것이라고 추측해 볼 수 있다.

③ 이야기의 시퀀스

우리가 지금까지 분석한 친화적 상호작용은 비단 꿈의 해몽과 관련된 에피소드뿐만 아니라 산티아고가 겪게 될 여러 가지 모험의 구조적인 특성을 잘 요약해 주고 있다. 즉, 친화적 상호작용은 이야기를 이끌어가는 하나의 패턴으로 등장한다. 이를 시퀀스로 도식화하면 다음과 같다.

I	II	III	IV	V	VI
A가 B를 만나다.	A가 B에게 □를 제안하다.	B가 A의 □를 수용하다.	A가 B에게 C를 전달하다.	B가 A에게 D를 전달하다.	A가 B를 떠나다.

『연금술사』의 이야기는 위에서 제시한 시퀀스들의 반복으로 이루어져 있다. 산티아고는 세상을 여행하면서 '늙은 왕', '크리스털 상인', '영국인', '연금술사' 등과 만나고 헤어진다. 물론 모든 만남이 친화적 관계로 이루어지는 것은 아니다. 예컨대 이집트 한 카페에서 만난 젊은이는 피라미드로 안내해달라는 산티아고의 제안을 받아들이고 그와 동행하지만 결국 산티아고가 맡긴 돈 보따리를 훔쳐 달아난다. 친화적 관계는 깨어지고 대결적 관계가 형성된다. 일반적으로 대결적 통합체는 도전과 응전, 공격과 반격으로 이루어져 있다. 그런데 산티아고는 자신의 돈을 훔쳐 달아난 사기꾼의 뒤를 쫓아 반격하지 않는다. 그가 되돌아오기를 헛되게 기다릴 뿐이다. 결과적으로 대결적 관계는 미완의 형태로 끝이 난다. 이야기의 전반적인 흐름이 친화적 관계에 의해 지배받고 있기 때문에 이러한 결과가 큰

의미를 지니는 것은 아니다. 늙은 왕은 산티아고에게 누구에게나 이루어야 할 자신만의 고유한 꿈이 있다는 사실을 일깨워 준다. 그 대가로 산티아고는 그에게 양의 십분의 일을 바친다. 젊은이에게 돈을 몽땅 잃고 실의에 빠진 산티아고에게 크리스털 가게 주인은 자신의 가게에서 일하는 대가로 충분히 사례하겠다고 제안한다. 산티아고는 이를 수용하고 꿈을 이루기 위해 다시 한 번 용기를 낸다. 사막을 여행하면서 만난 영국인은 산티아고에게 책에서 얻은 지식을 제공한다. 그 대가로 산티아고는 체험을 통해 얻은 지식을 제공한다. 이러한 교환이 항상 긍정적인 결과를 이끌어내는 것은 아니다. 이들은 각자 자신만의 고유한 방식으로 자신만의 고유한 신화를 이루어 가기로 결심한다. 사막의 한 오아시스에서 연금술사를 만나 그의 제자가 된 산티아고는 스승의 도움으로 사물의 정기를 깨닫게 된다. 이러한 만남과 헤어짐은 모두 친화적인 상호작용의 형태를 띠고 전개된다. 점쟁이에게 해몽을 부탁하고 그 대가로 보물의 십분의 일을 지불하는 이야기나 사막의 여인인 파티마와 사랑을 주고받는 사랑 이야기도 부분적으로 이러한 친화적 상호작용으로 해석될 수 있다. 『연금술사』에 등장하는 에피소드들은 산티아고가 여행하면서 만나고 헤어지는 사람들과 이처럼 친화적 관계를 형성하는 내용으로 구성되어 있다. 이들은 모두 서로 다른 이야기들이지만 모두 동일한 패턴의 이야기들이다. 이 패턴을 앞에서 분석한 여섯 단계의 시퀀스에 따라 도표로 정리하면 다음과 같다.

<시퀀스 분석>

	A가 B를 만나고 헤어짐 (I, VI)	A 또는 B가 A 또는 B에게 □를 제안하고 수용함(II, III)	A가 B에게 C를 전달함(IV)	B가 A에게 D를 전달함(V)	보충설명
에피소드 6 : pp. 33-38	A : 산티아고 B : 노파	□ : 해몽과 사례	C : 사례는 이 소설의 끝부분에 암시적으로 묘사됨	D : 해몽	B는 A에게 발신자의 역할을 하지만 A는 수신자의 역할을 거부함
에피소드 7-10 : pp. 39-64	A : 산티아고 B : 왕	□ : 비밀과 사례	C : 양의 십분의 일을 왕에게 바침	D : 자아의 신화와 관련된 비밀	B는 A에게 보물의 위치와 자아의 신화를 일깨워 줌으로써 발신자의 역할을 하고 A는 이를 수용함으로써 주체로 거듭남
에피소드 13-18 : pp. 80-105	A : 산티아고 B : 크리스털 가게 상인	□ : 노동과 돈	C : 크리스털 가게를 번창하게 할 수 있는 제안과 노동	D : 급여	B는 A가 보물을 찾아 떠날 수 있도록 충분한 여비를 마련하는 데 도움을 주는 조력자의 역할을 함
에피소드 20-26 : pp. 112-142	A : 산티아고 B : 영국인	□ : 경험과 책	C : 삶의 경험을 제공함	D : 책의 지식을 제공함	A와 B는 서로에게 자신의 경험과 지식을 제공하는 발신자로서의 역할을 함. 그러나 각자는 서로의 길을 가기로 작정함으로써 수신자의 역할을 거부함
에피소드 33-40 pp. 187-253	A : 산티아고 B : 연금술사	□ : 동행	C : 산티아고는 연금술사를 따라 나선다.	D : 연금술사는 산티아고에게 금을 제공함	B는 A가 자아의 신화를 이룩하는 데 결정적으로 도움을 주는 조력자의 역할과 또한 발신자의 역할을 함 A는 주체로서 가치대상을 추구함

에피소드 30 pp. 151-178 에피소드 35 pp. 199-202	A : 산티아고 B : 파티마	□ : 연인관계	C : 사랑을 고백함	D : 사랑을 받아들임	B는 A가 오아시스를 떠나 보물을 찾아나서는 데 잠재적인 반대자 역할을 하지만 A가 떠나도록 허락함으로써 실제적인 조력자의 역할을 함

'산티아고'는 '보물'과 '자아의 신화'라는 가치대상을 추구하는 '주체'이다. '점쟁이'는 산티아고가 앞으로 큰 보물을 손에 넣을 것이라고 예언한다. '늙은 왕' 역시 동일한 예언을 하지만 예언하는 것으로 그치지 않고 보물을 손에 넣기 위해 해야 할 일을 자세하게 가르쳐 준다. 그는 발신자이면서 동시에 조력자인 것이다. 사막의 한 오아시스를 전쟁으로부터 구하고 한 여인과 사랑에 빠져 안주하고 싶은 산티아고에게 자아의 신화를 다시 일깨워 준 '연금술사'는 '늙은 왕'과 마찬가지로 발신자인 동시에 조력자이다. 반면 이집트에서 여비를 몽땅 도둑맞은 채 오갈 데 없는 산티아고를 자신의 가게로 불러들여 다시 재기하게끔 도움을 준 '크리스털 가게 주인'은 조력자의 역할만을 수행한다. 여비를 훔쳐 달아난 '사기꾼'이 배신자라면, 산티아고로 하여금 간접적으로 안주하게 하고 망설이게 한 사막의 여인 파티마는 잠재적인 반대자이지만 그로 하여금 당당히 꿈을 찾아 떠나게 함으로써 실재적인 조력자가 된다.

위의 시퀀스 분석에 기초해서 행위자와 이들이 수행하는 연기자적 역할을 도표로 나타내면 다음과 같다.

<행위자와 연기자적 역할>

	발신자	주체	대상	조력자	배신자	반대자	대가
'산티아고'		+					
'점쟁이'	+						
'늙은 왕'	+			+			
'사기꾼'					+		
'크리스털 가게 주인'				+			
'영국인'				(+)			
'연금술사'	+			+			
'파티마'				+		(+)	
'보물'='자아의 신화'			+				
'희생'							+

이상에서 약술한 연기자적 역할은 그레마스 모델에서 행위소에 해당한다. 그러나 '배신자'와 '대가' 등에서 볼 수 있듯이 이들이 항상 일치하는 것은 아니다. 그레마스의 모델이 시대와 지역을 초월하여 적용되는 보편적 모델이라면, 라스티에의 모델은 이런 점에서 텍스트에 따라 각기 다른 방식으로 적용되는 경험적인 모델이라고 할 수 있다.

에필로그

『텍스트 의미론 강의』란 제목으로 프랑수와 라스티에의 이론을 국내에 처음 소개하고 나서 이 이론이 다양한 텍스트 분석에 어떻게 적용될 수 있는지를 구체적인 사례분석을 통해 제시할 필요성을 느끼게 되었다. 이 책의 Ⅲ부는 이러한 필요성에 따라 문학 텍스트의 분석사례들을 소개한 것이다. 이태준의 「돌다리」, 윤대성의 『신화 1900』, 코엘료의 『연금술사』 등은 우리가 임의로 선택한 자료체들이다. 「돌다리」는 단편소설이고, 『신화 1900』은 희곡 텍스트이며, 『연금술사』는 장편소설이다. 우리는 이들을 네 가지 의미구성부에 따라 총체적으로 분석하는 대신에 각각의 자료체에 한 가지 의미구성부만을 적용하여 분석하였다. 보다 완벽한 텍스트 분석이 이루어지기 위해서는 텍스트를 구성하는 네 가지 의미구성부에 대한 분석이 모두 이루어져야 할 것이다. 우리는 각각의 의미구성부가 구체적으로 문학 텍스트 분석에 어떻게 적용될 수 있는지를 보다 자세하게 소개할 목적으로 한 가지 텍스트에 한 가지 의미구성부만을 적용하여 분석하였다. '다양한 텍스트'는 문학 텍스트를 포함한 다양한 텍스트를 가리킨다. 우리는 앞으로 이미지 텍스트와 더 넓게는 문화 텍스트 분석에 텍스트 의미론이 구체적으로 어떻게 기여할 수 있는지를 계속해서 탐구해 나갈 것이다.

반면에 이 책의 I부는 텍스트 의미론이 현재 언어학적 논쟁 속에서 어떤 비판적 임무를 수행하고 있는지를 다루고 있다. 『텍스트 의미론 강의』가 주로 방법론적인 시각에서 텍스트 의미론의 분석방법론을 비교적 상세하게 소개한 책이라면, 이 책의 I부는 이처럼 인식론적인 쟁점들에 초점을 맞추고 있다. 한 이론에 대한 수용은 방법론적인 수용에 그쳐서는 안 되며 인식론적인 전망과 도전들을 포괄해야 한다. 특히 인문학의 경우는 더욱 그러하다. 오직 비판적인 논의를 통해 한 이론은 이론으로서 자신의 자리를 부여받을 수 있다.

우리는 먼저 라스티에가 '물질적 해석학'이라고 규정한 인식론적 입장에서 텍스트 의미론을 소쉬르적 전통 속에서 재해석하려고 노력하였다. '물질적'이란 표현이 소쉬르 기호 개념의 표현면에 상응하는 시니피앙에 해당한다면, '해석학'이란 표현은 내용면에 상응하는 시니피에에 해당한다. 라스티에는 이렇게 기호 개념에 기초한 '물질적 해석학'에 비판적 임무를 부과한다. 한편으로 물질적 해석학은 형식적 구조에 한정된 문헌학적 접근에 의미내용의 중요성을 일깨워주는 역할을 수행한다. 다른 한편으로 철학적인 사변으로 일관하는 철학적 해석학에 언어분석의 중요성을 강변한다. 라스티에가 궁극적으로 실현시키고자 하는 물질적 해석학은 문헌학적 전통과 해석학적 전통의 통합 모델이다. 라스티에는 최근 이러한 통합 모델을 소쉬르적 전통 속에서 재해석해내고자 노력한다. 우리는 I부 1장에서 이러한 노력의 단면을 소개하였다. 한 마디로 텍스트 의미론은 반(反)교조주의, 반(反)초월주의, 반(反)존재론을 표방한다. 우리는 이어지는 논의에서 이러한 테제가 구체적으로 어떠한 비판적 임무를 수행하는지를 예시하고자 하였다. 우리는 2장에서 촘스키의 보편문법이 보편언어에 해당하는 문법 모델임을 비판하였다. 보편의미론은 보편언어의 의미부만을 기술할 수 있으며 개별언어의 의미부를 기술하기에는 불충분하다는 점을 지적하였다. 3장에서 우리는 자켄도프가 주장하는 의미론의 자율성이 제한된 의미에서, 다시 말해 통사론에 대한 의미론적 자율성의 의미에서만 타당성을 지닐 뿐 본래적 의미에서의, 다시 말해 독자적인 인식론을 지닌 분과학문으로서의 지위를 지니고 있지 못하다는 점을 비판하였다. 왜냐하면 통사론으로부터 독립된 개념의미론은 인지구조에 종속되기 때문이다. 이러한 비판은 보다 경험적인 연구를 보여주고 있는 비어츠비카의 경우에도 그대로 적용될 수 있다. 그가 제시하는 원시자질들은 육화된 개념으로서 이런 저런 언어 속에 보편적으로 실현된 것들이지만 그것들이 개념으로 존재하는 한 선언어적으로 존재한다고 가정할 수밖에 없다. 다시 말해 그의 의미론적 접근은 경험적인 연구에도 불구하고 비언어학적 계기를 본질적으로 내포하고 있다. 우리가 비판적으로 고찰한 이론들은 모두 인지주의 패러다임에 속한 이론들이라고 할 수 있다. 한 마디로 인지주의는 **의미의 자연화**(naturalisation du sens) 프로젝트라고 할 수 있다. 반면에 해석학적 입장을 옹호하는 텍스트 의미론은 **의미의 문화화**(culturalisation du sens)를 수행한다는 점에서 인지주의 패러다임과 갈등관계에 놓여 있다. 이러한 갈등은 반목이 아니라 인간의 인지적 활동에 대한 보다 폭넓은 이해를 위한 불가피한 변증법적 계기를 형성한다.

이 책의 제목과 일치하는 II부 「의미와 설화성」에서 우리는 해석학자 폴 리쾨르의 언어사상과 기호학자 그레마스의 의미생성 모델을 비판적으로 고찰하였다. "이야기 텍스트는 **무엇을 이야기하는가?**"라는 질문은 다름 아닌 바로 의미와 설화성에 대한 질문이다. 해석학자에게 의미가 이해의 대상이라면 기호학자에게 의미는 무엇보다 지각의 대상이다. 이해의 조건이 세계에 대한 선이해라고 한다면 지각의 조건은 철저하게 논리적이다. 이러한 차이에도 불구하고 이들은 모두 설화성에 매개적 역할을 부여한다. 물론 이 역할에 대한 정의는 각자 다르다. 해석학자에게 매개는 자기 이해의 편린으로서의 의미를 이해하기 위한 해석학적 순환고리를 형성하는 반면에, 기호학자에게 설화성의 매개는 의미의 기본구조가 담화로 현시되기 위한 생성의 한 계기를 형성한다. 한 마디로 해석학자가 의미와 설화성의 문제를 **설화성의 의미화**로 풀이한다면 기호학자는 이 문제를 **의미의 설화화**로 접근한다. 레비-스트로스의 표현을 빌려 표현하자면 전자가 "의미의 의미"를 천착한다면 후자는 "무의미의 구조"에 집착한다. 반면 텍스트 의미론은 텍스트의 의미를 묻는다는 점에서 진정한 의미의 의미론적 접근을 보여준다고 할 수 있다.

인문학의 공통 관심사가 의미의 문제로 수렴될 수 있다면 우리는 이 문제가 제기되는 다양한 맥락과 방식을 비판적으로 고려할 수 있어야 한다. 텍스트 의미론은 의미론의 한 방법론을 무엇보다도 문학 텍스트 분석에 적용한 모델이다. 우리는 이 모델의 유용성을 문학 텍스트뿐만 아니라 이미지 텍스트, 나아가 문화 텍스트 분석을 통해 검증해 볼 필요가 있다. 이러한 필요에 적극 부응하는 것이 앞으로 우리의 과제이자 기획이라고 할 수 있겠다.

전문용어

- **강조**(부각)**saillance** : 주어진 맥락 속에서 현동화된 의소의 부각.
- **개인어idiolecte** : 언어를 사용하는 발화자 개인의 고유한 방식.
- **격cas**(의미론적sémantique) : 행위소들 간의 원형적인 의미관계. 주제화 그래프의 절점으로 표현됨. 방법론적인 보편소로서 특정 언어의 형태통사론적 기능과는 혼동되지 않음.
- **기능fonction** : 행위자들 간의 전형적인 상호작용.
- **내재의소sème inhérent** : 체계 내적으로 정의되는 의소. 일종의 타입으로서의 의미단위.
- **내적 해석interprétation intrinsèque** : 주어진 언어 연속체 속에서 현동화된 의소를 밝혀내는 해석행위를 가리킴.
- **다중동위소poly-isotopie** : 주어진 언어 연속체 속에 하나 이상의 동위소가 공존하는 현상.
- **담화discours** : 사회적 실천과 관련된, 코드화된 언어적 관습의 총체.
- **독서lecture** : 출발 텍스트로부터 변형을 거쳐 산출된 텍스트.
  cf : 라스티에는 독서를 또 다른 텍스트로 간주함.
- **동위소isotopie** : 의소의 통합적 반복출현의 효과.
- **발화체énoncé** : 언어적 맥락이나 상황 속에서 이루어진 언술(prédication).
- **방언dialecte** : 기능적 체계로서의 언어.
- **변론부dialogique** : 우주와 세계 사이의 양태적 관계를 다루는 의미구성부.
- **부류소classème** : 한 의미소를 구성하는 종속의소들의 집합.
- **분류소taxème** : 의미소들의 작은 목록을 형성하는 최하위의 의미부류.

- **사건층위niveau événementiel** : 행위자와 기능으로 구성된 변증부 층위.
- **사용 혹은 용법usage** : 지엽적으로 규범화되어 있거나 개인적으로 습관화된 외래의소들을 포함하고 있는 의미소.
- **상위변증 층위archidialectique** : 텍스트의 시간 속에서 가치 투영된 내용 단위들이 상호 간에 연결되도록 해주는 일련의 작용으로 변증부 층위를 구성한다.
- **상위주제 층위archithématique** : 가치 투영된 공간 속에서 의미세계의 분절을 기술하는 주제부 층위.
- **상징적 연결connexion symbolique** : 두 의미소들 간의 연결관계. 어휘화된 의미소로부터 또 다른 의미소를 어휘화함으로써 형성된 관계.
- **세계monde** : 한 행위자에 연결된 주제화 그래프의 총체.
- **시퀀스séquence** : 기능적으로 동형적인 통합체들 간의 화를 통해 구축된 단위로서 투기층위에 속하는 변증부 단위.
- **어휘소lexème** : 개(開)부류(classe ouverte)에 속한 형태소.
  예) courir에서 cour-.
- **어휘체lexie** : 기능적 단위를 형성하는 형태소들의 안정된 그룹.
- **역할rôle** : 하나의 행위자에게 부여되는 기본적인 변증적 관계.
- **연결관계connexion** : 서로 다른 두 개의 종속동위소에 공통적으로 속하는 의미소들 간의 관계.
- **영역domaine** : 분류소들의 집합. 동일한 영역 안에서 다의성은 존재하지 않음.
- **외적 해석interprétation extrinsèque** : 언어 연속체 내에서 현동화되지 않는 의소들을 산출하는 해석행위.
- **외래의소sème afférent** : 상이한 분류소에 속하는 두 의미소들 간의 비대칭적 관계의 양극. 외래의소는 맥락을 통해 현동화된다.
- **우주univers** : 주어진 텍스트 시간격 속에서 행위자와 연결된 주제화 그래프의 총체. 각각의 행위자들이 상정하는 상정우주가 존재하고 각각의 상정우주는 세계들로 나뉜다.
- **은유적 연결connexion métaphorique** : 어휘화된 의미소들 간의 연결. 종속자질들 간의 양립불가능성(incompatibilité)이 성립하는 가운데 종차자질들 간의 동일성(identité)이 존재함.

- **응집성**cohésion : 내적인 의미관계에 의해 정의되는 단위로서 언어 연속체를 구성.
- **의미구성부**composante sémantique : 언어 연속체의 산출과 해석을 관할하는 체계적인 심급.
- **의소**sème : 의미소의 구성요소. 의미소들 간의 기능적·이원적 관계 양극으로 정의됨.
- **의소분자**molécule sémique : 안정적인 의소들의 집합. 의소분자가 텍스트 속에 반드시 어휘화되어야 하는 것은 아님. 또한 다양한 어휘로 실현될 수도 있음.
- **의미리듬**rythme sémantique : 전략적 형태와 주제적·변증적·변론적 구조 사이에서 찾아볼 수 있는 상응관계.
- **일관성**cohérence : 주변환경과의 관계 속에서 정의되는 단위로서 언어 연속체를 구성.
- **잠재화**virtualistion : 현동화된 의소가 주어진 맥락 속에서 부각되지 않은 채 잠재적 차원에 머물러 있는 상태.
- **장르**genre : 텍스트의 산출과 해석을 조율하는 규범적 프로그램.
- **전략부**tactique : 의미단위의 선적 배치를 다루는 의미구성부.
- **종속의소**sème générique : 의미소를 의미부류에 귀속시키는 부류소.
- **종차의소**sème spécifique : 하나의 의미소를 동일한 의미부류에 속한 다른 의미소들로부터 구별시켜 주는 의소.
- **주변환경**entour : 언어 연속체와 관련된 기호학적 현상의 총체. 비언어적 혹은 화용론적 맥락.
- **주제부**thématique : 의미 투영된 내용단위와 그 계열적 구조에 대한 연구.
- **주제화 그래프**graphe thématisé : 관계와 절점으로 이루어진 의미론적 그래프.
- **중첩**superposées : 종속동위소들 간의 관계를 일컬음. 이들 가운데 적어도 하나는 어휘화되어 있지 않음.
- **중화**neutralisation : 주어진 맥락 속에서 잠재적 의소의 소멸.
- **차원**dimension : 고도의 일반성을 지닌 의미소들의 부류. 영역과 독립된 단위.
- **텍스트**text : 커뮤니케이션의 상황 속에서 발화자에 의해 산출된, 경험적 단

위를 구성하는 자율적인 언어 연속체. 언어학의 경험적 단위.

- **텍스트성textualité** : 응집성과 일관성으로 이루어진 텍스트의 조직. 단순한 발화체의 연속으로 환원 불가능한 텍스트의 고유한 구조적 특성.
- **토포스topos** : 사회화된 외래성(afférence)을 암시하는 규범적인 공리
- **투기층위niveau agonistique** : 투사와 시퀀스로 구성된 변증부 층위. 사건 층위의 상위 층위로서 이야기만이 이 층위를 지니고 있다.
- **투사agoniste** : 행위자들의 부류를 형성. 변증부 투기층위의 단위.
- **해석interprétation** : 언어 연속체에 의미를 부여하는 행위.
- **해석과정parcours interpétatif** : 언어 연속체에 의미를 부여하는 인지적 연산과정.
- **해석체interprétant** : 의소관계의 구축에 단서가 되는 언어학적 혹은 기호학적 요소.
- **행위소actant** : 의미론적 격을 지닌 발화체의 단위
- **행위자acteur** : 변증부 사건층위의 단위. 역할이 부여된 의소분자로 구성.
- **현동화actualisation** : 맥락 속에서 의소를 식별하는 해석작업
- **형태소morphème** : 최소 의미단위.
- **화제부topique** : 주제부의 사회어적 부문.

참고문헌

국내 문헌

라스티에 저, 최용호 역, 2006, 「소쉬르의 미래 수고의 재발견과 새로운 수용–소쉬르 다시 읽기 입문」, 소쉬르 언어사상의 현재적 의의, 서울대 언어연구소 2006년 제2회 워크샵.

미셸 아리베, 2006, 「Parole, discours, faculté du langage dans la réflexion de Saussure」, 기호학연구, 한국기호학회.

요하네스 페르저, 최용호 역, 2002, 『소쉬르, 언어학과 기호학 사이』, 인간사랑.

윤대성, 1984, 『신화 1900』, in 『윤대성대표희곡선집』 신화 1900, 서울, 무대예술서 전문출판사 예니.

이태준, 1988, 「돌다리」 in 『이태준전집 2권』, 서울, 깊은샘.

소쉬르 저, 최승언 역, 1990, 『일반언어학 강의』, 민음사

송효섭, 2004, 「해석학적 욕망, 그 언어학적 통제」, 『시학과 언어학 제8호』, 시학과 언어학회.

폴 리쾨르, 양명수 옮김, 1969(2001), 『해석의 갈등』, 아카넷.

폴 리쾨르, 김윤성·조현범 옮김, 1976(1996), 『해석이론』, 서광사.

폴 리쾨르, 김한식 외 옮김, 1983(1999), 『시간과 이야기 1』, 문학과 지성사.

폴 리쾨르, 김한식 외 옮김, 1985a(2000),『시간과 이야기 2』, 문학과 지성사.

폴 리쾨르, 김한식 외 옮김, 1985b(2004),『시간과 이야기 3』, 문학과 지성사.

패트릭 오닐 저, 이호 옮김, 2004, 『담화의 허구』, 서울, 예림기획.

프랑수와 도스, 이봉지 외 옮김, 2005, 『폴 리쾨르』, 동문선

최용호, 2004, 『텍스트 의미론 강의』, 인간사랑.

국외 문헌

Amacker R., 1975, *Linguistique saussurienne*, Genève-Paris, Droz.

Auroux S. et al., 1996, *La philosophie du langage*, Paris, Puf.

Badir S., 2001, <Immanence et cognitivisme-Un débat épistémologique autour de la sémantique cognitive>, www.revue-texto.net/inedits/Badir/Badir.html

Benveniste E., 1974, *Problèmes de linguistique générale*, 2, Paris, Gallimard.

Bloomfield L., 1924, Compte rendu du *Cours de linguistique générale, Modern Language Journal 8*.

Bloomfild L., 1933/1935, *Langage*, London, George Allen & Unwin.

Bouquet S., 1997, *Introduction à la lecture de Saussure*, Paris, Payot.

Bréal M., 1897, *Essai de sémantique la science de la signification*, Paris.

Bres J., 1994, *La Narrativité*, Louvain-la-Neuve, Editions Duculot.

Chevalier J.-C., 2002, Un destin étrange, *La quinzaine littéraire*, du 16 au 28 Février 2002.

Choi Y.H., 2002., *Le problème du temps chez Saussure*, Paris, Harmattan.

Coquet J., 1997, *La quête du snes*, Paris, Puf.

Cosériu E., 1972, Les universaux linguistiques(Et les autres), *Proceedings of the eleventh international congress of linguistics of Bologna-Florence*, Aug. 28-Sept. 2, edited by Luigi Heilmann Tom. I. Società editrice il Mulino Bologne.

Culioli A., 1965, La communication verbale, in *L'homme et les autres*, T 4, Encycolpédie des sciences de l'homme : avanture humaine, Paris, Grange, Batelière.

Dilthey W., 1992, *Introduction aux sciences de l'esprit*, in Oeuvres I, Paris, Cerf.

Droit R.-P., 2002, L'angoisse du chercheur face au vide, *Le monde des livres*, vendredi 8 Février 2002.

Eco U., 1992(1996), *Interprétation et surinterprétation*, Paris, Puf

Engler R., 1967, *Cours de linguistique générale*, édition critique par Roudolf Engler, ff. Wiesbaden : Otto Harassowitz.

Engler R., 1974, *Cours de linguistique générale, Notes de F. de Saussure sur la lingui-*

stique générale, édition critique par Roudolf Engler, tome 2, fascicule 4, Wiesbaden : Otto Harassowitz.

Esprit, 2004, Autour de la pensée sauvage. Réponse à quelques questions. Entretien du Groupe philosophique d'Esprit avec Claude de Lévi-Strauss (Novembre 1963), *Esprit* Janvier 2004.

Everasert-Desmedt N., 1989, *Sémiotique du récit*, Bruxelles, De Boeck.

Fodor Jerry A., 1988, *Psychosemantics*, Massachusetts, London, England, The MIT Press.

Gadet F., 1987, *Saussure Une science de la langue*, Paris, Puf.

Godel R., 1957, *Les sources manuscrites du Cours de linguistique générale de F. de Saussure*, Genève, Droz.

Greimas A.J., 1966, *Sémantique structurale*, Paris, Larousse.

Greimas A.J., 1970, *Du sens I*, Paris, Seuil.

Greimas A.J., 1983, *Du sens II*, Paris, Seuil.

Greimas A.J. et Courtès J., 1979, Sémiotique, dictionnaire raisonnée de la théorie du langage, Paris, Hachette.

Grisoni D.-A., 2002, Ce que parler veut dire, *La vie*, jeudi 21 Février 2002.

Hébert L., 2001, *Introduction à la sémantique des textes*, Paris, Honoré Champion.

Hénault A., 1979, *Les enjeux de la sémiotique*, Paris, Puf.

Hénault A., 1983, *Narratologie, Sémiotique générale*, Paris, Puf.

Hjelmslev L., 1971, *Essais linguistiques*, Paris, Les Editions de Minuit.

Jackendoff R., 1972, *Sematic Interpretation in Generative Grammar*, Cambridge, Massachusetts, London, England, The MIT Press.

Jackendoff R., 1983, *Sematics and Cognition*, Cambridge, Massachusetts, London, England, The MIT Press.

Jackendoff R., 1991, *Sematic Structures*, Cambridge, Massachusetts, London, England, The MIT Press.

Jackendoff R., 1997, *The Architecture of the Language Faculty*, Cambridge, Massachusetts, London, England, The MIT Press.

Jäger L., 1976, Ferdinand de Saussures historisch-hermeneutische Idee der Sprache, in *Linguistik und Didaktik 27*.

Jäger L., 1977, Saussure-Kritik ohne Text-Kritik, in *Zeitschrift für grammatische Linguistik 5.*

Jäger L., Ferdinand de Saussures semiologische Begründung der Sprachtheorie, in *Zeitschrift für grammatische Linguistik 6.*

Jannoud C., 2002, Saussure, les inédits du père du structuralisme, *Le Figaro littéraire*, jeudi 28 Février 2002.

Kleiber, G., 1990, *La sémantique du prototype*, Paris, Puf.

Komatsu E. & Harris R., 1993, *Troisimème cours de linguistique générale(1910-1911) D'après les cahiers d'Emile Constantin*, Oxford New York Seoul Tokyo, Pergamon Press.

Langacker R.W., 1987, *Foudations of Cognitive Grammar*, vol. 1, Stanford University Press.

Maggiori R., 2002, L'apport de Saussure, *Libération*, jeudi 14 Février 2002.

Martin R., 1983, *Pour une logique du sens*, Paris, Puf.

Martinoir F. de, 2002, Saussure, sorti du silence, *La croix*, Jeudi 21 Février 2002.

Milner, J.-C., 1994, Le retour à Saussure, in *Lettres sur tous les sujets*, n 12, Paris, Le Perroque.

Meillet A., 1916, Compte rendu du *Cours de linguistique générale, Bulletin de la société linguistique.*

Meschonnic H., 2005, Saussure ou la poétique interrompue, in *Langages* 159 septembre 2005, Paris, Larousse.

Normand Cl., 1978, *Avant Saussure*, Choix de textes(1875-1924), Bruxelles : Complex.

Parret H., 1987, L'expressivité et l'articulation du discours, in *Prolégomèmes à la théorie de l'énonciation De Husserl à la pragmatique*, Berne Francfort-s. Main New York Paris, Peter Lang.

Peirce, C.S., 1978, Ecrits sur le signe, Paris, Edition du Seuil.

Percival W. Keith, 1981, The saussurean paradigm : Fact or fantasy?, *Semiotica* 36-1/2.

Puech Ch., 2005, L'émergence de la notion《discours》en France et les destins du saussurisme, in *Langages* 159 septembre 2005, Paris, Larousse.

Rastier F., 1987, *Sémantique interprétative*, Paris, Puf.

Rastier, F., 1989, *Sens et Textualité*, Paris, Hachette.

Rastier F., 1993, La sémantique cognitive Eléments d'histoire et d'épistémologie, in *Histoire Epistémologie Langage* 15/1, Paris,

Rastier F., 1997, Herméneutique matérielle et sémantique des textes, in Salanskis J.-M., Salanskis, F. Rastier, R. Scheps, *Herméneutique : textes, sciences*, Cerisy, Paris, Puf.

Rastier F., 2001, *Arts et science du texte*, Paris, Puf.

Rastier F., 2002, Saussure, la pensée indienne et la critique de l'ontologie, Revue *de Sémantique et pragmatique numéro 11*, P.U.O.

Rastier F., 2006, Saussure au Futur Ecrits retrouvés et nouvelles réceptions-Introduction à une relecture de Saussure, texte inédit.

Ricoeur P., 1980, La grammaire narrative de Greimas, Actes sémiotiques-Documents

Salanskis J.-M., 1997, Herméneutique et philosophie du sens, in Salanskis J.-M., Ratier F., Scheps R.,(1997), *herméneutique : textes, sciences*, Paris, Puf.

Salanskis J.-M., Rastier F., Scheps R., 1997, *Herméneutique : textes, sciences*, Paris, Puf.

Saussure F. de, 1916, *Cours de linguistique générale*, Paris, Payot.

Saussure F. de, 1964, Lettres de Ferdinand de Saussure à Antoine Meillet, par Emile Benveniste, in *CFS* 21.

Saussure F. de, 2002, *Ecris de linguistique générale*, par Rouldolf Engler et Simon Bouquet, Paris, Gallimard.

Séchehaye A., 1917, Compte rendu du *Cours de linguistique générale, Revue philosophique*, juillet.

Starobinski J., 1971, *Les mots sous les mots*, Paris, Gallimard.

Utaker A., 2002, *La philosophie du langage Une archéologie saussurienne*, Paris, Puf.

Wierzbicka A., 1972, *Semantic Primitves*. Linguistiche Forschungen. No. 22. Frankfurt : Ahenäum.

Wierzbicka A., 1996, *Semantics primes and universals*, Oxford, New York, Oxford University Press.

Vendryès J., 1921, Compte rendu du *Cours de linguistique générale, Journal de psychologie normale et pathologique.*

최용호

한국외국어대학교 사범대학 불어교육과 졸
한국외국어대학교 일반대학원 불어과 석사
프랑스 파리 10대학 언어과학과 박사학위 취득
현 한국외국어대학교 불어과 부교수

〈역서〉
미셸 아리베 저, 『언어학과 정신분석학』(인간사랑, 1993).
요하네스 페르 저, 『소쉬르, 언어학과 기호학 사이』(인간사랑, 2002) 외 다수.

〈저서〉
『언어와 시간』(박이정 2000).
『Le probleme du temps chez Saussure』(Paris, Harmattan 2002).
『텍스트 의미론 강의』(인간사랑, 2004).
『광고, 커뮤니케이션, 문화 마케팅』(공저)(인간사랑, 2005) 외 다수.

〈논문〉
「Le retour a Saussure」(CFS 52, Droz 1999).
「Les sons justes pour l'education du peuple : la creation de l'ecriture coreenne」(Linx 43, Universite Paris X 2000).
「광고카피의 기호학적 분석-담론적 가설을 중심으로」(기호학연구 12, 2002).
「언어학과 정신분석학 : 소쉬르에서 라캉으로, 라캉에서 소쉬르로-시니피앙에 관하여」(불어불문학연구 55, 2003) 외 다수.

의미와 설화성 -텍스트 의미론 강의 Ⅱ-

초판1쇄 / 2006년 12월 10일
지은이 최용호
펴낸이 여국동
펴낸곳 도서출판 인간사랑
인 쇄 백왕인쇄
제 본 은정제책사

출판등록 1983. 1. 26. 제일-3호

정가 25,000원

※ 잘못된 책은 교환해 드립니다.

(411-815) 경기도 고양시 일산구 백석동 1178-1
대표전화(031) 901-8144, 907-2003
팩시밀리(031) 905-5815
e-mail / igsr@Yahoo.co.kr
igsr@Naver.com

ISBN 89-7418-410-9 93700

※ 저자와의 협의 하에 인지는 생략합니다.